华为组织变革丛书

胡伟 郑超 韩茹◎著

华为
流程变革

责权利梳理与
流程体系建设

电子工业出版社·

Publishing House of Electronics Industry

北京·BEIJING

内 容 简 介

本书从流程文化、流程组织、流程规划、流程梳理、流程规范、流程执行、流程检查、流程优化8个方面解读了华为是如何进行流程体系建设，使其支撑华为公司全球化业务开展的。

图书在版编目（CIP）数据

华为流程变革：责权利梳理与流程体系建设 / 胡伟，郑超，韩茹著.—北京：电子工业出版社，2018.10

（华为组织变革丛书）

ISBN 978-7-121-34913-3

Ⅰ．①华…　Ⅱ．①胡…　②郑…　③韩…　Ⅲ．①通信企业—企业管理—经验—深圳　Ⅳ．①F632.765.3

中国版本图书馆CIP数据核字（2018）第187935号

责任编辑：王陶然

印　　刷：三河市鑫金马印装有限公司
装　　订：三河市鑫金马印装有限公司
出版发行：电子工业出版社
　　　　　北京市海淀区万寿路173信箱　邮编100036
开　　本：720×1000　1/16　印张：15.5　字数：279千字
版　　次：2018年10月第1版
印　　次：2025年4月第26次印刷
定　　价：55.00元

凡所购买电子工业出版社图书有缺损问题，请向购买书店调换。若书店售缺，请与本社发行部联系，联系及邮购电话：（010）88254888，88258888。

质量投诉请发邮件至zlts@phei.com.cn，盗版侵权举报请发邮件至dbqq@phei.com.cn。

本书咨询联系方式：（010）57565890，meidipub@phei.com.cn。

作者简介

胡伟 管理咨询顾问，精益推行导师，国际注册内部审计师。拥有 20 多年制造行业国企、民企、上市公司等企业生产管理实战经历及精益管理咨询经验。担任国内 500 强晟通集团生产负责人期间，与日本精益生产专家共同推进精益化管理。擅长业务流程梳理、精益型组织建设、绩效驱动体系建设、流程优化与持续改善等内容模块的咨询服务工作。

郑超 中南大学商学院项目管理硕士，流程管理高级咨询顾问。曾任职于富士康、华为、远大集团、晟通集团、海康威视等知名企业，从事供应链管理、流程管理、变革项目管理等工作。精通流程管理体系构建，擅长战略、财经、行政、供应链、人力资源五大管理领域的流程架构规划，在搭建变革项目管理框架、落实变革项目管理方法论等方面成功导入众多优秀实践，在流程需求管理、流程方案设计、流程开发、集成验证、试点推行、组织适配等全生命周期过程中有丰富的咨询式培训辅导经验。

韩茹 长期从事组织经营与企业管理的课题研究。曾参与多个咨询项目的协调工作，对项目管理、组织建设、流程优化、人力资源管理等方面的资料和信息整合具有良好的咨询协作能力。擅长咨询调研中的问题发掘和分析，并能有效推动组织改善活动的落地执行。对企业管理中的制度体系建设、流程规范、精益改善等有深刻的认知。

我加入晟通集团不久后就开始负责生产工作，并与日本精益生产专家共同推进精益生产，将精益生产和流程管理相结合，帮助晟通集团实现了产量增加到10倍的业绩。从此，开启了我长达23年之久的企业管理职业生涯。

在我从事管理咨询工作后，我和我的团队接触到了大量的组织变革、流程优化、效能提升、持续改善等方面的服务需求。这些咨询案例无一不指向企业的流程建设和再造。我们发现，无论是国有、民营企业，抑或是著名上市公司，对流程建设和优化也越来越重视，加之流程管理理念在中国的推行，众多企业不再吝惜巨额成本，引进先进的流程管理体系和方法。其中，尤以作为中国企业标杆的华为在流程变革与建设中取得的成就最为显著。显然，华为的流程建设也经过了一个痛苦的磨合期，并最终在任正非先生的强大意志力的领导下，构建了研发、供应链、财经等多个流程体系。华为的流程体系支撑了华为公司的全球化业务开展，形成了平台化的资源调配模式，后方支持前方作战，为项目化的精兵组织运作打下了坚实的基础。

在晟通集团的组织建设和流程优化中，我们除了学习日本的精益管理，也深度学习了华为的流程管理理念和方法。在华为和富士康都有过从业经历的郑超老师，就常常与我一起探讨如何将华为、富士康的经验应用到晟通集团的持续改善中，这成为我们一起共事多年中最珍贵的思想碰撞，也为我们一起写作此书积累了丰富的素材。

当下，众多企业都在学习华为，包括学习华为的流程管理。但事实上，就我们的了解，众多管理者对于如何利用推动流程管理为企业带来明显的成效，实现价值增值，依然存在诸多疑惑，也尚未形成一套有效的解决办法。许多企业在业务流程推进的过程中，只能寻求某些环节或某个分支流程，即局部的优化和完善，缺少从全业务流程出发的全局性视角推进流程优化改善、贯通端到端的流程高效运行的经验。

需要实现这样的目标，显然是没法直接照搬华为的流程管理体系的，因为华为的组织规模、业务形态、发展变化等与自身企业总是有着巨大的差异性。为了解决这个问题，我们在编写本书时，着重从流程建设的普遍性规律入手，对华为在流程建设中的思想、方法进行解读，并以案例分析的方式阐述了华为为什么这样做，以及这样做的目的。学习是为了了解企业在流程建设中的因果关系及运作的逻辑，只有做到这些，我们才能更好地审视自己企业内的问题，并找到解决办法。

本书的读者可以是从事流程工作的管理人员、分支流程上具体的执行者、组织中分管流程管理工作或总揽全局的高层管理者等。我们在编写本书的过程中，一方面，希望能够帮助企业高层管理者认识到流程管理工作的重要性，在高层管理者的支持下于组织中形成流程文化的氛围；另一方面，希望能够帮助流程管理领域的实际工作者深化对理论和知识的理解，帮助实际执行者掌握流程管理知识的应用技能，提高整个流程管理工作团队将理论转化为具体而有效的工具的能力。

本书是由我的团队、我的同事和我本人在具体的流程工作实战中与客户共同探索并总结出来的成果。当然，我们自知水平有限，难免存在疏漏错误之处，但我们依然坚持将这些基层的流程管理经验和教训分享出来，希望我们经历过的困难、经验及解决方案能够帮助同道中人，这是我们编写此书的最大心愿。在本书写作过程中，我的团队、我的客户、我的合作伙伴都付出了辛勤的劳动，在此要对他们表示诚挚的谢意！谨以此书与读者共勉，希望读者朋友们在阅读本书后，能够对流程管理领域的理论有更加深入的理解，真正将流程工作中的点滴经验落到实处，真正理解"流程之美"。

胡 伟

目
录

第1章 华为的流程文化

第2章 华为的流程组织

第1章 | 华为的流程文化

以需求确定目的，以目的驱使保证，一切为前线着想，就会共同努力地控制有效流程点的设置。　　　　　　**任正非**

为客户服务是
华为存在的唯一理由

汪远航加入华为工作后常年参与并主导海外的项目交付，他所在的团队积累了丰富的项目交付经验，成长迅速。回顾那些周期长、难度大的海外项目，尼日尔的N项目交付使整个团队的能力提升有了质的飞跃。

2015年秋天，华为在尼日尔的代表处成功收获了A客户在非洲多国子网代维项目，这让处于项目交付一线的成员举杯相庆，整个项目的成功源于项目团队对客户提供的跟踪式服务，使得客户逐渐信任了这支年轻的团队。

时间回到2013年10月的一个凌晨，A客户的核心机房空调爆炸并着火，导致整个网络陷入瘫痪状态。尼日尔代表处的项目交付主管兼工程师韩佳月得知这一事故时，立刻带领小部分团队成员赶赴现场，冒着浓烟不断进出机房进行网络抢修，终于在当天下午帮助客户成功恢复业务。A客户被华为团队成员的敬业精神所感动，将全网的应急保障订单交给了华为。这是北非在没有代维合同下单独销售备件管理服务的第一单，从此华为与A客户频繁合作。

成功获得订单后困难才刚刚开始，A客户的核心网络采用华为设备，而传输无线设备则是B供应商提供的，更棘手的是客户方的CTO对B供应商有着强烈的好感。客户关系难题摆在眼前，处理这个问题的团队成员余昕正在一筹莫展时，正值当地节日到来，网络出现了故障，3G语音数据瘫痪，2G语音堵塞。余昕还没等到客户来求助，就已经带着几名技术工程师奔赴客户中心机房解决问题，并对关键复杂的技术问题连线总部技术专家共同解决。

经过全程6个多小时的抢修，确定了问题不是华为的设备引发的，故障也被及时排除，又一次增加了客户对华为的信任和依赖程度。这支年轻的队伍及时高效地完成几次抢修，最终客户决定其数通产品都采用华为的设备，在多国子网的集中采购中，华为在A客户的全部设备中中标了80%的业务。

服务产品经理涂伟在项目顺利交付后，还经常与A客户工作人员共同参与多国的技术维护和澄清会议，制定应急预案和技术维护方案，每个方案都及时递交，让客户感受到了精致、完美的服务。A客户曾经在参观项目团队驻地时表达了对华为的充分信任，相信这支总能创造惊喜的队伍能够做好网络维护。

　　流程管理强调倾听客户的声音，以客户为导向是流程管理的起点，也是基础，能够帮助客户实现价值增值的流程才是把握了正确的流程管理的大方向。有时，客户对于需求的表达并不很明确，甚至是零散的、碎片化的，因此需要企业对客户的心声进行提炼和分析。不仅要倾听客户对产品服务本身的满意度，还要倾听客户的新需求，更细致地倾听客户对流程解决方案的评估和意见，从而及时调整流程，更好地满足客户所需，提高客户满意度。

　　在国内众多企业进行流程管理的探索时，取得卓越成效的往往都是抓住了以客户需求梳理组织流程的关键。例如，华为的流程管理十分强调为客户服务的意义，长期以来致力于提供真正为客户解决问题的流程方案，时刻关注客户对产品和服务的体验感知。

　　Karthik是华为印度研究所的ITG主管，他在华为工作了10年，每天面对大量的客户问题，但总能在忙碌中梳理出一条清晰的解决问题的思路，并将客户的满意度作为衡量工作的准绳，以此作为对团队和自己的基本要求，坚持了10年。

　　Karthik作为印度研究所的ITG主管，负责管理2000名开发人员，工作十分忙碌。尽管如此，他对每封邮件都会认真答复，尤其对于客户的问题，他尽可能帮助客户找到对应的责任人，并为客户提供解决方案，如果当天不能完成，他也会告诉客户具体的计划。每天ITG的办公室会出现许多客户，Karthik每次在与客户的交谈中都会确认客户满意之后才结束会谈，力求帮助客户解决问题，满足客户的需求。也因此，Karthik面对不同的客户始终保持自信，客户每每见到他也十分热情。

　　Karthik秉承对客户满意度的追求，带领整个团队也时刻以客户满意度为准绳进行业务和项目的交付。Karthik不仅对客户十分耐心，对团队成员的问题也会认真地加以解决。在推进一些事务时，Karthik对于安排任务的邮件常常字斟句酌，确保对方能够理解他的意思。Karthik的团队成员总是会在业务搭建前提前完成任务，整个部门的业务运作井然有序。

　　Karthik在一次总结时强调，每天总能看到ITG员工脸上的微笑，那是因为客户对他们的工作有着很高的满意度。在客户满意度的激励下,整个团队的工作多年来一直保持着最初的战斗力,ITG员工通过客户满意度看到了他们为业务创造的价值,因此能够长期保持愉悦的心情,自然也会有成就感。

由此可见,分布在世界各地的华为人,已经将为客户提供满意的服务,帮助客户真正解决面临的问题内化为自己的工作标准,表现为一种职业习惯。客户对华为的产品、服务及解决方案感到满意,成为ITG员工们成就感的来源。

任正非曾经强调,华为的所有目标都要以客户需求为导向

通过充分满足客户需求来增强企业核心竞争力。华为的工作方法就是围绕IPD等一系列流程化的组织建设,明确了为客户服务的目标,建立了与之配套的流程化组织,逐渐实现了流程管理的有效运作。

黄卫伟教授在解读华为的"以客户为中心"时提出了一些看法,并对华为的为客户服务的命题进行了分析。任正非曾经强调,"为客户服务是华为存在的唯一理由",这凸显了华为的业务管理体系和西方管理体系的最大区别,即华为不仅仅以股东价值及相关利益者的价值增值为己任,还十分重视客户的价值。

从客户的视角来看这个命题,是强调为客户提供近乎完美的服务,客户才更倾向于选择华为,通过充分满足客户需求达到留在客户心里的目的。因此,任正非提出的"为客户服务是华为存在的唯一理由"尽管会在西方的学术界或企业界引起争议,但从客户的视角来看,如果华为的业务已经不能为客户提供满意的服务,脱离了客户这个基础,股东的利益、员工的利益、其他利益相关者的利益都将不复存在。从这个角度看,"以客户为中心"是一种立足企业长远发展的表述。

任正非还曾强调,华为什么都可能发生变化,但唯一不变的是"以客户为中心"。2007年以后华为对价值观进行了修订和完善,强调将"以客户为中心,以奋斗者为本,长期坚持艰苦奋斗"作为核心价值观,这是华为探索了二十几年后总结提炼出来的。在这一价值观的引领下,尽管未来充满了不确定性,华为也可能面临颠覆式创新带来的冲击,但坚持"为客户提供服务，以客户为中心"能够有效应对这些风险。华为目前处于行业发展的前沿，承担着探索企业甚至整个行业未来的责任，而要找到未来发展的方向，需要坚持"以客户为中心"。如果能把客户需求把握住，把客户需求的趋势看准，就奠定了做出正确技术选择的基础。

华为的流程化组织是基于以客户需求为导向这一发展目标建立起来的，这样的组织形式能够实现流程的迅速响应，减少了过去由于节点响应所花费的时间成本。以客户需求、为客户提供服务为目标建立起来的流程化组织，根据需要保留组织和人员设置的资源，删除多余环节，以高效率、低成本拉动整个流程运行。

华为的产品发展思路是以客户需求为导向，管理目标是流程化组织建设

2003年，华为提出的客户需求是经过去粗取精、去伪存真、由此及彼、由表及里的改造制作之后的精华，旨在建立能够及时满足客户需求的流程化组织，根据需求和环境的变化协调内部相互关系，及时调整流程布局，为客户提供更好的服务。

前端拉动后端，使组织灵活适应市场变化

2013年8月，中国移动4G网络部署逐渐展开，要实现全面铺开网络，需要在一年内建成50万座基站，以保证4G网络的全面普及。而华为作为中国移动最大的供应商，接手了这个艰巨而困难的任务。要在这么短的时间内完成50万座基站，这样的项目在业界很多人看来是不可能实现的交付任务，对华为而言也同样是困难重重。

在3G网络时代，要确保后端供货敏捷需要通过增加人力和货物资源，然而这种"手提肩扛"的应对方式已经不适用于跨度更广泛、难度更深层的4G网络基站建设。在4G网络基站建设项目中，华为项目团队根据客户需求来设计安装计划，并做好相应的站点准备，最大限度地发挥端到端业务流程的价

值。华为项目组按照这一套计划集成的原则展开了移动的基站建设。随着进度的加快，项目建设的进度压力转化为后端的供货压力，项目组前端要货需求呈井喷式增长，计划集成组组长霍陈家的手机在那一段时间成为接听前端货品需求的专线。在计划集成组全体成员的共同努力下，基本满足了前端的要货需求，保障了准确敏捷的供货。

到2013年年底，仅8个月时间，成都项目组与中国移动共同建成近8000个4G基站，是成都3G网络基站过去6年数量的总和。2014年3月，广东项目组与中国移动共同建成1万个4G基站，随后各地项目组也相应在进度内完成任务。纵观华为项目组与中国移动的基站建设项目，能够如期完成交付任务，离不开项目团队的每一位成员的努力，项目前端对货品需求量准确报备，后端及时供应货品，加快了端到端之间货品资源的流动，整个组织也在前后端的拉通过程中做到了灵活适应市场变化。

管理学家约翰·西里·布朗和约翰·哈格尔三世的"拉动力"理论强调，在复杂而不可预测的市场环境中，更好的经营模式应该是发挥自主管理的力量，即由前端拉动后端的更开放、协作性更强的经营模式，通过拉动力促进企业的成长。由此可见，通过拉动力管理能够使流程中各个分环节上分散的资源和能力高效聚集起来，从而快速响应前端需求，疏通端到端流程节点。

华为将公司的管理体系比喻为"眼镜蛇"，整个项目在这种灵活的管理体系的带动下能够十分敏捷地应对市场的变化。项目团队为前端识别到的市场机会提供支撑的骨骼系统。以项目为中心组建的组织架构就是能够灵活调整，适应组织发展的项目管理体系。

以项目为中心的组织一方面能够为项目前端的运作提供及时有效的调整和变动，另一方面也能够为项目运行过程中后期的管理提供坚实的系统支持。这是一个拉通项目前后端的完整架构，在这套完整的架构中还覆盖了流程、知识等资源的流通。华为正在组建的组织级的项目管理体系，就是以项目为中心，并运用成熟的项目管理理论、流程运作工具形成的一套管理体系。这样的项目管理体系能够充分发挥代表处的主动性，根据项目需求和客户需求的变化灵活调整流程的设计，并就事务性的管理形成一套标准化的管理模式。

在这种组织级的项目管理体系的带动下，项目团队能够以一致的形象为客户提供交付成果，还能够预测项目未来的发展方向和态势，以便于及时做出调整和布局，从而提升团队的运作效率和赢利能力。华为组织架构经过几年时间的调整，逐步由原来的以功能为主的弱矩阵式组织架构转变为以功能为辅、项目为主的组织架构。同时在项目经理的角色认知方面也取得了巨大的进步，但在对项目经理的授权和预算管理能力方面还是停留在传统的管理模式中。因此，为应对这些挑战，华为内部需要提前做好与项目团队配套的机制建设，发挥组织级项目管理体系的优势。

端到端流程是多个部门针对某项业务的全程闭环。由于业务的开展往往是若干部门协作的结果，因此端到端流程通常包含与若干部门相关的局部流程。例如，新产品的端到端流程实际上包含了营销流程、研发流程、采购流程等局部流程。由此，端到端流程可以被看作是全流程的主干线。国内流程管理水平较高的企业在端到端流程方面已经开展工作并取得良好成绩，如华为的集成产品开发（IPD）端到端流程和集成供应链（ISC）流程。图1-1阐述了华为集成产品开发端到端流程的两条主线索。

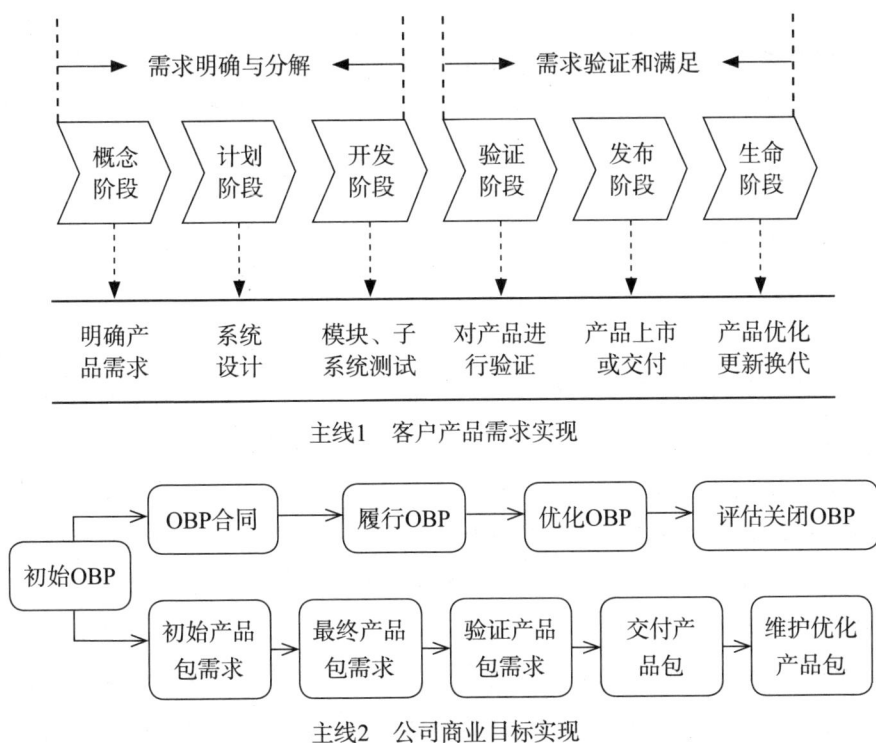

主线1 客户产品需求实现

主线2 公司商业目标实现

图 1-1 华为集成产品开发端到端流程的两条主线索

由图1-1华为IPD流程可知，在满足客户需求的IPD主线1中，概念和计划阶段是IPD流程的核心，概念阶段决定了产品的开发满足客户哪些需求，即关注开发什么。计划阶段强调系统设计水平能够完美呈现概念阶段确定的总体方案，即关注如何做。由此可见，华为的IPD产品流程在前端投入大量精力，通过前端需求衍生产品概念，从而拉通产品开发的一系列后端流程。

主线2中同样是立足业务需求制订产品计划，通过端到端的产品包实现，最终达成企业的商业目标。无论是从客户需求视角还是从企业商业目标的实现，其本质都是通过前端拉动后端，促使整个组织更灵活、迅速地适应市场环境的变化。

华为外籍资深财务专家Peter O. Donoghue任职于财务风险控制中心，长期以来致力于规范华为内部的财经流程体系，让财经部门能够实现端到端的流程规范，提高组织响应能力。Peter于2014年10月加入华为，刚刚进入华为时发现尽管华为过去取得了不错的成绩，但缺乏一个端到端可视化的流程。

华为当时的端到端是割裂的，存在部门墙、流程不连续等问题，导致前线与后方拉通存在困难。很多西方企业同样存在这些问题，但华为的流程不畅通已经很严重，很多部门组织在协调流程时，缺乏灵活性，不具备调整流程的能力。而西方企业的一些做法值得华为学习，它们往往倾向于先做调查，根据调查情况梳理调整流程，从而在流程层面真正实现前端拉动后端，提高组织的响应能力。

Peter供职华为之前曾经与某大T合作过，对方要满足客户财经变革的需求。他们的做法是将员工兵分两路，一部分负责财经流程，另一部分做决策支撑，目的是通过财经变革引入更多决策支撑活动。而决策支撑对端到端的可视化非常重要。在案例公司中，财经流程与前线决策支撑同时进行，财经人员不仅拥有专业的财务技能，对客户需求的理解也十分准确，他们提供的建议也被前线支撑人员很好地采纳和应用。由此可见，通过端到端流程拉通协同后，前线作战部队与后方管控团队能更好合作，提高了组织灵活适应市场的能力，并降低了系统性风险。

Peter在华为逐渐建立起端到端的财经流程，流程一旦建立就会对业务运行起到基础规范的作用，后续还要根据现实情况灵活调整流程和组织，打通前后端流程体系。

前端拉动后端的流程是由组织内外部利益相关者作为输入输出节点而构成的，即由供应商、内外部客户、市场、政府及其他利益相关者构成的一系列连贯有序的活动组合。端到端流程要求管理者要站在全局发展或全流程运行的角度来规范工作细则，避免紧盯着眼前的局部流程。图1-2阐述了一种核心业务流程中端到端的关系。

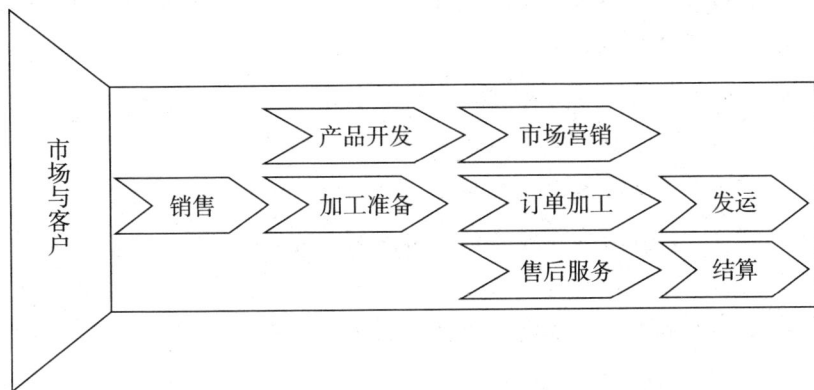

图 1-2　核心业务流程中端到端的关系

值得注意的是，通常企业流程可以分为业务流程、管理流程两类，公司级流程、部门级流程、岗位级流程三个流程级。其中，端到端流程主要是指业务流程，端到端流程一经确定并非是一成不变的，通过前端拉动后端的本质是根据业务特点和需求对流程进行改进与调整。由于业务的差异性，端到端的输入输出节点也会有所不同，因此可以根据业务性质将端到端流程的具体形式不拘泥于特定几种。

视奉献关系
为组织关系的基础

华为的高层十分重视通过组织奉献关系促成周边流程的协调，任正非也曾强调，一个人或一个团队的进步是不够的，要使整个周边流程都能进步，取得良好的成果，才能说明整个流程的进步和优化的确实现了。华为的管理体系强调，在工作中没有完全绝对或穷尽的职责划分，总有些工作在现有的流程体系下没有对应的责任人，但要实现整个流程的高效运转，这些工作又必不可缺。因此，需要在组织内形成一种意识或关系，即主动承担周边环节边界模糊、没有具体责任人的工作。

在这种奉献氛围的影响下，华为在业务发展的过程中逐渐形成了"自愈合"机制。这种机制强调，当项目出现问题时，周边流程和相关的部门能够主动寻求最优化的解决方案，在流程间的协作中就能顺利化解困难，无须将问题放大到主管进行协调的地步。

华为的这种"自愈合"机制是在众多项目的磨砺和团队的协作中逐渐摸索出来的。2006年，华为吉林维护组调派了一位技术开发部门的新员工——陈路，他到位不久就发生了网络故障问题，客户方面要求华为工作人员迅速赶赴现场解决。然而作为新员工的陈路没有现场维护经验，对于客户的各种要求不能及时响应。项目组长见状，并没有责备他，而是召集现场维护的几名员工开始研讨解决方案和维护思路。而其他成员也主动参与，积极响应，纷纷建言献策。很快在大家的研讨下，确定了问题和根源，形成了一个详细的问题清单。为了让陈路学习经验，整个团队决定现场进行模拟演练，会议一结束，陈路明显有了信心。结果不到两天时间，陈路顺利解决了故障问题，客户方面还特意表示了感谢。由此可见，对华为人而言，并不追求一个人的成功和胜利，更重视整个团队目标的顺利完成。

在跨部门的管理中，势必涉及若干职能部门共同配合全流程工作，然而基于业务导向和客户需求形成的流程体系是水平运行，职能部门是垂直管理。流程被职能部门分成不同的碎片，各职能部门只对范围内的局部流程负责，部门外的、没有穷尽的职责划分环节就会出现责任人空缺的问题，这些中间环节的不顺畅会导致整个流程运行效率低下。

因此，需要在企业内形成一种奉献型的组织关系，尤其是管理者应该站在全流程发展的视角，主动让自己的部门承担组织边界或岗位边界比较模糊的工作。即使在流程逐步完善的过程中，这些环节有相应的责任人，但出于部门间能力和资源的差异等，相互分担也是必要的。图1-3描绘了全流程运行中可能出现节点责任人空缺的环节，即流程与职能部门的匹配。

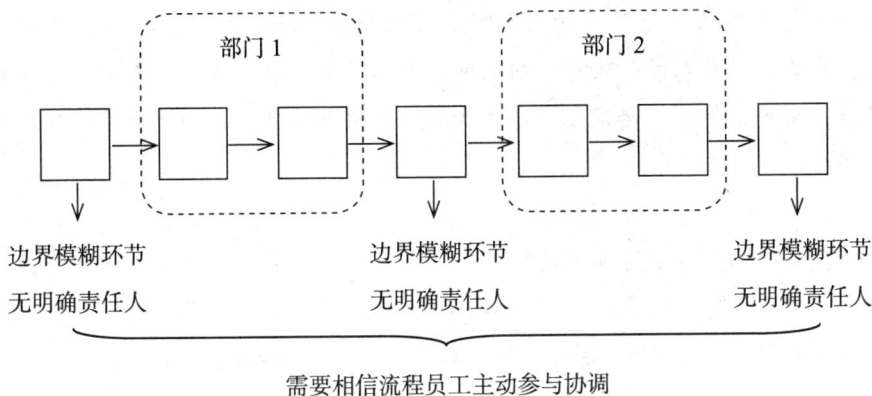

图1-3　流程与职能部门的匹配

由图1-3可知，横向流程与纵向职能部门匹配过程中，总会存在一些流程分工边界模糊，没有明确责任人的环节，这就需要相邻流程的员工主动参与协调，形成以奉献关系为基础的组织关系，推进流程的顺畅运行。在华为，这种奉献关系还体现在员工对业务流程上跨部门同事的支持和服务，通过强化内部服务、内部供应链的组织关系，将上下游相关流程环节作为内部客户，为其提供完善的服务，从而避免节点衔接不迅速所造成的浪费。华为的"服务好内部客户"的管理理念是企业内奉献型组织关系的前提，在国内是少有的较早引入这一理念的公司。

著名管理学家约翰·奈斯比特曾经对内部客户进行了界定。他强调企业全体成员都要树立一种内部服务、内部供应的理念，相互成为内部客户，才有利于横向跨部门间的交流与合作。例如，销售人员在某种程度上需要研发团队的技术支持，对于研发团队而言，销售人员就是他们的内部客户，当研发人员需要与用户需求相关的信息时，就成了销售人员的客户。双方之间通过相互协作，内部客户角色循环切换，工作效率得到有效提高。

内部客户是麦肯锡、惠普、IBM等世界知名企业十分提倡的理念。华为在向这些著名企业学习的过程中，建立了秘书服务体系，其目的就是让研发、生产、管理人员能够聚焦于自己的主要业务。在很多企业中普遍存在的现象是，员工出于自身利益的考虑，不会积极响应其他同事的求助。然而内部客户都服务不好，如何做到以客户为中心？

华为为了提高各部门之间的服务效率，不断强化"内部客户"理念。华为作为国内企业在内部客户方面较早的践行者，取得了良好的成效。任正非强调内部客户是指公司内部的同事，就是应该要服务的客户，例如人事行政部门不能主观认为自己是管理部门，应该摆正姿态将自己定位为一个服务者，其他部门是人事行政部门的内部客户。只有为公司内部的各部门提供好服务，生产、销售、研发等部门才能为公司创造价值，它们才会更好地服务外部客户。

在企业内部为更好地保持组织中的奉献关系，需要给这些主动参与协调分工之外环节的奉献者提供更广阔的平台，设置相应的流程管理岗位，让他们负责全流程的推动实施，保证流程方向的正确性，确保流程各环节执行到位。在跨部门流程管理上授予他们更多的权力，从而推动整个流程PDCA的闭环运作。

华为在构建奉献式组织关系的过程中，强调每个人都要为组织内的其他同事做奉献，服务好内部客户，实现企业的共荣共存。任正非在2010年PSST体系干部大会上的讲话中强调，管理者们应该对下级团队成员多提供支持，多肯定他们的贡献，少一些私心。尤其在部门管理者进行工作汇报和总结的过程中，要多肯定周边流程协作能力及团队成员的贡献。对大家奉献了才能得到更好的回报。作为管理者不要跟部下、跟周边部门争风吃醋，在评价时不要不服输。

任正非这番话强调了流程型组织持续发展的关键是在部门内部形成奉献关系，员工们自主对组织内部其他有需求的同事主动贡献，才能促成整个组织的进步。同时有管理学者曾经强调，在组织内人与人之间的奉献关系是组织的基础，通过奉献关系实现跨部门间的协作服务，通过彼此付出达成组织目标。由此可见，在相互奉献的关系中，组织和流程才能相互匹配，得到长足发展；同时华为提倡的奉献关系并非是单方面的，而是相互的，通过这种相互奉献提高组织的协调能力。

如果这些奉献者所组成的流程管理团队拥有更多自主权，他们会更倾向于群策群力梳理流程，因此企业高层管理者可以通过提供更大的发展平台和授权来激励组织内部其他员工对全流程的关注。值得注意的是，职能部门管理者或掌控全流程运作的管理者，要对主动参与分工外流程工作的奉献者格外关注，不吝啬对奉献者价值的肯定和对员工贡献的认可。

华为的奋斗者文化提出已久，早已根深蒂固地存在于华为人心中。类似于华为这样的企业一定不缺少主动分担工作的奉献者，但不是每个奉献者都适合将其安排在更广阔的流程管理平台。

因此在选择奉献者进入流程管理团队时，组织管理者需要认真思考的问题是：他们是不是适合在这个平台中承担全流程的质量管控和整体产出工作？图1-4阐述了奉献者具备流程管理能力的考察因素，以及承担流程管理的奉献者应该来源于哪些职能部门，即参与流程管理的奉献者特征。

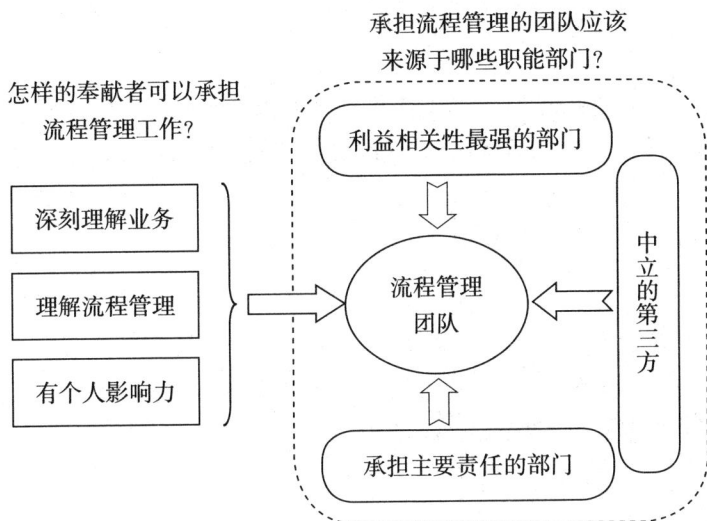

图1-4　参与流程管理的奉献者特征

待遇和机会向奋斗者倾斜，让"火车头"加满油

在华为长期的股权激励中，随着股东资本规模的增加，华为流程体系逐渐形成了"拉车人"和"坐车人"两个利益层次。组织中越来越多的人希望坐享其成，变成"坐车人"，即股东的角色，而不愿意承担"拉车人"（劳动者）的义务。由此可见，如果企业中"拉车人"的价值没有被肯定，待遇

和机会得不到应有的满足，其结果可想而知。因此，任何一个企业平衡股东权益和劳动者利益的关系都是至关重要的，对华为而言更是如此。

任正非强调，正在劳动的奋斗者们将为公司未来的发展创造无限可能的机会和价值，因此在企业发展中资本的力量固然重要，但要承认劳动者的力量。首先，要完善员工的分配结构，关注流程上的各环节和各部门每个员工，让全流程上的员工都能够享受到企业发展的收益，要为员工们提供充分的待遇和机会，让他们有动力继续为企业创造价值，逐渐认识到自己的发展与企业发展是同轨道的。同时要管理好"拉车人"和"坐车人"的分配比例，即劳动者比股东要享受更好的待遇和机会，并使奋斗者比不奋斗者享有更高等级的待遇和机会。

在华为，员工工资、奖金等收入与虚拟受限股收入的配置比例是3：1，这也意味着高分红时代已经远去。华为平衡股东和劳动者利益关系的做法，充分保障了公司人力资本所得，为正在奋斗的部门提供了大量的继续扩大作战队伍的机会，充分证明了华为不让奋斗者吃亏的管理理念。

华为的奋斗者文化之所以能够长盛不衰，成为企业文化的核心部分，关键在于华为不会让真正的奋斗者吃亏。任正非强调华为的文化是"以客户为中心，以奋斗者为本，长期艰苦奋斗"，而支撑奋斗者文化要落实在绩效考核体系、激励机制与流程运作上的价值导向。

为了使奋斗者保持长期的活力和动力，华为的绩效考核体系中一方面引入了灰度管理这一概念，华为的灰度管理强调在黑白管理间找到某种平衡，在绩效考核中应用灰度管理能够打破制度的局限性，为奋斗者提供更好的待遇和机会。

另一方面，华为结合人力资源管理变革，建立了完善的基于流程的绩效考核体系，强调员工待遇要与绩效考核、贡献绑定在一起，将奋斗者的贡献在绩效考核中充分体现。对于在管理能力、聚合团队能力方面较强的奋斗者，要提供一些高难度的工作机会和更广阔的发展平台，以激发他们的潜力。图1-5阐述了基于分级业务流程的绩效体系与指标分解。

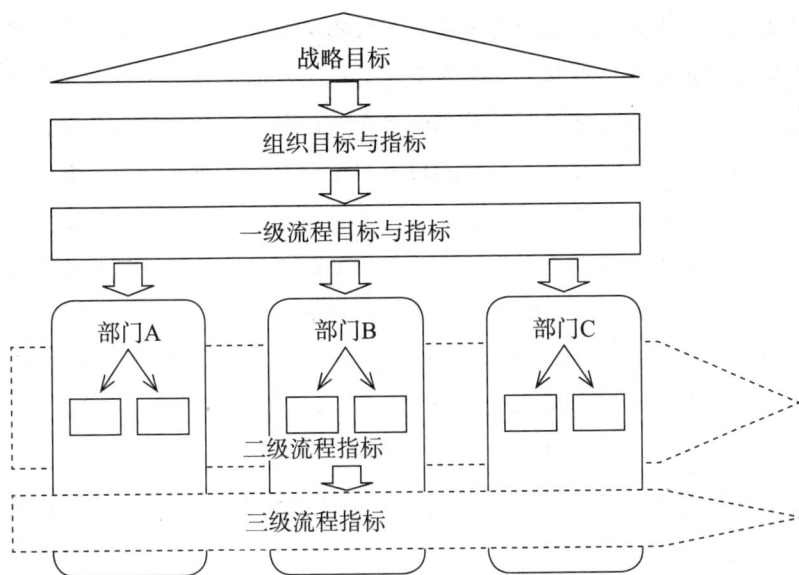

图 1-5　基于分级业务流程的绩效体系与指标分解

由图1-5可知，绩效考核体系中的战略目标、组织目标直指一级流程目标，如果管理者能够将一级流程目标与指标考虑清楚，将其成功地分解到各级流程上，相当于掌握了各级业务流程的核心，将有助于各层级流程的闭环管理。如此一来，流程的绩效考核体系才能发挥其最大价值，从而满足奋斗者的绩效待遇。完善的绩效考核体系是在流程架构的基础上去设计的，在流程架构内能够实现统一的考核语境和管理思路，同时有利于落实流程的绩效目标和责任。

通过基于业务的流程绩效考核体系的建立，避免了以部门导向来设计绩效指标，从而将注意力放在流程全局的运作，而非关注局部流程上的任务碎片，同时保证了真正跨部门指标的逻辑性，实现部门指标和流程指标统一表达。

任正非在管理团队座谈会上曾经强调，要让奖励和晋升通道向业绩优秀者、奋斗者大胆倾斜，华为不能让奋斗者和对公司有贡献的员工吃亏，要让贡献者充分享受到应有的待遇。在绩效考核上拉开差距，员工们才会有动力创造更大的价值，真正优秀的员工才能被保留下来。为了科学地在绩效考核上拉开差距，激励后进者努力奋斗，华为在绩效管理上做了很多改进，取得了明显成效的是华为的奖金分配体制。

从2001年起，华为逐渐制定了业务部门的奖金分配方案，在公司各部门内部正在形成自我激励和约束的员工成长和激励机制。2007年，华为采用了对员工的双轨制考核建议，将短期奖金激励和员工个人的业绩承诺结合起来进行考核，保证绩效差距有据可循，使员工的奖金可以自己进行计算和管理，实现了奖金激励的透明化。同时任正非在EMT会议上指出，华为要进一步激发组织活力和员工创造价值的动力，需要继续完善奖金分配，高层团队要授权下一级管理者在奖金分配上多提意见和方案。奖金的发放规则始终是根据业务需求进行分配的。在这一总的分配原则下，要及时奖励业绩表现好的员工。

2009年，华为进一步对奖金分配管理进行优化和改进。2009年到2016年，华为始终坚持"不达目标零奖金"和"以贡献大小判断奖金多少"的利益分配原则。如果员工没有达到目标，那么就是零奖金；如果整个部门在考核中没有达到目标，那么整个部门的奖金就不能启动发放。这种绩效考核方式激励着每一位员工努力奋斗。

为维持这种奋斗者在流程工作中的动力，组织必须建立起与流程绩效考核相匹配的激励机制，为奋斗者提供适当的待遇和机会，促使曾经的奋斗者演变成为长期的奋斗者。通常对于流程管理工作上取得卓越绩效的奋斗者，精神激励的作用远高于物质激励。由于业务流程通常涉及跨部门运作，许多在职业发展上有所突破的员工认为流程管理工作能够为其提供一个更大、更广阔的发展平台，从事流程管理工作相比在职能部门能够与更多的部门进行合作交流，获取更多的知识存量。

2009年，华为GSM产品线团队获得团队金牌奖，该产品线的团队连续三年每年产生一位金牌奖获得者。员工陶亮是技术出身，工作上十分努力，付出很多也得到很多回报，但绩效考评总体上却不令他满意。陶亮看到其他同事得到了金牌，心里有些郁闷，认为自己工作中也挺努力，但为什么没有拿到金牌呢？刚好在考评后不久，陶亮被分派承接GSM产品线DPM工作，陶亮深感兴奋。当陶亮与这个团队一起工作时，逐渐明白了为什么金牌奖获得者是他们而非自己。他回忆起GSM产品线团队中的一位员工——寇文的工作状态，他曾经获得了2009年的金牌奖。寇文获奖当年成功交付了乌克兰Life、白俄Life项目，并在风险管理和多项目交付管理上做出了成功的实践。

近年来，GSM项目越来越多，为保证项目如期交付，团队中很多成员经常同时出差支持项目，于是整个团队面临着兼顾项目交付成果和日常项目管理的重大责任，但精力有限，如何兼顾这两项重要的工作让整个团队都陷入了思考。寇文在土耳其出差期间，同时负责了乌克兰Life、白俄Life等多个项目，为了保证每个项目能够如期完成交付，他使用了多项目交付模式，在异地克服时差和语言障碍，一人成功完成多个项目的交付工作。他的这一做法，也为整个团队提供了一种新的流程管理思路，团队成员纷纷开始使用这种来自自己伙伴成功实践的多项目交付管理，拉通整体流程，提高了整个团队的项目交付成功率，每个团队成员的工作能力也在多项目交付的过程中稳步提升。

长期以来，寇文交付的项目最多，出差时间最长，工作量最大，他的工作方式常常可以梳理总结形成流程化的管理模式分享给同事，从而提高团队绩效。据统计，寇文在GSM产品线团队工作的4年来，平均每年出差8~9个月，参与的每个项目都是如期成功交付。由此可见，寇文获得金牌奖是实至名归的，他的待遇也是团队中最高的，华为不会让奋斗者吃亏。

对华为奋斗者而言，可以通过充分肯定和评估他们在流程作业上的贡献，以及在收益增加、成本降低、满足客户需求方面创造的价值，满足他们的成就感，从而充分发挥精神激励的作用。为奋斗者提供更多样的晋升渠道，适当分配其难度较大、流程更复杂的工作，当然也不能忽视物质激励的作用，通过完善的流程绩效考核体系将物质激励充分体现在奖金上。将精神和物质激励及流程绩效考核体系相结合，为奋斗者提供令其满意的待遇和机会，让火车头加满油。

允许犯创新性错误，不允许犯流程性错误

华为内部允许员工犯错误，尤其是在技术开发领域中，公司会留给研发人员一定的空间，允许他们在技术性、创新性的领域中犯错误，但不允许犯流程上的错误。因为重复犯流程性的错误说明团队之间没有认真进行业务流程的梳理，对于以往的错误也没有深入思考。由于项目的进程并不是一帆风

顺的，而是充满波折的，因此当团队成员遭遇到技术瓶颈和困难时，难免会发生一些错误，项目经理应该鼓励团队成员坦然面对失败，并重点关注项目失败后，团队作为一个整体应该如何进行总结和反思，从而避免整个团队走弯路。

任正非在内部讲话中曾多次强调，管理部门或项目经理及整个项目团队都要对创造性的错误保持一种宽容的态度，鼓励员工们对于新的事物进行试错。但试错不是最终目的，而是通过试错进行总结和反思，从而找到完成目标的最佳途径。当然，管理部门和项目经理要时常保持自我批判的态度，在项目运行的过程中，不断改善问题，努力寻求流程的进步。在每一个大型复杂的项目中，宽容错误，但在总结反思后，尽量避免下次再犯同类错误。这种宽容错误和自我批判精神的结合，促使华为顺利完成中国移动的T局交付任务。

任正非认为，当错误发生时也是自我修正和成长的最佳时机。应通过对失败的教训进行反思和总结，逐渐分清问题的关键所在，在错误中不断提升自己处理问题的能力，修正自我，从而获得更多的成长机会。

允许犯创新性错误

华为前副总裁徐家骏曾是公司的技术"大拿"，他在离职前对华为员工的嘱托是"希望华为人继续勇于实践、勇于犯错、善于反思"，尤其是鼓励技术研发人员在创新的过程中不畏惧犯错，在错误中总结经验。

受资源和时间有限性的约束和环境复杂多变的影响，在企业经营过程中，可能会在某些环节发生错误，尤其在研发环节发生错误的概率比较大。对于研发中的突破式创新性错误，华为会秉承宽容的态度。

任正非曾经在总结成功和失败的项目经历时，强调了自我批判的重要性。他认为自我批判、回顾自己的工作、总结成功的经验和教训有利于使自己进步。他提到华为在泰国AIS的G9项目被退网络，HLR在泰国、云南的瘫局等这些失败的项目经历，当时华为内部团队并没有形成自我批判的意识和习惯。随后，大家开始重视对教训的分析，对经验的学习，认识到了回顾工作的好处，逐渐形成了自我批判的习惯。在这种良好习惯的带动下，沙特HAJJ项目的保障成功实现，体现了好习惯的力量，并从此改变了华为核心网的发展方向。

一些重大的技术突破和进展都是在不断试错和反复试验的基础上才得以成功的，宽容创新性错误会鼓励团队成员持续创新，但高层管理者必须站在全局的视角审视整个流程运作中是否存在危机，要极力避免发生流程性错误。

不允许犯流程性错误

任正非曾经强调要不断地检讨今天，规划明天。通过认真总结工作，对以往的实践进行回顾和反思，识别潜在的问题流程，不断改进和优化，从而避免流程性错误的出现。

企业要想获得良好的经营结果，即实现市场占有率的提高、收益的增加、核心竞争力的提升等目标，就必须在经营过程中做好每个环节的工作，保证各个局部环节的顺利运行，获得整体的最优，才能最终实现企业的战略目标。可见，好的经营结果依赖于整个经营过程的管理，而企业的过程管理大致分为例行过程和例外过程两类。

通常认为，企业内部90%是例行过程，流程管理就是针对这90%的例行过程进行总结和梳理，因此过程管理的重心就落到了流程管理上。例外过程的出现频率较低，有赖于当时的资源和环境，往往需要管理者在流程之外及时提出解决方案，可控性较低，也不容易总结，然而当例外事件发生的次数增多，逐渐演变成例行过程，就会进入到流程管理的范畴。图1-6阐述了流程管理的意义。

由图1-6可知，良好的流程管理会将重复发生的例外过程演变为例行过程，将需要管理层才能处理的例外过程逐渐转化为流程化的管理模式。

一方面，要通过流程管理将企业战略目标层层划分落实到每一级流程目标上，将战略目标实现的关键要素融入流程中。

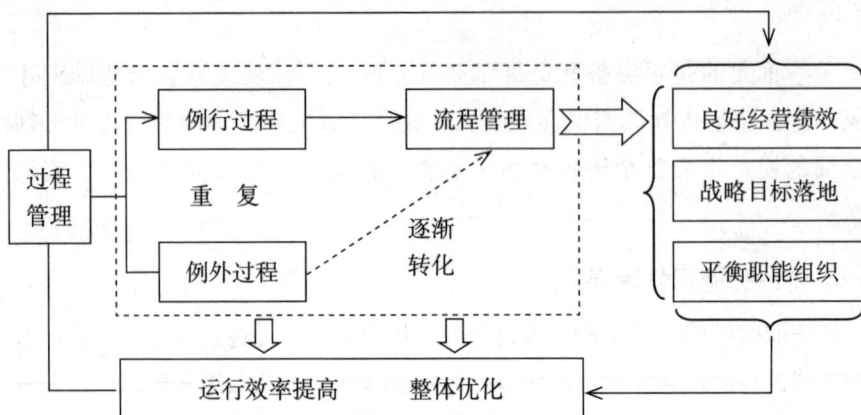

图 1-6　流程管理的意义

另一方面，要利用流程管理的协同性来平衡职能组织架构。职能部门的专业导向性强，在纵向工作中能够发挥其优势，但横向协同能力相对薄弱，这时跨部门、跨岗位的业务流程的协同导向作用尤为重要，能够弥补职能部门的不足。可见，流程的顺畅运作能够有效提高管理质量和运行效率，降低企业运作成本。

王丹丹进入华为资料部工作已有3年时间，每一个项目她都能从中获得满满的成就感，如今对资料部的工作早已得心应手，经验丰富。但回顾刚开始的工作，王丹丹也跟许多新人一样走了不少弯路，感受到一旦方向错了就很难一次性把事情做对。

王丹丹刚转正不久，就接到了一个跟踪写作某项目管理手册的任务。该项目是公司在网络产品领域中新立项的重点建设项目。王丹丹踌躇满志，带着满满的兴奋与喜悦，快速完成了这项任务。项目手册完成后，她发给现场的用户服务技术团队使用，得到的反馈是文档漏洞百出。根据她写的安装文档，服务器无法正常安装，并且项目其他环节的操作细则也存在不少问题，每个部分都需要修改。

王丹丹面对技术服务部同事提出的诸多问题开始反思自己的工作方法和进度安排。经过回顾和分析之后，王丹丹发现自己在写项目手册时没有提前对整体的项目流程和思路进行梳理，自己都没有梳理清楚，写出来的操作细则怎么可能让别人看懂呢？另外，这项任务时间比较紧张，对关键环节思考花费的时间比较少，工作方法出现了问题，一开始没有抓住关键问题，导致项目手册写出来漏洞百出。找到原因后，王丹丹自己模拟项目环境、服务器安装环节，反复验证后开始落笔写作，将之前的问题全部解决。项目手册文档交付后，王丹丹跟随技术服务和开发团队的同事一起到现场开实验局，对手册中的安装细则进行现场验证，随后技术服务部的同事全部对该项目手册表示认可。

由上述案例可知，在工作开展过程中，首先要抓住流程的关键问题，理解流程工作的本质，梳理清晰必要环节，才能不犯流程性错误。

把握流程管理的重点，避免犯流程性错误

为避免流程性错误，需要流程管理团队一开始就深刻理解流程的本质，把握流程管理的重点。流程管理团队把握流程本质的关键在于梳理出流程对客户的价值和对企业的价值，通过客户需求分析，找到业务流程的核心节点，而企业价值来源于对战略目标的分解。图1-7阐述了流程的本质。

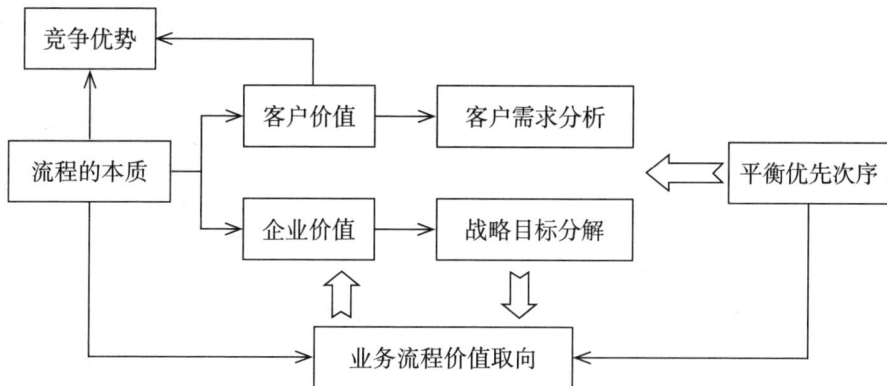

图 1-7 流程的本质

由图1-7可知，在识别流程本质的过程中，要将客户需求分析和战略目标分解相结合，平衡多目标实现的优先级次序，实现流程与客户需求、企业战略的对接，形成整个组织的流程价值取向。流程的最终目的不仅仅局限于全流程的顺畅运行，而是通过有效执行流程规避风险，将企业战略落地，创造更大的价值，为企业带来竞争优势。

在奋斗中传承和创新
流程文化

张培，加入华为工作10年，一直从事财经管理类工作。张培平时的工作是负责在业务体系中发掘问题，识别经营风险和可改进之处，从而助力业务朝着更加稳健的方向发展。他曾经被派往硬装工程营识别流程上的问题，并提出改进意见。张培信心满满地来到工程营，经过两周的培训和调研，他发现问题点并不是很多，反而是自己在实践中得到了很好的锻炼，通过与现场人员梳理流程，自己的业务知识落到了实处。

张培在工程营的整个流程节点上每天都能有很大的收获和发现，例如，在馈线进入机房之前，施工队要做"避水湾"处理，只通过一个简单的布线技巧就能解决雨水灌入机房的问题。同时在布防光纤时，施工队伍仅仅用一个棍子将几个光纤线缆串起来，像农村老太太纺线一样，利用光纤架同时旋转的原理，就能解决多根光纤同时布放的问题。通过这些，张培逐渐发现硬装工程营的专业人员在流程操作上十分灵活，能够很好地满足业务需求，自己是来识别问题的这个初衷也发生了改变。

在硬装期间，张培在项目现场还积累了流程上简易工具的使用技巧。例如液压钳，它的用途是将接地线的OT端子压实以避免脱落，在基地实验室内，设计师们在使用液压钳时，必须要放在桌子上，手扶着慢慢压，做出的端子头外观才会规则。液压钳十分重，不方便携带，操作过程中容易造成端子变形。张培发现施工队的师傅们都不使用液压钳，但如何解决固定OT端子的问题呢？他们拿起锤子对着套好的OT端子头，"咚"地砸了一下，一秒不到搞定，简单粗暴但效率极高，然后缠上绝缘胶带，这种做法简化了流程上的不必要环节，提高了部分流程的效率。

张培逐渐发现，只有在项目现场，才能深刻体会到产品的使用价值，设计出真正适合现场的产品，他猜想液压钳的设计师肯定没来施工现场实践过，滚圆形的设计在桌子上操作都非常不便，更不要说地形环境复杂的项目施工现场了。此时，张培也逐渐了解了公司派他前来的目的，应是通过参加硬装工程项目的流程梳理，结合真实的业务场景，及时调整业务流程，满足业务需求。可见，华为将流程意识贯穿到工作中的每个环节，形成一种企业内部的流程文化，让员工们也切实感受到流程逐渐优化和进步后工作效率的大大提升。

尽管大多数人认为流程文化的内涵相对空泛，但形成统一的流程文化观念对流程管理的运作确实是最重要的元素。如果组织内部在流程管理工作上没有达成共识，没有认同流程文化，对于流程工作的推动不是出于对流程重要性的认知，而是迫于上层管理者的压力而采取行动，那么整个流程工作的推行会十分不顺利，也必定不会产出良好的价值和绩效。

无论多么完善的流程都要随着业务和环境的变化及时调整，而通常流程制度的设计往往跟不上环境变化的速度，此时就需要流程文化来弥补。组织中形成流程导向的文化及员工认同的流程文化时，在流程管理中的团队成员会积极主动地采取有效的行动来应对环境的变化，从而提升整体流程绩效。

2015年胡飞（化名）被华为派往南非 MTN Bulk PO项目群担任NSB模块DPD（Deputy Project Director），作为华为当时最复杂的全TK项目，这个项目群包括四个A级项目，分别是PG、NSB、FTTS、MW。项目流程运作复杂，几乎覆盖了全公司所有的网络部署业务场景。华为与其他两家厂商中标了不同区域，华为占据了最大区域。然而，客户方面的现网信息复杂，胡飞的团队每周都要对交付进度做出新的调整和加码，在这个过程中，站点和路权的获取都非常困难，分包商资源短缺。在南非，华为之前并没有积累类似的交付经验，对于这个项目的流程梳理、具体执行的环节的设计和规划可谓是白纸一张，没有经验参考，胡飞团队只能自行摸索着创造出一套项目流程路径。

由于客户需求迫切，UPG站点交付时间短，因此，在项目交付初期，所有资源都聚焦于UPG。而在NSB只有胡飞一个人负责，从物料BOQ、勘测设计、电力引入，到分包资源等各个环节的流程梳理只能在实践中总结了。但由于缺乏经验的参考，胡飞犯了策略性的错误，导致在站点的获取方面失去了先机。3月7日，华为团队与其友商相比少交付了30个站点。于是客户GM向华为南非代表处进行投诉，每次开会胡飞都要受到客户的苛责。一方面是客户带来的巨大压力，另一方面还要承受来自各地区部及代表处的交付VP们的压力，在这种高压氛围中，胡飞那段时间每天只能休息4小时，甚至在梦里也在梳理站点交付流程、资源配置流程。

胡飞曾经一度想放弃，来自四面八方的压力让他喘不过气来，但冷静思考了流程推行遭遇的困境后，他意识到自己没有优质资源、没有优质团队，想要在短时间完成项目交付显然不切实际，如何集结优质资源，提高流程运作效率成为关键点。于是胡飞开始求助，集结资源，获得了地区部和代表处领导的大力支持，仅用一个月，团队便组建完成。团队组建好后，立刻投入到内外部流程梳理，整理分析绿地站、灯杆站、屋顶站、三方站等新建站点类型的瓶颈和难点，拉通各环节分支流程，力求不在流程上出现一点瑕疵。

通过团队内部对流程的推进和优化，2015年年底，胡飞团队的新建站交付任务在三个区域同时启动，整个团队对流程梳理工作的极致追求近乎疯狂。圣诞节期间，也只有新建站点团队在加班推进，到12月31日晚完成了所有交付项目，各项流程梳理清晰。这种流程文化在团队内部持续发挥着作用，胡飞知道流程工作对于他们已经不再如从前那般茫然。

由此可见，组织内部形成一种被团队成员认可的流程文化，对于推动流程管理工作至关重要。基于业务导向建立起来的流程体系要根据业务的变化及时调整，然而流程文化通常嵌入在企业文化中，往往不会受到业务和需求变更的影响，涉及需要调整文化的变更出现的概率很小。即使不同的企业，在流程管理文化方面也包含几类同样的因素。表1-1简要概述了流程文化的主要内容。

表1-1 流程文化的主要内容

文化因素	具体解释
关注客户需求	将客户需求作为流程体系的开端，根据客户及业务需求设计流程体系，将客户需求转化为流程运作中的标准，通过推动流程体系满足客户需求
以流程目标为导向	从流程目标出发设计、优化流程，逐步改善和解决流程中的问题，保证各环节流程顺畅进行，从而实现流程目标
公司导向	即流程导向，强调整体最优而非局部最优，需要不断引导团队成员树立全局意识，从而实现跨部门流程的优化
团队协同	相互理解、积极配合、协作能力强的流程团队有利于流程变革的顺利推行
共享精神	共享文化的形成从长远看有利于流程管理的整体进步
文化创新与进取	拥有创新活力的组织才能在流程优化中不断取得突破性改善，保持追求卓越的动力

表1-1所阐述的流程文化的主要内容是组织在流程管理工作中普遍通用的文化因素。其中，要将关注客户需求的文化落实到公司的制度管理中，体现在流程的各个环节；流程团队要在实践中把握流程的本质，提升对业务流程的理解能力，从而形成全局意识的目标导向和公司导向文化。

协同能力强的流程团队对复杂流程的梳理、优化、利益分配等问题会处理得得心应手，拥有这样的团队有利于组织内部形成共享文化，组织上下不再首先关注个人利益，而是首先关注全流程的顺利推行。同时，流程管理的本质就是一种打破原有职能导向的固化思维并进行创新的过程，因此，创新进取是良好的流程文化中不可缺少的内容。组织内部一旦形成良好的流程文化，就会潜移默化地影响员工对流程的改进和优化。采取积极的行动，而整个流程归口管理的顺畅运作也会增加组织流程文化的厚度。

第2章 | 华为的流程组织

华为的流程组织，从长远来看，就是由功能型的组织结构转化为流程型的组织结构，并由 IT 支持这个组织的运作；从目前来看，就是使目前功能型的组织结构贴近流程、贴近客户需求，适应市场的变化，也就是让组织更有弹性、更有活力。

任正非

建立一个推动流程
建设的综合组织

华为的管理层曾经对LTC流程管理的现状和问题进行了剖析，探讨了流程与组织的关系。过去在LTC流程管理中，华为的许多管理层和员工都陷入一种误区，认为在LTC流程中角色十分重要，但经过长期的实践和摸索后逐渐意识到组织才是推动LTC流程建设的关键。如果公司的组织架构不与流程进行匹配，考核体系不变革，流程就会浮于表面，不能发挥流程的真正价值。经过实践和反思发现华为LTC流程管理中面临的主要问题是，领导的作用大于流程作用，流程化的组织应该是事事把流程作为行动的基础，而不是请示领导。真正的流程化组织是打破了部门墙的，不存在官僚化。

如果流程已经匹配业务，逐渐优化成以业务为导向的流程，但组织架构还是没有变，就会影响流程与业务的匹配性，同时还会加重部门墙的负面影响。因此，要还原流程、业务和组织之间的逻辑关系，梳理清楚后就会发现，流程的优化需要三者同步进行，对流程的推动或变革不仅仅是几个人或几个部门的工作，而是涉及整个组织的脱胎换骨。因此，流程系统建设的关键问题是如何建立起推动流程的综合组织。

目前在国内，大多数企业的流程管理并没有建立专门的管理部门，这是由于流程管理尚未成熟，还需要不断地探索和实践。大多数企业的流程管理工作划分到诸如信息管理部、战略规划部、行政部、内部控制部等部门，普遍存在的是将流程管理划分到信息管理部。流程管理工作的开展没有形成一套程序，也没有形成推动流程建设的综合型组织，然而流程管理如果仅仅依靠归口管理部门开展，则难以实现流程的最大价值，为此需要组建一个流程管理团队来推动流程的运作和优化。

流程管理团队的成员需要对流程运作达成共识，有共同的目标和价值观，组建流程管理团队时可以考虑从职能部门中寻找志同道合的、有共同目标和利益的成员参与组织全流程管理。表2-1阐述了流程管理从业人员可以与哪些部门的员工成为同盟军。

表 2-1　流程管理的同盟军

职能部门	具体作用
战略规划	与战略规划部门的同事共同明确流程管理的方向，将战略目标落实到流程的运作上，获得战略层面的支持
IT管理	为IT项目设计好流程框架和规划，将好的流程运作模式固化到系统中
质量控制	将质量管理与流程管理有效结合，为质量管理搭建健全的流程框架，提升质量管理能力，同时利用质量管理工具优化升级流程管理

华为的高层管理者们对流程管理建设的关键问题进行了思考和探讨，发现LTC流程运作中主要存在以下问题，导致流程运作不通畅。

一是组织上下没有形成对流程的统一认识。对于LTC的内涵、推行LTC流程对整个公司和各部门意味着什么、具体如何推行等问题，华为内部并没有达成共识。

二是缺乏一个统一的SA组织。在LTC流程运行中没有建立总体架构组织，没有人能够站在全局的视角审视流程的运行和发展状态，不能洞察整体流程的本质。每个部门只重点关注自己的工作，只关注到了局部流程。就像盲人摸象，每个人都能对自己所掌握的信息做出一番解读，但没有人思考全流程的发展。而SA组织的职责是站在系统全局的顶层视角，看LTC的总体架构该如何建立。在众多公司中，爱立信在这方面做得很好，他们掌握了关键，就是通过组织的不断发展培养具有全局视角的SA组织，而非像过去的华为一样，有一群SA为LTC的总体架构争吵。

三是业务的所有者与流程责任人不是同一人。LTC如果仅仅依靠流程部门或业务部门，不能顺利推进流程的建设和优化，需要业务与流程部门配合推进，让业务的Owner担任流程责任人，从而推进业务流程的运作。尤其是有些跨部门跨岗位的流程，必须存在一个流程责任人，担任流程责任人的管理者必须对业务流程十分熟悉。

流程管理在国内众多企业中尚处于摸索阶段，要建立推动流程建设的综合组织，必不可缺的是具备流程管理能力和知识背景的人才支撑。尤其在推行流程管理的过程中，涉及多层级、跨部门、跨岗位的协调和推广，这些工作的顺利开展都需要专业的流程管理人员贡献他们的能力。图2-1阐述了流程管理人员应该具备的基础能力和知识架构。

图 2-1 流程管理人员应该具备的基础能力和知识架构

由图2-1可知，流程管理人员应该具备良好的沟通协调能力，在流程推行的过程中平衡各部门和各环节的利益关系，同时要对业务深刻理解。深刻理解业务就意味着对客户需求能够精准把握，这直接影响业务流程的产出绩效。流程管理人员一定要站在全局和顶层的视角系统思考流程的设计和优化，保持对新知识、新观念的迅速学习和创新能力，整合各种知识，设计出解决方案。

既然是专业的流程管理人员，具备相应的管理知识也是必需的。流程管理人员除了要具备扎实的流程相关知识，还要在企业管理、项目运作、信息系统等模块知识方面有一定的基础。由此可见，流程管理人员掌握的知识越全面，可发挥的价值也就越大，企业才能更迅速地建立起流程化组织。

在华为的LTC、IPD流程的运作和优化中，管理团队一致认为流程优化的未来一定是沿着客户导向进行的。以客户为中心，按照IPD流程开发产品，按照LTC流程实施交付，通过健全的ITR售后服务流程体系实现对客户服务的高效闭环。通过这三个流程的拉通互动，为客户提供高质量产品、高效率服务，从而提升客户满意度。

因此为了拉通三个业务流程，同步高效运作，需要建立起一个推动流程建设的综合组织。避免对业务流程进行拆分执行，只追求局部流程的顺畅，忽视拉通流程网的长期作用。华为曾经找到BT进行资格认证，BT的一个质量官仅仅用了3天时间，就对华为的问题给出了明确的定位，对其管理系统的评分最低。BT质量官认为，华为不缺少管理领域或行业内先进的管理工具，但所有的工具和零件分散在各个角落，没有形成统一的覆盖全流程的系统。总结下来，华为当时在流程管理和组织架构方面面临的问题有以下三点：

一是没有形成基于流程的全面管理。在质量管理方面，没有担任质量Owner的高管。

二是同一业务流程上对于质量方针没有达成统一的共识。BT质量官沿着业务流程，就质量方针问题对每个员工进行了调查询问，但大家的回答不一致。

三是业务流程分段，每个分段流程各自为政。业务全流程分段执行，但每个分段的流程没有统一的书、语言和运作规程。从管理系统的角度看，长期运营的质量成本效率难以保证。

通过BT对华为的问题定位，管理层们深入分析华为的业务流程，考察各部门间的关系，确定其核心业务流程LTC，避免在管理上形成烟囱林立的组织架构。如果企业内部流程没理顺，一定会影响外部客户满意度；如果内部流程和组织建设配套了，一定会内顺外秀。

华为的核心价值观中对流程化组织进行了明确的界定：根据流程分配权力、资源及责任的组织就是流程化组织。同时，在流程化组织中出现的与流程运作无关的人员和子系统都要删除。流程化组织的建立清晰梳理了业务流程标准，有利于整个管理工作的简便高效执行，从而发挥流程的最大价值。

由此可见，一旦流程化组织成功建立，也就意味着组织内部形成一条基于业务流程的管理体系。综合型组织从流程的规划、执行到监控、优化等全过程都会发挥优势作用。图2-2阐述了流程化综合型组织对流程管理的推动作用。

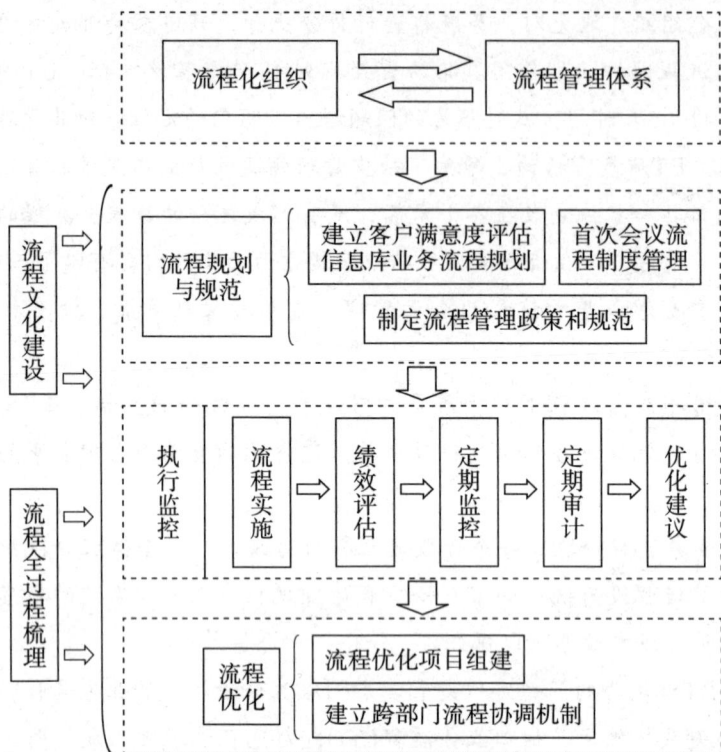

图 2-2　流程化综合型组织对流程管理的推动作用

确立人人对事负责
的流程责任制

　　2011年日本地震，恰好华为有一支项目团队正在日本推进项目实施，在地震之后曾经有3次撤出日本的机会，但全体成员毅然选择继续坚守在项目上。

　　项目团队顺利完成测试后，管理层通过对客户需求的全面分析认为客户还会提出新的测试要求，为及时响应要求，管理层提出外场测试团队和代表处的团队共同对新功能采取行动。当时有一次可以回国的机会，但项目团队成员一致表示留下来，准备响应客户需求。两周后，客户果然提出了新的测试要求，由于大部队的留守，团队迅速完成了新需求的测试，客户对此十分感动。

地震后一周左右，为保证团队成员安全，测试组大部分员工需要转移到大阪进行异地办公，但仍然需要小部分研发技术人员留守东京。研发团队中许多成员肩负着整个家庭的责任，谁留下来，远方都有一个家庭在为之担忧。项目主管首先表示，自己愿意坚守在岗位上，他不确定整个团队是否会安全，但对于留下来的团队成员，每一个他都不会放弃。当项目如期完成交付成果后，客户方面的科学家团队被华为项目团队深深感动，并对团队的测试结果表示十分满意。从此，客户对华为高度信任，双方构建了长期的合作关系。

在企业的流程管理中，需要确定人人对事负责的流程责任机制，避免出现分段流程的责任人缺失、部门间相互推诿等现象，确保业务流程的高效运作，获取卓越的产出绩效。然而，组织中的业务流程是横向的，甚至是跨部门、跨岗位的，强调部门间的横向沟通与协调、整合；职能部门是纵向的，以专业导向为主。因此，横向业务流程与纵向职能部门的目标在一定时间内可能会发生冲突。

同时，企业大型复杂业务的流程往往会涉及若干职能部门，在业务流程与职能部门相交叉的环节，如何清晰地界定责任人，调整原有不合理的责任机制，形成人人对事负责的流程运作氛围，对流程化组织的建设至关重要。在流程责任的划分和明确过程中，有必要梳理出企业的流程管理组织架构，即首先明确在各层级流程中，谁应该对相应的流程负责。

由图2-3可知，在流程管理的组织中，主要会涉及四类责任人，分别是分管流程的高层管理者、流程管理部门、各业务流程责任人、各部门流程责任专员。由第1章可知，流程管理在为客户创造价值、实现企业自身价值增值等方面至关重要，因此，首先有必要设置专门分管流程管理的高层管理者，负责对流程体系的建设方向、规划等给予重点指导，从而保证战略目标落实到流程体系中。

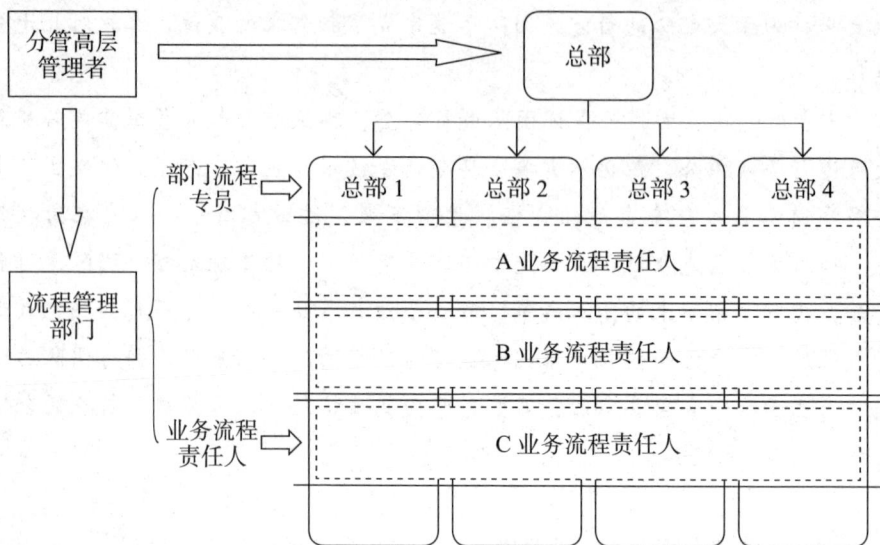

图 2-3　流程管理组织职责

其次要设置流程管理部门，负责制定流程制度规划、推动并监督流程运作、维护流程管理框架等工作。同时，各业务流程也要有相应的责任人，主要对业务流程绩效负责；与横向业务流程相对应，要设置部门流程专员，在业务流程和流程管理部门、职能部门间起到桥梁作用，推动职能部门的分段流程运作。

麦肯锡对流程管理的责任归属问题提出了全权负责制度。通过设立每个项目流程的责任人对全项目流程负责，同时每个模块下对应的子模块也会有相应的负责人员。例如，在麦肯锡公司，咨询顾问麦克的主要工作是数据的收集和整理，而特纳在咨询项目中负责问题的系统化分析，两个人分别是子模块的负责人，一旦两个环节中的任何一个出现了问题，还需要上一流程层级的负责人对此负责。项目各层级流程上的责任人不能为流程上的失误找任何借口，由于责任人划分明确，更不可能将责任推卸给他人。

同时为了提升员工个人的责任感，麦肯锡公司还提倡员工培养个人的积极性和奉献精神。长此以往，一旦项目流程中出现问题，员工们会首先从自身角度分析，通过审视自己的行为来避免下一次错误。麦肯锡欧洲区主席亨茨勒曾经对他的下属强调过，流程上的责任是无法分担的，该是哪个人承担，就应该尽全力承担，项目的总负责人同样也要为整个流程的运作负责。项目总负责人希望下属能够取得良好的绩效，一旦出现问题，他们也应该主动承担后果，这是流程组织得以推动流程管理的关键。

麦肯锡公司建立了流程管理的全权负责制度，加之高层管理者的推动，将流程责任落实到每个层级和部门，逐渐形成人人对事负责的流程责任机制。可见，在流程管理组织和对应的责任明确后，要确保各流程层级的责任人发挥作用，需要组织中管理层和执行层的共同努力，而高层管理者提供的支持对流程责任落实的推动十分重要。

在跨部门、跨岗位的流程推进过程中，涉及横向业务流程和纵向职能部门的协同和整合往往会存在一定的阻力，而企业规模越大，业务流程越复杂时，流程上各环节的责任落实的阻力也就越大。因此，需要高层管理者提供有效的决策支撑，通过决策压力推动组织中人人对流程负责。分管流程管理的高层领导的支持，会带动流程管理部门、业务流程责任人和部门流程专员积极推动各层级、各部门的责任落实，经过长期的推动，逐渐在公司内部形成一种人人主动对事负责的流程责任制。

华为有一年年初会战才刚开始，设备温箱出现了故障，温度不稳定，随后一堆技术人员在设备旁边进行检查分析，但每个人都认为设备故障的责任不在自己。最终，每个模块都摆脱了嫌疑。

直到2008年，华为的某产品规模较大，维护工作进展异常缓慢，影响客户的正常使用，客户投诉接连不断。在分析故障发生原因的过程中，项目每个环节的员工都能找到不是自己责任的理由，团队成员相互推卸责任，客户反映的问题得不到迅速响应，团队作战效率极度低下。

各个分段流程上的工作人员自扫门前雪的做法，为产品的初期开发带来诸多困难。很多问题本可以通过梳理流程就能找到原因，但各分段流程相互推卸责任的做法，每每都将简单的问题复杂化。例如，产品的输出功率异常情况开始频繁出现，经过流程的梳理和回顾，相继排除了软件、功放等环节的问题。找不到问题原因就会影响后续流程的顺利进行。经过多次排查及对全流程的检查之后得知，最早期的设备故障没有引起重视才是问题的根本原因。可见，整个流程的责任意识都不高，如果任何一个分段流程尽早向上追溯，就不会在流程后期带来如此多的成本浪费。

面对这种团队缺乏责任意识的局面，产品线高层开始高度重视，采取措施改变局面。于是高层们从流程开始梳理，对团队内容进行责任的划分，整个团队从开发、系统到解决方案的各个流程模块都明确了自己的责任。团队外部还安排了骨干员工专门跟踪客户意见，并将客户的需求和意见及时反馈到流程管理团队。经过一系列的流程规范后，团队成员的责任体系逐渐明确，流程间能够实现无缝对接，客户投诉逐渐变成了客户满意。

随着端到端流程逐渐涉及更高层次的管理需求时，诸如战略制定、业务模式选择等重要决策，流程推动的资源需求量也逐渐加大。有时流程中的责任缺位并非是责任人不明确，而是受资源、时间等方面的影响。通常资源配置是按照职能部门的需求进行划分的，随着业务流程的深入推进可能存在资源不足的现象，此时需要高层管理者提供资源配置的支持，确保流程运作各层级拥有充足的资源，进而推动各层级的责任更好落实。图2-4阐述了为落实流程责任，高层管理者应该提供的支持。

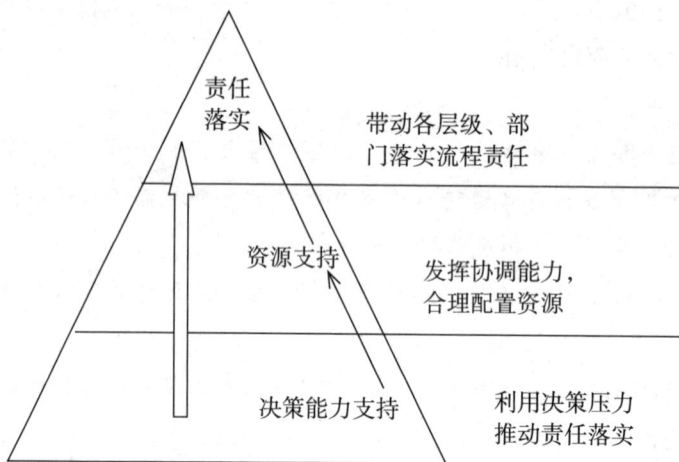

图 2-4　高层管理者应该提供的支持

强化上下游客户关系，
维护生态圈

许日海加入华为多年，在项目管理方面的经验颇丰，他见证了华为在项目管理领域的进步和开放。随着项目交付量的增加，许日海逐渐意识到要提高项目交付质量和效率，就必须对依赖人力和经验的项目交付方式进行变革，需要建立先进的IT交付工具。于是，华为IS交付团队和ISDP二期团队组成的联合开发项目组在2014年正式成立。

ISDP团队由众多拥有丰富项目交付经验的技术专家和项目管理专家组成，经过团队内部研讨，联合平台不仅要成为交付业务的IT工具，而且要通过上下游团队的流程对接与贯通来改变项目团队与供应商、分包商的沟通习惯，从而提高华为项目团队与分包商的流程运营效率，促进项目交付供应链上的整个生态建设。随后在强化供应链上下游客户关系共识的指导下，项目组结合ISDP上线做出了相应的调整。例如，过去分包商发货安装流程以"推"为主，经过他们的调整后，供货流程转化为"拉"，即由分包商自行提交要货申请，根据队伍资源等自行安排上站安装，拉通各个站点模块流程，分析海量交付数据，设计出了一套分包商SLA管理方案和分包商的绩效排名方案。通过逐步强化上下游的合作关系，项目团队与分包商的流程运营效率显著提高，合作双方的流程对接更迅速，提升了分包商流程管理的质量。

经过上下游流程的梳理和改进，2015年下半年华为接手了泰国的4G发牌项目，运用新建立起来的平台和流程在半年内就顺利交付了9000多个LTE站点，并完成开通工作，刷新了站点业务的交付纪录。项目整体效率提升改进明显，存货周转期达到60天。

许日海回忆道："在一次与客户的沟通会议上，我们的项目团队打开ISDP系统，展示了项目交付进展和问题，客户们认真听完汇报后，被ISDP系统所吸引，他们问能不能买下这个系统，他们认为用这套系统能够帮助客户改善上下游的合作关系，管理分包商。"可见，在项目交付和流程管理中，必须要与上下游建立良好的合作关系，构建合作的平台或系统，从而拉动业务全流程的高效运行。

　　徐直军在2014年华为核心伙伴供应商大会上曾强调，华为在未来的发展中必须要重视与价值链上各环节构建共赢流程管理体系。徐直军强调，随着华为与上下游业务伙伴的合作关系逐渐深入，华为会将更多的业务流程交给供应商和合作伙伴来完成。因此，只有合作双方的流程管理顺畅匹配，才能提升双方流程对接的效率和交付质量。

　　华为在未来的发展中，需要以最终用户视角与上下游供应商、合作伙伴、客户共同优化合作流程管理，将华为的质量标准和要求融入合作方的集成流程中，实现合作方流程管理的无缝对接。图2-5阐述了华为强化上下游客户关系的步骤。

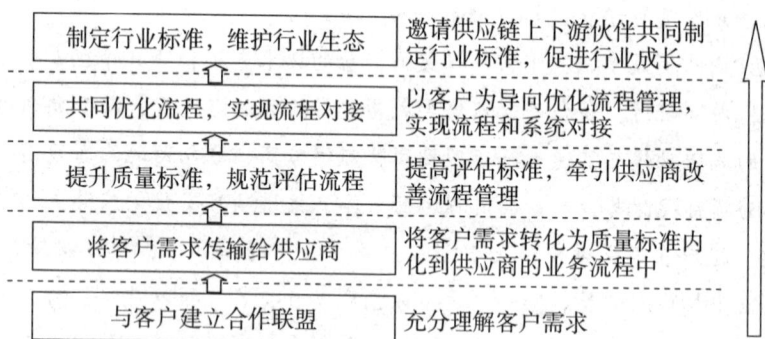

图 2-5　华为强化上下游客户关系的步骤

构建供应链合作关系，维护行业生态

　　华为通过质量标准和质量方针强化与上下游合作伙伴的关系，从企业长期发展的视角，不仅实现了为客户创造高品质服务的目标，也帮助供应商树立正确的流程管理和质量管理的观念，实现长期的价值增值和利益共赢。

　　2014年11月，徐直军在核心供应商大会上回顾了华为的质量方针。20多年来，华为一直坚持"质量是企业的生命"的质量方针，努力为客户提供高质量产品和服务，逐渐获取了客户的信任。但从客观的数据分析来看，在华为成长的20多年中，质量还没有成为华为取得胜利的关键因素，大多时候华为还是以高性价比取胜的。而在未来华为要确立"以质取胜"的目标，让华为成为行业内高质量的代名词。基于这样的目标和追求，华为也会要求上下游合作伙伴、供应商在质量层面逐渐改善，对他们的质量也会有更高的标准。因此，华为希望与合作伙伴共同提升质量，构建可持续发展的能力，使其跟上华为的发展步伐，共同走向未来。

为了实现华为的质量目标，华为对采购流程的管理政策也相应调整为"质量优先"。郭平强调，华为会逐渐建立起采购品类和流程的质量标准，通过标准来牵引供应商及上下游客户提升质量。从发展的视角来看，那些专注提升质量的供应商会成为华为长期的合作伙伴，而对他们自己而言，他们也会从华为获得更多的合作机会。持续的高质量和可持续发展能力也会使优秀供应商获得溢价的机会，这就意味着华为愿意以更高的成本来购买更高质量的产品和服务。

由此可见，关于行业标准的制定，华为也表现出了一个企业的责任感和担当。为保证外部全流程上的生态平衡，华为积极参与并推动行业标准的制定，帮助供应商伙伴改进质量管理，梳理流程化组织，提升优化供应商的能力。通过加强与供应链上下游的合作，与其构建牢固的合作关系，适度将服务性事务外包，有利于企业将主要精力投放在核心业务流程的管理工作上。

强强联合，弥补流程短板

通过强强联合实现华为业务流程与合作伙伴业务流程的共同优化和对接，提供学习的平台，从而提升改善华为全业务流程质量和管理体系，以市场为导向实现价值增值。

海底光缆业务无论是在资金储备还是技术实力方面，要求都非常高，华为要进入海底光缆市场并不容易。在资金储备方面，如地中海的海底光缆项目中铺设总长度230千米的海底光缆，只是采购和铺设成本每千米就高达18万美元，其他的配套系统设备成本还未计算其中，同时光缆越长，需要埋设的深度越深，难度就越大，建设成本也会呈几何倍数增加，可见海底光缆业务的巨额资金需求量。在技术层面，海底光缆系统工程会涉及光纤通信、光缆铺设维护等高端技术。华为在通信技术方面已经拥有了雄厚的技术积累，尤其在攻克高速线路技术、大容量业务交叉技术方面取得过卓越的成就，能够解决从光缆到传输系统等各类产品的系统整合。但海底光缆的设计、铺设和维护技术是华为的短板，要保证整个庞大的系统从设计开发到铺设方面面的质量和效率，必须在各环节流程上引入专业公司。

华为的高层们很快就意识到，一旦进入海底光缆市场，线路设计的要点、如何避开海啸高发区铺设光缆、如何修复损坏光缆等诸多问题就都要面对，而解决这些问题必须要引入在海底光缆项目方面十分专业，在市场上深耕几十年的公司。通过与强大的合作伙伴构建战略合作，才能使华为顺利进入海底光缆市场。于是，总部位于英国的全球海事系统有限公司进入华为的视野，这家具有150多年历史的海上工程公司，在全球海底光缆安装和维护行业里始终处于领先地位，在海底光缆的铺设维护方面拥有十分丰富的技术和实践经验，并同时与多国的电信企业构建了合作关系。2008年，华为和全球海事系统有限公司构建了合作关系，此后华为顺利进入国际海底光缆市场。华为通过强化上下游合作关系打造了企业长远发展的平台，利用自身技术优势和合作伙伴的优势进行强强联合。

由此可见，华为通过与强有力的供应链业务伙伴建立战略合作联盟，取长补短，获得了国际海底光缆市场的入场券。2010年的PSST体系干部大会上，任正非曾经对管理层强调，华为需要以更开放的心态与供应链的上下游实现合作共赢，在为客户服务的过程中，要理解"深淘滩，低作堰"的思维，只留取必要的利润，将更多的价值让给客户、合作伙伴，甚至是竞争对手，以维护整个行业的生态圈平衡。以开放共赢的心态发展，才会让华为越来越强大，整个行业也会成长得更好。

组建跨部门的
动态化精兵组织

基于业务导向建立起来的流程不可能由一个部门独立完成，往往是跨部门、跨岗位的流程操作。要保证全流程畅通，不仅需要各部门之间主动沟通协调，明确自己的职责，最关键的是要建立起跨部门的灵活动态化组织。

2006年，华为在苏丹市场的业务量迅速增长，业务进展如火如荼，但在这样良好的市场环境下，华为项目团队在投标一个移动通信网络项目中失利。代表处全体开始梳理投标流程，分析失利的原因。总结之后发现，项目团队没有从全局视角审视流程运作，在处理跨部门的问题时缺乏灵活应对的能力，各自为政，缺少横向交流，导致各部门间在产品解决方案、交付服务、合同管理、融资汇款及客户关系管理等方面的流程对接效率低下。

在与客户进行接触时，每个部门只是从自己的专业领域为客户提供解决方案，对客户的需求理解有遗漏，难以准确把握客户真正面临的问题。同时在与客户进行接洽时，没有形成一个跨部门的业务流程团队，也没有以一致的形象出现在客户面前，而是各部门分别拜访客户，有些信息重复交流，导致客户对华为提出的解决方案和交付能力不满意。例如，在一次项目技术分析会议上，华为苏丹代表处同行7人参加会议，但事先并没有进行横向沟通，而是各自从自己的专业领域提供给客户多套不同的技术解决方案。客户的CTO当场表示了不满，认为这些方案没有整合成一套能够立即投入运营的电信网络方案，没有真正理解客户方面的需求。在这种各自为政的情况下，每个人只关注自己的方案，客户的满意度早已被忽视。

经过这次投标失利的经验教训，苏丹代表处打破部门之间的边界，以客户为中心重新组建跨部门的、以业务流程为基础的组织架构，最终形成了以客户经理、解决方案专家、交付专家为核心的"铁三角"动态化精兵组织。这种动态化精兵组织能够以一致的形象面向客户提供整合的解决方案，体现整个项目团队的综合能力，而非各自为政的单兵作战，从而使客户感受到最佳的成果体验。

流程管理组织常见的形式是设立专门的流程管理机构，由流程专员具体执行并协调职能部门的员工共同推进流程的高效运作。但这种组织形式将流程专员彼此的工作分割开来，没有形成一个统一的流程管理团队，流程专员对流程管理的专业模块掌握有限，缺乏横向交流。然而，流程管理工作需要团队内部持续的创新思维，通过创新变革改善现有流程。这种组织形式不能发挥团队的智慧优势，同时流程专员只负责执行，不参与流程规划将会导致他们工作积极性下降，对规划理解一旦出现偏差，也会直接影响流程执行的效果。

此时，有必要引入项目制流程管理，一个个业务流程的运作也可以当作一个个不同的项目，通过项目经理的牵引，将流程专员和职能部门的相关成员聚合成一个跨部门、跨岗位的项目团队，发挥各流程专员在不同模块的专业优势。项目经理将端到端的业务流程上所对应的诸如流程规划、流程梳理、流程执行、流程检查、流程优化、流程审计等专业模块授权给各个流程专员和职能部门的专业工作人员，加强横向沟通和交流，上一环节出现问题及时解决，以免影响下一模块的正常运作。图2-6比较了常见流程管理组织形式和项目制流程管理组织形式。

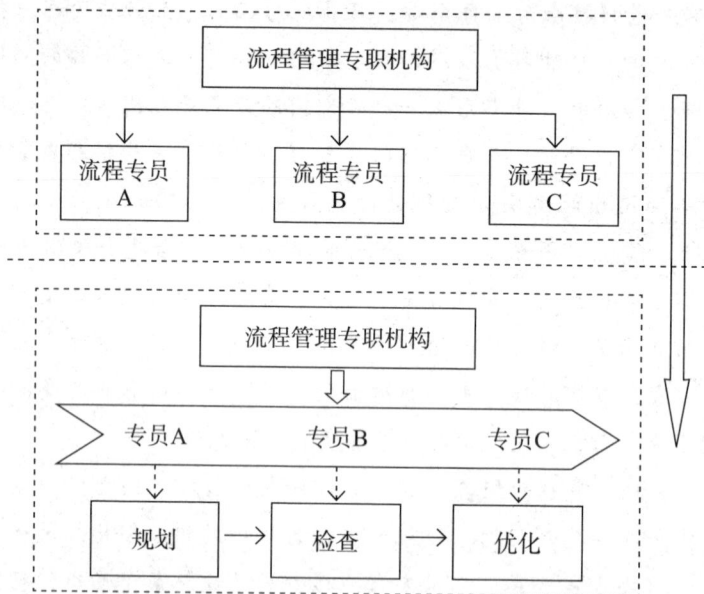

图 2-6　常见流程管理和项目制流程管理组织形式的比较

由图2-6可知，以项目经理为牵引的业务流程团队，能够充分发挥团队整体规划流程、识别风险的集体智慧，提升流程管理的专业水平。同时每个流程专员成为自己专业模块的负责人，有利于他们对流程管理工作的深入理解，形成统一的对外服务归口，从而提高团队的综合绩效。在此基础上，项目经理或流程主管就能够有更多的时间关注流程团队和组织的发展，解决重大问题。项目制流程管理的组织形式实现了跨部门、跨岗位流程的贯通，提高了全流程的响应能力。

到2014年，华为的流程和组织变革已经开展了15年，经过这些年的改进，有效提高了华为跨部门协作的效率，改善了之前沟通不畅的问题。2014年6月，轮值CEO郭平在"蓝血十杰"表彰大会上带领华为员工一同回顾了华为组织和管理变革的历程，肯定了流程变革取得的成绩，同时就华为未来的变革指明了方向。郭平强调，未来华为需要进一步开展跨部门流程组织的建设，让公司所有部门都围绕端到端的业务流程进行工作，提高流程的集成度，从而更好地为客户创造价值。

经过10多年的流程变革，华为已经建立起了"以客户为中心、以生存为底线"的流程管理体系，从研发、销售、供应到交付和财务等各部门已经建立起了跨部门的、具有迅速响应能力的流程组织。郭平提到，虽然华为在过去10多年中的流程和组织变革取得了卓越的成就，但不可忽视的问题是，各大业务流程之间的对接管理和归口管理依然是当前和未来华为必须要面临的问题，流程管理逐渐出现功能化、思维固化等突出的问题，制约了流程能力和效率的进一步提升。华为的IPD流程变革开展了15年，但TPM近几年却一直停留在3.3版本，无法实现有效改进，这就说明流程组织依然存在一些问题。

华为现阶段已经确定好了下一步的管理变革目标，就是提升一线流程组织的作战能力，围绕这一目标要开展跨部门、跨岗位、跨功能、跨流程的集成变革。业务流程建设的本质就是为客户创造价值，因此必须通过端到端的流程变革和改进，通过公司流程管理体系和跨部门流程环环相扣、灵活运转，达到更好地为客户提供服务的目的。

通常企业即使设立了专门的流程管理机构，其流程专员也是很少的，同时专职流程管理工作人员往往在流程规划、协调层面发挥更多的作用。可见，流程管理仅仅依靠少数几个流程工作人员很难推进，因此需要业务链条上的全体成员共同参与推动流程运作，此时协调好流程管理的虚拟团队至关重要。

从虚拟团队的主要目标来看，流程管理的虚拟团队大致可以分为三类，如表2-2所示。

表 2-2　流程管理的虚拟团队分类

分类	重要意义
常设专职虚拟团队	不是组织的正式编制，但来自各个部门，设有激励和绩效考核制度，是长期存在、推动流程管理的虚拟机构
临时虚拟项目小组	根据流程项目的需要，这些虚拟团队短则存在2~3个月，大型项目周期较长虚拟团队会存在1~2年
部门内部虚拟团队	通常由部门内的管理者、助理等成员构成，负责流程设计维护和变更等相关工作

第一类是为推动流程管理存在的常设虚拟团队，这些团队不是组织的正式编制，但来自各个部门，该团队一般设有激励和绩效考核制度，是长期存在、推动流程管理的虚拟机构。这类虚拟团队在流程推动的工作中，跨部门协调能力更

强，能更好地发挥团队的灵活应对能力，为流程化组织建设提供了保障。

第二类是为解决流程管理中的部分问题而临时设立的虚拟项目小组。根据流程项目的需要，这些虚拟团队短则存在2~3个月，大型项目周期较长虚拟团队会存在1~2年。这些临时成立的虚拟团队为流程运作提供改进方案和问题解决方案，在流程化组织的建设过程中起到了润滑剂的作用。

第三类是归属于各部门的长期从事流程梳理工作的虚拟团队，通常由部门内的管理者、助理等成员构成，负责流程设计维护和变更等相关工作。

华为项目管理的"八大员"是一支综合作战能力强大的队伍，"八大员"主要是指项目经理、技术工程师、采购专家、供应链专家、财务经理、合同经理、项目团队的HR、质量专家，显然他们都拥有丰富的项目交付经验，由于承担着项目管理的八个重要角色，因此被称为"八大员"。由"八大员"构成的项目管理团队以业务为导向，实现跨领域的联合作战，需要很强的协作意识和执行能力，才能为客户提供一整套完整的项目解决方案。华为项目管理资源池专门为培养"八大员"的协同意识提供平台。

华为项目管理的一线常常被业界称为是能够"呼唤炮火的地方"，这是由于项目团队全体成员常常为了如期完成交付任务夜以继日，充分发挥自己在团队中的最大价值。华为的项目管理资源池会定期向项目团队输入新鲜血液，保障项目团队高效专业的作战能力。同时为了保证项目团队的"八大员"能够迅速在任何项目中精准地找到切入点，华为还提供了多种实战模拟培训，帮助他们熟悉不同类型项目的业务流程。

华为的"八大员"逐渐在各个企业的项目管理中得到应用，他们是来自各自专业领域的高端人才，每个人都拥有自己专业领域最前沿的技术和知识，具备核心能力。他们集结在同一个项目管理团队，能够为客户提供全方位的交付服务，形成一支精湛的综合作战团队。

无论是长期还是临时性的虚拟团队，在推动流程管理和流程化组织建设的过程中，团队中的人才都将起到至关重要的作用。每个人都有特定的优势和擅长的领域，要将合适的人安排在适合的流程管理岗位，充分发挥岗位和人才的价值。因此，有必要建立起虚拟流程管理团队的人才库，为专职虚拟团队定期补充新鲜血液，提高虚拟团队的创新能力。当临时的流程管理项目需要时，能够迅速组建起虚拟项目小组，迅速解决问题，提高流程改进工作的效率。

人才是驱动组织成功的关键要素

发挥不同优秀人才的互补作用，有利于提高团队的聚合能力，为流程组织建设储备优势人才资源。

整合具有不同优势的人才，取长补短

流程管理过程复杂，往往涉及多方面的技能知识，参与流程管理的工作人员如果具有多学科知识和能力，对流程团队整体的知识库能够提供有效补充。

高治国，2004年加入华为，长期担任测试工程师、测试经理。他在团队整合、人才任用等方面积累了丰富的经验，因为他深知人才的聚合对测试工作至关重要。2013年下半年，UMG产品开发和维护团队合二为一，如何让两个工作方式和内容不同的团队融洽工作？这是高治国那段时间常常思考的问题。维护团队中的工作人员长期从事对老产品现网问题的处理工作，在产品维护和识别问题方面拥有丰富的经验，但较少能接触到新思维和新的产品创意，久而久之，团队内部缺乏工作热情。产品开发团队有活力，但对产品维护方面经验不足，处理产品问题的能力相对薄弱。

把握两个团队的特点，高治国将产品开发、维护团队的工作人员合理排兵布阵，以发挥各自的技术优势，从而使新产品特性稳定，产品问题也得到有效解决。团队融合逐渐稳定也为团队成员树立了极大的信心，大家的工作热情越来越饱满。同时为了给团队成员提供更广阔的晋升通道，高治国还对项目经理、项目SE、特性经理、特性SE、测试经理等重要岗位采取了竞聘制度，这些岗位出现空缺，会对全员开放，他鼓励员工不论资历平等参与，经过答辩和评分后，让最优者得到岗位，并公示结果。让员工为自己争取机会，让有能力者上，让落选者看到自身差距，在后续工作中改进，通过这种方式真正做到将人才放到最合适的位置。

根据案例可知，组织内部应该重视优秀人才的培养和支持，疏通人才成长通道，尤其要主动发掘流程管理方面的优秀人才，建立起流程管理人才库，为流程化组织的建设提供充分的智力支撑和优势人力资本，从而推动流程的高效运作。任正非对华为的人才任用曾经提出了"少将连长"的方式，通过这种方式也为人才提供了更广阔的发展和晋升平台。华为出现"少将连长"可能至少有两个途径：

一方面将高级管理者调配到基层一线，担任基层主管，带领业务团队提高绩效，利用其团队整合能力，提高整个团队的能力，充当组织中的尖兵。或者将高级管理者调派到重大项目上，担任项目主管，与高层客户建立良好的合作关系，建立行业生态环境，发挥老干部的优势。

另一方面是提高一线作战人员的级别，将绩效突出、优秀的一线人员提拔为基层主管，将其职级和待遇也相应提高到一定的水平。通过这种方式，引导优秀人才在一线奋斗，为客户提供优质服务，实现公司和个人的价值提升。

重视并激励拥有奇思异想的"怪才"

在流程组织中同样需要有较强创新变革能力的"怪才"，来删除流程中重复冗余的环节，不断改善和优化流程。

任正非曾经对人才的界定提出了"歪瓜裂枣"的概念。任正非将公司里一些"怪才"比喻成"歪瓜裂枣"，他指出"歪瓜裂枣"表面看起来丑陋，实际上反而比正常的西瓜和枣甜。在公司中有些人才也是如此，尤其是一些技术专家，他们绩效卓越、创新能力强，能够为公司创造巨大的价值，但在某些方面不遵从公司规章，有着自己的个性和习惯，他们就是公司的"怪才"。

任正非提出华为要宽容"怪才"提出的奇思异想，因为他们看似不合常理的创意思维，往往能够引领公司走在行业的前沿。过去提到"歪瓜裂枣"常带有贬义，但实际上"瓜是歪的最甜，枣是裂的最甜"，他们不被大家所看好，但华为要站在战略发展的视角上看待他们的创新和贡献。这些"怪才"们的创意思维有时会超前于这个时代，令人难以理解，但也许他们的存在才能帮助公司在创新的道路上走得更远。

因此，作为管理者要在华为的价值观和创新导向的指引下，基于政策和制度实事求是地去评价一个人，而非僵化地执行一些规章制度。在价值分配方面，要充分考虑到"怪才"们的价值贡献，管理者要敢于为有缺点的奋斗者说话，才能将有能力、有创意的人才留在公司。

可见，对于拥有独特的创意思维和创造能力较强的优秀人才，可能在遵守公司章程制度层面并不循规蹈矩。然而不能否认他们为业务流程的运作注入了新的活力，企业的创新变革往往需要这些人来推动。

正如任正非提到的，高层管理者要宽容这些"怪才"提出的奇思异想。优秀创新人才提出的合理的流程优化建议要适时采纳，并给予物质和精神层面的奖励，从而鼓励更多的员工主动参与到流程管理和优化工作中来。因此，在流程化组织的建设过程中，要充分重视有创新能力的优秀人才的激励和保留。图2-7阐述了人才激励与流程化组织建设的闭环。

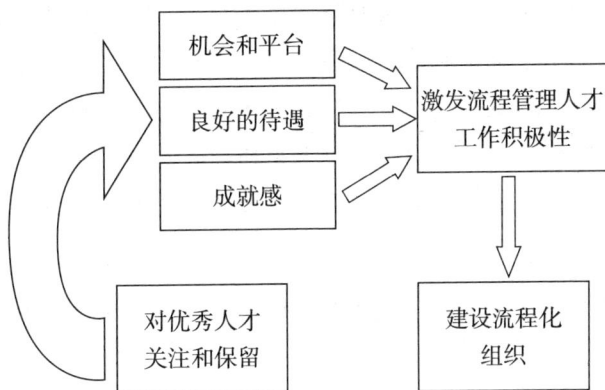

图 2-7　人才激励与流程化组织建设的闭环

由图2-7可知，对优秀的流程管理人才的激励可以从三个方面入手。对于能力突出的人才应该为其提供更广阔的发展平台，建立良好的晋升机制，帮助优秀人才实现职业成长。同时在物质激励层面，要在优秀人才的待遇和职级上得到直接的体现。流程管理的顺利推行，并实现为客户创造价值的目标需要组织上下全体成员的参与，高层管理者也要在必要的时候提供支持和帮助。因此，业务流程的高效运作往往是组织全体共同努力的成果，这能够让参与其中的优秀人才获得极大的成就感。

通过上述激励手段，优秀人才共同见证流程管理的成功，从而激发他们继续参与流程管理工作的积极性，推动流程化组织的建设。

疏通晋升通道，留住优秀人才

Mark Atkins，曾在投资银行供职20年之久，之后加入华为才转战电信行业，此后在华为一直担任销售融资专家。作为一名外籍华为人，他认为华为是一家有责任感的中方公司，尽管华为在人才文化和商业文化上与西方文化存在差异，但他欣赏这种差异。Mark Atkins对华为的人才管理也提出了自己的一些看法。在华为，一些30多岁的同事正处于职业的黄金期，却提出了辞职，在Mark Atkins看来，这说明很多人没有感受到公司对他们的关怀，公司没有为他们提供更广阔的发展平台，他们感觉公司并不关心自己的职业发展。

Mark Atkins将华为比作一个大家庭，家庭中冲突总是难免的，但家人间并不会因为一点波折就真的伤了感情，尽管有些家庭成员个性突出，并不受人喜欢，但家庭中的大家长还是会关怀他们。华为在过去几年在人才培养方面已经有了很大进步，尤其在倾听员工心声方面，为员工提供了更多学习和晋升的机会，完善了激励机制，让员工们感受到了公司对他们职业生涯的关注。当然在未来，不仅要给予员工们物质激励，而且要给予他们更多的支持和鼓励，帮助他们找到自己的优势，激发他们的潜能，帮助他们更好地成就自己，让员工们有归属感。如果只是物质激励，一旦其他公司提出更丰厚的待遇，人才很可能就会流失，不能形成归属感。通过结合这些物质激励和精神激励，员工们才会愿意长期留在公司，并将个人的价值和职业前途与公司紧密绑定在一起。让人才感觉到华为在一直关注他们的成长，并会适时提供支持和帮助，他们才会愿意关爱公司。

很多华为人留在华为继续工作并不仅仅是为了获取富足的物质，对他们而言更重要的是获得"成就感"。每个优秀人才都希望共同参与华为创造胜利、创造价值的过程，他们想通过自己的贡献分享这份荣耀。华为在行业内已经成为一家非常成功的公司，加入华为的优秀人才希望能够与这个公司共同成长，因此华为在人才激励方面，要重视能够提供给他们的机会、平台，以及关怀感。当他们能看到清晰的并满足自己期望的职业发展路径时，他们更加愿意选择留下来。

Mark Atkins强调华为必须重视对人才的培养和保留，才能保持持续的成功。华为如果能够帮助年青一代实现自己的职业梦想，这些优秀人才会愿意与华为共同成长，他们也许会成为未来的领导者，他们的能力、经验和贡献不可估量，他们将带领华为更上一层楼。

优秀人才对流程化组织建设至关重要，有必要疏通流程管理的人才晋升通道，激发其对流程工作的积极性。首先，可以建立专业的流程管理发展通道，对不同能力和要求的流程管理岗位设置不同的职级，表现突出的优秀人才要与普通员工在职级上有所差异，并在待遇上有所体现。其次，建立流程管理部门和业务部门的双向流动通道，即在某个业务流程上绩效卓越的优秀人才，可以允许其转岗到更高职位的业务部门进行发展，对于业务部门的优秀人才，同样为其提供到流程专业管理部门的转岗学习机会。

让听得见炮声的人
呼唤炮火

2009年6月29日清晨，当位于湘江河畔、岳麓山前的湖南长沙、株洲、湘潭三个城市的人们拿起电话，互相拨打亲戚朋友的号码时，他们惊喜地发现，不用在电话前面再加三个地区的区号，就像打城市的市内电话一样方便。

2009年华为参与湖南长株潭地区的电信设备配套项目，该项目是为了实施长株潭城市群"两型"社会试验区建设的首个配套落实工程。项目周期100多天，华为全程参与了项目实施，最终顺利完成三个城市电话号码由7位到8位的升级工作，三地之间通话不再需要拨打区号，为三地区用户的通话提供了极大的便利。

然而并网升级工程项目刚开始的时候，由于缺乏相应的资源和技术专家的支撑，遇到了很多困难，进展并不顺利。进入2月以来，华为的湖南办事处都在为资源问题发愁。三地的华为智能网SSP、关口局、NGN、端局，接入网共计48个局点，下面还设置了数百台小交换机，用户数量涉及在网用户210万。升位、并网同步操作，同时还需确保网络的正常运行。通常，如此大的工程量要2～3年才能完成，但项目需求紧迫，长株潭三市并网的启动到交付要在半年左右完成。

同时，与华为过去参与的国内众多通信项目不同，长株潭三地并网需要大量的数据制作和定义，而数据的调整需要固网技术工程师提供技术支撑，然而，仅仅依靠当地办事处的固网工程师，显然不能迅速完成数据的定义和重置。于是湖南办事寻求机关和其他办事处的帮助。一线作战团队"呼唤炮火"，机关总部经过研讨后，全力支持，2009年3月调派广深、武汉等地办事处的固网工程师和相应资源，众多固网工程师集结在长沙，为支持该项目，周边办事处的十几名技术精湛的固网工程师在完成本职工作的情况下还要赶赴长沙提供并网升级项目的技术支撑。

该项目中长沙的一位核心网经理杨强回忆当时周边办事处和总部对资源的及时支持，有位广州的技术工程师常常是一周在广州和长沙往返3次，白天赶赴长沙提供技术支撑和调试，晚上要在广州的办事处加班。本次项目的顺利交付，与周边办事处及时的响应能力息息相关，在他们的资源支持下，并网升级完成，长株潭三地的用户通话省去了过去烦琐的区号。

任正非提出的"让听得见炮声的人呼唤炮火"是强调将权力下放，华为的管控目标要逐渐从中央集权式，转向"让听得见炮声的人呼唤炮火"。让了解市场和客户需求的一线作战团队发挥指挥作用，强调权力的下放也是为了规避高度集权下的决策失败。

同时，要加强后方监督和管理，发挥审计、道德委员会的作用。华为一方面强调加强权力下放，让前方作战团队拥有资源配置权，有明确的责任归属；另一方面在后方形成更强的监督力量，提供支撑和服务，从而促进流程化组织的建设。这种组织模式，必须建立在一个有效的管理平台上，包括流程、数据、信息、权力。

华为一直秉承着"让听得见炮声的人呼唤炮火"的人才资源匹配原则，其实质是通过打造"少将连长"的优秀人才晋升通道，让有能力的一线作战人员担任更高层级的职位，根据项目的价值与难度来配置管理和专家团队，为一线作战人员和高层管理者都提供充足合理的资源。因此，"听得见炮声"的人往往是组织中的优秀作战人员或卓越的绩效贡献者，他们是与客户接触最多的工作人员，如售前技术、售后服务人员；"听得见炮声"是指能够及时捕获市场机会、客户需求变化的信息，对市场环境和竞争者有着敏锐的嗅觉。"呼唤炮火"则是强调拥有配置资源的能力，这些与市场、客户紧密接触的团队能够获取公司的各类资源，如人力资本、技术支撑、物流和设备等。可见，"让听得见炮声的人呼唤炮火"的实质是"让听得见炮声的人有权呼叫炮火，在资源有限的情况下，优先、科学、快速地发射炮火，以获得最大收益"。

要实现这个目标，华为从几个方面建立了相应的配套体系。培养"能听到炮声"的人，培养"能听懂炮声"的人；改进组织流程，让他们拥有配置炮火的权力；在华为内部重新构建起公司从上至下的权力分配、资源流转、支撑服务、考核评价等一系列机制，从而确保组织流程上每个节点的职能责任准确落实。

首先，要培养更多的"能听到炮声"的人和团队，形成决策依据市场信息和客户需求的习惯而非仅仅依靠数据和结果来制定解决方案。需要将大团队分解为若干个小团队的作战单元，促使小团队更深入地了解客户，深入市场每一个角落，对市场内部的任何变化都能够及时、准确地反馈。

其次，要提供平台，让应该对市场和客户需求敏锐的人员提高识别机会、需求的能力，即华为有必要培养更多"能听懂炮声"的人。他们不是遵照命令的执行层，而是具有综合素质的一个团队的领头人。这些人具有合理组织团队工作的能力，与客户良好沟通并将需求转化为产品的能力，同时还具有敏锐察觉市场变化的能力，对于不合理、不正确的指示他们敢于提出自己的意见，并为整个组织注入新的思考活力。华为的"少将连长"强调的就是这些工作人员，未来会培养更多这样的"少将连长"，这些人数量的多少，将决定公司能够将作战单元细分到什么程度，也就决定着对市场的反馈能不能做到更精细化。

华为强调公司要让更多员工拥有一线作战的机会和经验，从而发现具有"少将连长"潜力的优秀人才。在初期，思考能力、组织能力、捕捉机会的能力较为突出的，会迅速成长为"班长"，经过公司的专业培训，"班长"带小团队进行实践后，综合素质较强的人就会成长为"少将连长"。华为内部还构建了自我学习提升、岗位晋升、薪酬增加的通道和机会，保证了"少将连长"的个人发展需求。

再次，要赋予有能力的人"呼唤炮火"的权力，这是华为内部权力重新配置的通道。华为培养好有能力的"少将连长"后，就要赋予连长"呼唤炮火"的权力，为团队作战提供充足的资源，发挥其组织团队工作的能力。赋予"少将连长"的权力是能够有效支撑市场竞争的权力，诸如团队组成人员、团队范围内的资源配置、技术专家等层面的支撑。以市场拓展、公司收益为目标的权力需求要尽可能全部下放，但某些决策需要集中支撑、提高人力资本使用效率和工作效率时，权力必须集中，从而实现公司是一个整体的目标，以一个共同的目标为指引，组织成员共同有效地使用公司赋予的资源。

最后，要建立"炮火能呼之即来"的及时响应体系，让赋予的权力发挥更大的功效，提高组织开拓市场、挖掘客户潜在需求的能力，迅速响应市场，提高竞争力。

当然，流程组织集中处理和决策有利于资源共享，强化对各分段流程的管理和控制，但这种集中处理的管理模式，权力是自上而下分配，不能及时响应一线团队对资源的需求，在满足区域客户个性化的需求方面也相对较差。而与客户保持紧密联系的往往是一线作战团队和工作人员，他们对客户和市场信息的捕捉是权力层级中最敏锐的，要建设以客户为中心的流程运作体系，就需要分散权力，将权力转移到一线作战团队中，使其拥有自主的资源配置权力，从而及时响应业务、客户需求。在流程组织的运作中，如何处理好集中与分散、集权与分权的关系，表2-3给出了选择和调整策略。

表 2-3　选择和调整策略

业务流程特征	授权选择
与客户、一线作战团队紧密接触，并且标准化程度不高的业务流程，需要与客户面对面交流，如合同谈判、售后服务等	授权方面要求采取分权的方式，让决策权力转移到一线
与客户直接接触交流频次较低、流程的标准化程度高的业务流程，如人事行政服务、财务共享中心等	采取集中处理和决策的方式，提供资源共享程度

机关单位向支持和服务中心转变

长期以来华为不断压缩管理干部的数量，增加专业技能人员、业务人员的数量，减少流程上从事非生产性工作的人员数量，并且为专业技能、业务能力要求高的岗位提供充足的学习和培训机会，从而提高他们的工作效率。任正非强调华为的流程和组织要围绕满足客户需求的目标进行建设管理。管理干部的配置也是以服务一线作战团队、监控业务流程等为基础的，因此配置过多就会造成资源的浪费，也容易发生责任不明确和低效行为。

为客户提供良好的服务，就意味着以较低的成本提供高品质产品和服务，而与该目标无关的多余流程环节和流程上多余的干部设置不利于这一目标的实现。任正非还强调，在流程组织的干部设置上，多余的设置就相当于人为地放弃简便易行、高效的路，选择了阻力极大的弯路，势必不利于组织内部的流程管理工作。因此，必须要压缩管理干部的数量，将多余的干部转移到专业和业务岗位上，当然不可避免地会裁掉一些无效的管理岗位，精简一部分干部。

任正非强调，在华为通过合理减少非生产性工作人员数量，逐渐让干部转化为技术类、业务类工作人员，逐渐促进机关单位向支持和服务中心转变。各层级的管理者应该将效率低、没有实质性贡献的岗位人员淘汰，并使其从事技术或业务类工作。如果一个干部不在自己的团队中主动置换调整，创建更有效的组织，这个干部显然不适合做一把手。

华为通过逐步合理设置岗位责任制，将高学历的人力资本配置到最需要智力资源的岗位上，逐步发挥机关单位的服务功能，提高整个流程化组织的运作效率，从而降低人力成本。

任正非在讲话中提出华为推行的新的管理体系，是逐渐向下授权，逐渐弱化机关单位的管控功能，加强其支持、服务、监控功能的体系。在组织发展的战略问题上，是高层指挥基层；在具体的战术问题上，是基层作战人员指挥后方，后方尽力支持满足前方要求，及时提供前方所需的服务和资源。如果机关不能为前方提供服务，这个机关就没有设置的必要。

组织内部以业务需求为目标进行流程运作，设置各流程环节，相应的组织机构的设置也是以业务流程为导向。机构设置的目的是为了满足业务需求，获取利润，因此，企业的后方机关单位要向前方作战团队提供支持和服务，后方组织机构以支持、服务、监控前方为中心，按照所提供给服务的性质和需要支持的数量来设置机构。最终所形成的流程组织中，后方机关单位要有很好的综合协调能力，减少平台部门的设置，提高流程运作效率，及时准确地为前方作战团队提供服务。

1999年，博文加入华为，计算机专业出身的他开始负责无线模块调试，2004年8月，被派往巴西，优化巴西代表处的采购管理。初到巴西，博文就对巴西库存管理的混乱感到十分惊讶。当时巴西代表处大概有6000平方米库存，但没有管理系统，对库存的管理还停留在台账管理阶段，整个业务状况可见一斑。

博文刚过去时经常会收到市场部同事的电话，寻找他们需要的货，通常找货就要花几天时间，由于仓库面积大，货品多，有时几天时间也没有找到对方要求的货品，浪费了大量时间成本。于是博文渐渐意识到要解决巴西业务混乱的局面，首先要做好库存管理，仓库存量和货品必须要梳理清楚，才能顺利地开展后面的工作。

当时的巴西仓库中DSLAM货品堆积如山，但依然向机关要货。基于这种情况，博文和同事凤来一起向机关单位申请开发海外应用的库存管理IT系统，随后机关单位经过商讨，支持了博文团队的做法，立刻派驻技术精湛的专家侯志诚、在供应链方面经验颇丰的陈春祝赶赴现场，加入博文的团队，开发全面的库存管理系统。经过几个月的艰苦奋战，终于成功开发出华为公司第一个CES系统，并于2005年8月在巴西上线。经过半年多的系统优化、升级，巴西的库存管理得到了有效改善，供应链的源头终于被疏通，系统运行逐步稳定，供应链也随之改善，疏通效果明显，在这以后基本没有人再因为无法收到原材料货品给博文的团队打过电话。

由此可见，前方团队根据实际情况发出需求申请，后方机关单位积极响应，提供技术专家、供应链专家的支持，智力资本充足，库存管理系统开发成功，疏通了供应链，促使当地库存管理得到明显改善。

任正非在2015年的讲话中曾经提到，组织内部的机关单位作为专家团队，其主要职责就是推动流程高效运作，提供支持和服务，不能采用行政直管的僵化工作模式。涉及业务的执行决策应该将权力授予最前线的工作团队，前线要有权力调动后方资源和技术支持，才能顺利满足业务需求。

任正非强调要顺利实现机关单位向服务中心的转变，需要破除原有的组织体系，构建新型的流程组织，提高效率。运用互联网思维，抛弃简单的建立一网或一界面或打通一个流程节点的简单思路，运用互联网的方式，实现内部供应交易的电子化，贯通所有供应链网络，提高内部响应效率。在这种平台化的流程管理方式下，机关单位的服务功能逐步增强。

互联网化将打破部门之间的边界，释放被制约的生产能力，从而促使部门间横向交流合作增多，主动参与流程运作、主动提供服务的观念贯穿组织内部。这是华为内部集权向授权管理方式的转变，缩短使用资源者和掌握资源者的距离，将内部由大权力集中中心向多个小权力中心演进。任正非与公司高层共同分析发现，传统的权力分配方式是由上而下的，一线作战团队是最基层的，在权力分配层次中处于最末端，能够实际支配的权力很小，但他们从事的却是接触客户最频繁、距离市场最近的工作，往往需要更大的资源配置和协调职能部门的权力，才能保证捕捉到最新的市场信息，提供最优质的服务给客户。因此，组织权力配置要逐渐去中心化，通过压缩层级，快速响应市场，提升服务质量，加快组织效率管理机制的转变。更多地授予一线团队"呼唤炮火"的权力，减少审批层级，充分发挥机关单位及相关部门的响应、服务能力，使管理层在服务、支撑、评估中能够更真实、更快速地听到市场的声音。

为顺利实现组织权力的去中心化，各部门机关单位的高效服务支撑还需要在内部进行平台化改造，实现IT公司支撑层面的平台化、服务管理职能的平台化和制度建设的平台化。平台化不仅仅是各IT系统的简单汇集，而是通过平台整合资源、数据，为一线作战团队提供资源和数据支撑，而机关单位也在平台化建设中承担提供某环节服务和支撑的服务型部门的职责。通过将组织内部集权决策逐步分散，构建平台将资源和权力重新组合配置，让资源使用较多的流程环节掌握更多的配置权力，发挥一线作战团队的创造性，形成组织内部制约。

华为通过建立组织中前后方团队、一线作战和机关单位的信任体系，逐渐转变了组织中的权力配置格局。过去是掌握资源配置、决策管理和管控的后方机关单位有权力，前方作战部队常常担心机关单位不给资源或资源供应不及时，往往就自己决定将交付期提前半个月，导致库存管理的成本增加。现在华为的信任体系初步建立，权力由前方团队掌握，前后方相互信任，后方及时准确提供资源支持和服务。

任正非强调，机关单位应该联合勤务，在内部将问题协调处理好，再提供给一线作战团队，一线作战团队的工作重点是接触客户，捕捉市场信息，直接参与执行推动业务流程运作，他们的精力不应该被处理后方困难所占用。因此，后方机关单位应该自行协调好内部流程，相同的业务也应该归属一个行政管理部门，减少流程分叉口，提高流程运作效率。

第3章 华为的流程规划

　　我们应该沿着企业的主业务流，如产品开发流、合同获取及执行流，来构建公司的组织及管理系统。目前，产品开发有 IPD 保证，但合同获取及执行流目前还没有管理系统来保证，而在这个流中，集中了公司的资金、物流、存货和所有回款。

任正非

以业务为导向，
力出一孔

　　任正非强调流程的设计和规划要以业务为基础，流程要反映业务的本质，以业务为导向的流程规划不会让业务中的关键要素在流程之外循环。华为的流程和管理体系，例如LTC、IPD、ITR流程体系，其本质是业务操作系统，也可以看作是运营系统，而流程顺利运作的关键是基于业务的流程化组织建设。因此，构建组织内部的流程体系，其实质就是构建公司的运营系统，根据业务需求将业务相关的质量、授权、财经等环节纳入整个组织的流程中，形成一套流程运作模式。

　　业务强调以客户为中心，因此，基于业务的流程也是与客户的关系紧密相关的，流程的设计和规划要从客户需求出发，并能够应用于满足客户需求的过程。随着流程的运作和业务、客户需求的变化，流程需要不断地寻求改进，在流程上进行的小范围改进能够帮助绩效改进一大步。流程的贡献是幕后式的，健全的流程体系存在的时候似乎感觉不到它对业务绩效产生的影响，然而一旦流程出了问题，就会知道它对组织的重要性。

　　在华为，现阶段对LTC流程运作的投入已经高达千亿元，在LTC持续运转中，需要不断对其进行改进，长期来看，流程每改进一小步，对绩效的贡献都是巨大的。在流程和流程组织上，华为曾经借鉴了行业的标杆——E公司。E公司卓越的运营效率在行业内最具竞争力，华为在LTC流程体系的建设中借鉴了他们的经验。

　　华为的业务流程建设之后，其实质是形成了组织的流程运营系统，通过一套从客户中来，到客户中去，成就客户价值的业务流，高效率低成本地实现了以客户为中心的战略。

　　哈默曾经对组织流程的界定有一个观点是：企业向以流程为中心转变并非意味着要重新创造或发明一套流程，流程本就存在于组织之中，只是没有被深刻理解并充分重视。正如许多企业引入流程管理的过程，做好了流程规划和制度梳理，在各职能部门发布了相应的流程规划文件，这些文件、制度看似规范工整，却没有明显改善组织的流程运作现状。各职能部门对流程的认知和理解不一致，对流程规划相关文件的认识也不统一，工作表述方式也以自己所在的部门为主，导致一些需要跨部门、跨岗位的流程，出现了职责重叠或责任不明确的情况，显然流程规划与业务脱节，可操作性也无法保证。

流程是业务发展的载体，企业引入的各种管理理念、制度，建立起来的种种管理体系会通过流程的整合与集成，形成一套统一的对实际业务运作的指导，即各种管理制度和体系都要落实到一套业务流程上，从而推动业务的发展，实现利润目标。因此，流程规划要以业务为导向，根据业务需求和目标规划设计整个流程，从而使业务和流程融为一体。各部门在执行层面要以一套业务流程为准，要认识到流程是为业务服务的，业务发展按照流程进行，促进流程高效运作。

任正非曾经在讲话中提到，在企业经营过程中发现问题并不可怕，问题能够及时暴露应该感到高兴，根据问题向前追踪其产生的原因，找到组织管理的核心要点。需要注意的是，组织管理不能仅仅依靠发文和立项的方式来进行，而应该建立一套合理完善的、以业务为导向的流程管理体系。

华为曾经在推进LTC流程建设方面遇到的最大困难是没有形成一套流程系统承载业务的发展，而实际上华为在LTC流程上拥有海量业务，如果没有一套流程管理体系，则不利于LTC的深入发展。就像华为研发人员大概拥有数万人，但如果没有IPD流程，就相当于几百亿美元的业务没有系统支撑，于是组织内部要解决问题，就只能依靠发文、立项的方式。

用发文的方式解决业务问题是指通过成立一个项目、临时组建一个工作小组解决问题，如果问题严重，就设立一个部门专门解决，然而问题层出不穷，部门越来越多，导致组织架构冗余。当后期发现组织架构上的问题时，再进行调整，这种方式降低了效率，而且不能真正从源头上避免一些不必要问题的出现。任正非认为在LTC没有建立前，那是原始的管理方法，最好还是回到LTC流程上去整体解决。

由此可见，流程是业务发展的载体，业务在规划好的流程体系上运作，对业务的管理是沿着流程进行的，因此，事先要以业务为导向建立流程体系，确定好业务流程的责任人。

组织流程要与业务紧密结合，通过规划形成一套统一的能够指导业务发展和运作的流程体系，并将管理体系与流程体系相融合，汇集组织各部门力量，力出一孔，才能促使企业的利润目标从业务中来，到业务中去。

在进行基于业务的流程规划时，对每个流程的节点要附加一些诸如管理体系的要求、时间要求等属性信息。通过增加这些属性信息，一方面，业务流程执行层面的工作人员可以一目了然地知道流程节点上的时间和管理要求，明确流程工作的具体节奏；另一方面，各管理体系上的维护人员可以根据附加的信息，更好地监控管理体系要求的落实情况。

同时还需要注意，流程规划工作要跳出具体的流程，站在全局的视角审视理解流程，要把握好业务流程与企业整体流程体系的关系，以及各业务流程间的对接关系。一旦流程规划团队陷入具体的流程描述中，不能从全局视角考虑流程规划时，就会造成如表3-1所示的问题。

表3-1 非全局视角下流程规划易产生的问题

问题	具体描述
流程冗余或遗漏	由于业务活动划分不清晰，不能确定将活动归属为哪个分段流程，可能出现分段流程有重叠或是遗漏了某项活动
流程推行不顺畅	各部门对流程的理解、执行的精细化程度、描述的口径存在差异，导致跨部门横向业务流程的推进并不顺利
流程间关系不清晰	只关注了业务流程的内部，忽视了业务上下游流程间的关系

张英石从芯片研发到产品规划，从市场拓展到品牌上市的职业成长历程中，每一次角色转变都沉淀为了扎实的流程规划经验。回顾自己的职业生涯，他总结道："一个好厨子，不仅仅要技术精湛，更要了解业务需求，根据业务导向规划组织中的流程。"

2011年，张英石在印度地区部参与业务项目，其实施过程依然历历在目。当时印度地区部提出一个非常特殊的需求：交换机必须支持不间断电源供电，在断电情况下能够正常工作。面对对方这样的需求，张英石产生了诸多疑惑：电都没了，还要网络干什么？即便是产品顺利开发，真的有市场空间？为什么主流友商都没有做？印度一直是低成本市场，客户会为了额外的不间断电源买单？带着这一系列的疑问，张英石找到自己曾经的同事、现在的当地业务产品经理，他一听，转而问张英石："你知道印度经常停电吗？

每次停电几分钟不等，一般的照明和生活供电都有不间断电源备份，但很多部署在楼道内的交换机没有备份电源，经常断网，客户体验很差。为此，印度本地的几家交换机厂商，设计了支持不间断电源供电的交换机，每年的销售额高达1000万美元！"

原来如此！同事的解释帮张英石解开了谜团。于是针对客户的使用场景和业务需求，他的团队到印度进行市场调研和方案讨论，明确了设备的应用场景和技术细节，最终呈现出多套满足对方需求的项目方案。

随后张英石思考到能做出相同款型设备的厂商不止他们一家，现有方案充其量能补齐特性，只有超出客户预期，才能在差异化竞争中取胜。为此，张英石和项目组成员联合研发，经过客户访谈、实地调研、竞争力分析，拿出了带有内置蓄电池的交换机。此产品内置易安装，相比不间断电源成本更低，还能可视化查询蓄电池的状态；相比印度本地不间断电源固定时间周期更换，电池的使用寿命更长，成为同行业市场竞争的"必杀器"。这些极具竞争力的专业特性，给一线及客户带来了惊喜，也成为华为交换机在印度市场上独有的企业名片。

以业务为导向规划流程体系，需要在各分段流程现场识别问题，避免美化流程。为了让流程描述与业务贴近，要跟踪记录到每个环节工作人员的具体工作内容，精细化到每个动作和所用时间。例如，跟踪记录库存管理系统工作人员一天的8小时是如何工作的，加班的具体时间是多久，为什么会出现加班情况等一系列的动作和行为。图3-1阐述了基于业务导向的流程管理，即某公司项目投资流程图。

由图3-1可知，记录越精细化，越能在这些琐碎的行为中发现问题、分析原因，最终提出合理、高效的解决方案，从而实现业务流程上的改进。同时要注意在流程规划的过程中，要多一些维度和信息，形成融合了各管理制度和体系要求的业务流程体系。

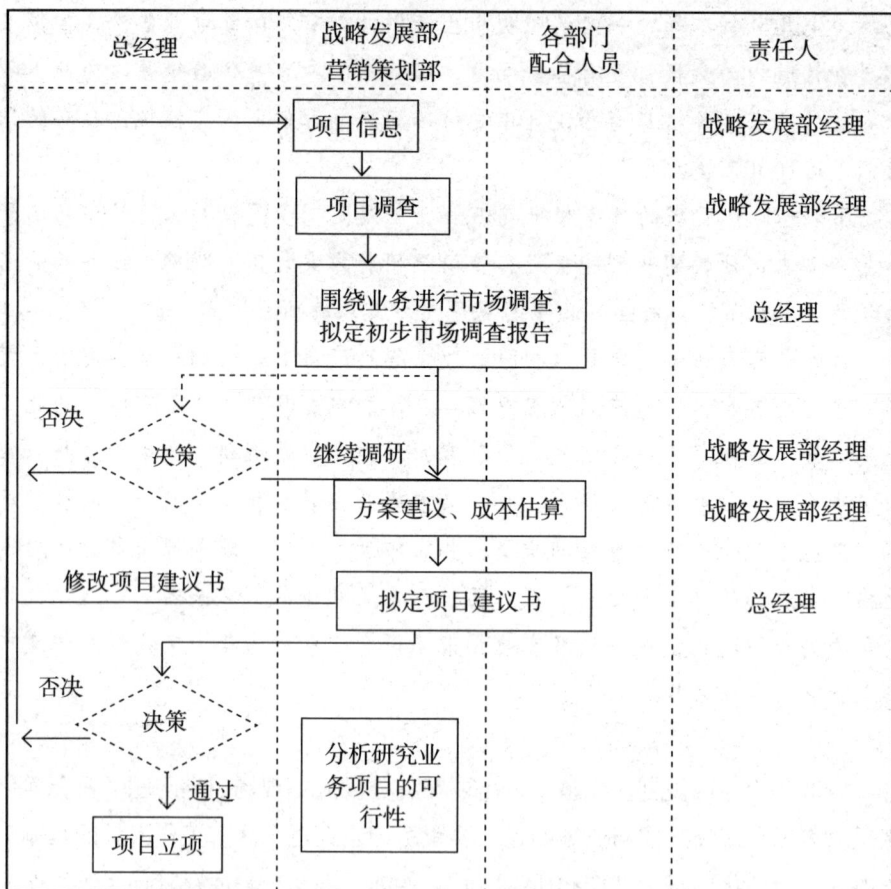

图 3-1　某公司项目投资流程图

资料来源：《流程管理（第5版）》图1-9。

围绕最大价值流设计
主干流程和枝节流程

　　肖晓峰曾经参与华为VE试点项目，在VE的成功中他得到的重要启示是要破除僵化思维，在遇到天花板时要突破创新。多年来华为在成本管理方面取得了卓越的成就，引入了系统的成本管理方法VE，将众多成本管理体系融入VE框架，创造了内部最大的价值流，协助产品找到高价值方案，满足客户要求，业务主干和枝节流程能够沿着最大价值流进行布局。

行业内的众多企业在引入VE时，常常围绕几个关键点进行思考。VE的作用以及它为组织内部创造的价值，通过其他渠道是否能够达到同样的效果，VE相关的新方案成本是多少，是否能够满足要求等。这一系列的思考问题和解决问题的过程实际上就是价值工程的工作程序和步骤，即首先选定对象，收集资料；其次进行功能分析，提出方案，分析评价及改进方案；最后实施方案，评价活动成果。

在华为的产品VE推进过程中，杨树长又对这些关键点进行了优化，不仅思考自己的VE如何实现，发挥其功能，还要考虑竞争对手的VE如何实现，根据竞争对手的推进，考虑华为VE推进是否有技术控制点等。杨树长强调，通信行业竞争激烈，需要知己知彼，从而取得竞争优势。在他优化中的关于客户需求的关键思考点，主要是强调突破单纯降低成本的思路，从客户视角分析价值，帮助其分析需求，删除重复表达的需求，强化高价值需求。

由于华为内部的执行能力很强，应该将VE流程活动由过去的8阶段简化为5阶段，分别是准备、信息收集、功能分析、IDEA构思、评估落地。杨树长认为，应结合华为的执行力和丰富的实践经验，将VE流程的5个阶段落实，才能梳理出最大价值流，为枝节流程提供规划依据，VE才能真正发挥作用，最终实现产品的精益和创新。

任正非在讲话中曾强调，华为应该沿着企业的主业务流来构建组织和管理系统，而主业务流往往是组织内部的最大价值流，因此，枝节流程要沿着最大价值流规划设计，才能发挥流程的优势作用。针对最大价值流进行流程规划和组织布局也应该是高层管理者的长期任务。

王勇峰于2003年加入华为，曾在应付业务中心、罗马尼亚共享中心、马来西亚共享中心等部门任职，目前担任华为法人财报管理部税务CA、账务五级专家。王勇峰回顾自己从入职到现在的10多年工作经历，有达成目标时的快感，当然也有不少困难和彷徨，但他坚持了下来，在各部门的财务工作中都做得很好。

回想起2011年，被派往越南工作的经历依然让王勇峰记忆犹新。2011年，王勇峰作为CA被派往越南，当时与他同去的伙伴都是第一批去越南工作的。作为CA，他的工作内容和角色从之前的负责单一工作模块逐渐转变为解决所有财务方面的相关问题。

显然，要顺利适应这一角色的转变，需要对财务流程的梳理把控能力更强，王勇峰知道不能将工作限定在财务流程内，而应该找到一切机会去贴近业务，根据业务流程，再结合越南财务工作的特点规划和设计整体财务工作的流程。

王勇峰发现在按照流程指导工作时，容易产生严重的部门墙问题，各个职能部门之间缺乏横向沟通和协调，导致很多无效活动和成本浪费。他意识到，要梳理好财务流程，需要用更开放的心态，了解上下游，并围绕最大价值流来设计主干和枝节流程，依据最大价值流来深刻理解业务流程和周边流程，疏通流程，精确解决现有问题及潜在问题。

一旦业务出现问题，要从流程源头开始追查。在业务冲刺阶段，流程还能够起到协助业务做QD匹配、CES状态维护的作用。在做核算方案时，王勇峰根据理解到的业务流程运作模式，将华为的术语库中的资料也纳入财务流程体系的规划中，方便在流程运作过程中查到产品和方案的解释，在盘点存货时，他详细地向业务人员询问各设备的功能，得不到答案的，就记下来查术语库。

王勇峰通过对业务的深刻理解，顺利完成了财务部门流程梳理，看到的数字也不再死气沉沉，数字背后的业务故事也能够清晰地呈现在眼前。

随着移动互联网时代的到来，颠覆式创新、变革转型逐渐成为企业努力的主要方向。同时，企业在创新的过程中，依然坚持流程管理的标准化和规范化。无论是对流程进行创新改进，还是提高某些环节的流程标准化，最终都要回归到流程为客户创造价值、为企业创造价值的本质。

在设计和规划流程时，也应该从流程的本质入手，不断思考流程的客户是谁，从为客户创造价值、为企业创造价值的视角设计流程。这种围绕最大价值流设计主干和枝节流程的模式，其实质是以客户需求和业务导向为基础，重构企业价值链。

华为与终端商合作的过程就是围绕最大价值流设计主干流程和枝节流程，并将供应链纳入价值流的一个过程。通过共同生产高质量的产品来满足客户需求，围绕客户、企业和供应商共赢的原则规划流程。

任正非强调，要采用最好的终端产品，例如用最好的镜头、镜像，采用最好的计算能力，才能整合成最好的手机，这就需要贯通供应商的流程，围绕全业务的最大价值流与供应商合作。因此，他强调要将华为的研究系统和战略合作供应商的流程平台全贯通，实现全面融合，共同分享利益。

同时，华为还积极借鉴了行业内将供应链纳入全业务流程体系的方法，在采购流程上，华为逐渐摒弃标准的PO采购下单方式，将灵活多变的采购流程融入具体的工作中，如一揽子订单、供应商管理库存、JIT采购等。

华为积极与供应商构建同盟关系，在此基础上构建贯通的主干和枝节流程。在流程管理方面，华为还重新制定了基于与供应商合作的新的流程标准，提升和优化供应商能力，通过流程汇集最佳资源。

需要注意的是，在围绕价值流构建组织内部流程体系时，尽量在流程层级上减少中间层，主干流程围绕业务和价值链统筹布局，枝节流程的设计应减少非增值环节，准确直接实现客户需求，为客户与企业创造最大价值。

华为轮值CEO徐直军在讲话中提到，在流程规划和组织变革中，要简化管理，公司市场竞争力明显提高，但管理不能越来越复杂。简单有序的流程管理是实现超越的关键所在，为提高流程管理效率，华为还应继续围绕最大价值流加强一线作战的流程集成，提升端到端流程的效率，删除冗余的、不能创造价值的枝节流程，从而缩短与客户接触的距离，提高组织整体的响应能力。

华为曾经在挪威参与的IPTV项目的失败很好地诠释了系统性思考、全局性制定项目目标的重要性。项目经理带领团队成员与挪威客户方进行简单协商后制定了RFI解决方案，通常在方案之后是POC测试。由于客户方在RFI阶段停留了较长时间，导致整个项目在POC测试完成后等待了很长时间才得到客户样板点考察的通知。

在考察阶段，项目团队将全球所有的IPTV样板点扫描出来供客户挑选，由于挪威的地形特征与重庆相似，于是客户选择了重庆广电的IPTV局点，并提出使用微波作为项目的使用材料，弥补挪威当地高额的人工成本。然而，重庆广电的IPTV用料都是铜缆，铜缆的使用性能比微波材料效果要好一些。

项目团队出于对客户的尊重并没有提出材料的差异，而是按照客户的要求制定了微波材料的项目方案。过程中，客户来到重庆广电局点进行考察，需要配备一名重庆本地翻译，但希望翻译是团队之外的人，避免因偏袒而在陪同中夸大重庆广电局点的技术优势。项目似乎一切正常地进行着，但考察后客户方面却再也没有消息，项目宣告失败。

面对这样的结果，项目团队认真思考并分析本次项目失败的原因：项目团队没有系统全面地了解客户需求，不知道客户希望项目达成什么样的效果，就不能真正为客户解决问题。后来经过调查发现，客户的重心是希望解决video组织架构。另外，客户在考察重庆广电的局点之后发现，微波材料早已过时，但在挪威适合用微波材料形成STV方案，而STV方案的制定和规划并不是项目团队的优势所在。无论是客户还是项目团队，都没有在项目之初系统性、全局性地思考诉求问题，导致项目无疾而终。

企业关注的核心问题是价值创造，通过组织中的业务流程体系为客户创造价值，为相关利益者带来回报，这是流程存在的本质。可见，围绕最大价值流，企业经营系统的其他组成因素也是因创造价值而存在的，都需要围绕最大价值流设计与匹配。

流程运作是组织经营的主线，与组织经营相关的一系列制度、理念和配套机制也会根据流程价值需求进行配置，因此造成成本浪费、不能创造价值需求的分支流程不应该存在。围绕最大价值流设计和规划组织的流程体系，理顺企业的经营管理框架，为创造价值匹配资源，逐步在企业内形成价值创造的流程与资源组合系统，从而实现客户需求和企业价值需求。

流程的层级、分类和收敛口要清晰

华为在西安的技术研究所（西研所）在流程分层分类方面非常明确和精准，并且能够根据相应的流程层级对应匹配合适的资源和团队。当然，整个西研所清晰梳理各层级流程的工作习惯还要得益于2005年的一次经验教训。

2005年，西研所争取到当时的产品市场上的重量级产品C&C08。为了顺利承接这套产品，西研所派出100多人的项目团队远赴深圳配合产品流程规划和实施，18名经验丰富的老员工带着100多名毕业生完成了产品的搬迁，过程十分顺利，各环节流程收敛口基本是无缝对接。

正当整个西研所为新产品的到来感到兴奋时，某个周六的紧急电话却让所有人都吃了一惊,西研所负责维护的某个省份因为30多个站点的瘫痪,影响了几万用户的通信。整个团队在项目经理和技术专家的组织下,开始排查流程和攻关问题,但整个团队经过10个小时的努力,依然没有恢复通信。来自用户、合作商、上级领导等各方面的压力压得团队喘不过气来,整个团队身心疲惫,但却仍旧无法理顺流程并解决问题。最终还是由当地的技术服务专家们恢复了通信。

反思恢复通信的紧急流程发生堵塞,发现主要是由于西研所项目团队没有提前做好流程的分类和分层,因此也就没有根据各层级流程明确分工、细化任务,导致搬迁现场团队协调混乱,成员间没有明确分工,流程不畅通,修复现场一片混乱,导致瘫痪的站点没有修复成功。项目经理总结后,开始带领团队从头梳理紧急重大网络故障的处理流程,明确此类任务的基本流程,同时对各环节的流程进行了专业分类和分层,并对应进行了人员分工。之后遇到类似紧急网络故障,西研所项目团队能够从容应对,在每一次的事故处理现场,都能各司其职,保证短时间内恢复通信。

西研所项目团队在网络搬迁和处理重大网络故障方面积累的丰富的团队协作经验,使每一个成员都能熟悉处理机制和流程,在各自所在的流程层级上明确分工。众多从该团队出来的项目成员在走向其他的岗位和团队后,也能将这种工作方式带到新的组织中。

组织的业务流程网络要分层级管理

企业的经营活动可以看作是由一系列业务流程交织而成的价值流程网络。要确保整个组织的经营价值网络顺利运行,需要对业务流程分层级管理。分层级管理流程有利于各层级流程上的责任人集中精力重点关注本层流程运作,促进各层级流程高效运转。

以业务为导向设计和规划的流程,其实质是一组跨越了多个职能部门的为客户创造价值的相互关联的活动进程。在业务的作业规范中需要明确每个层级流程上的活动任务,确保每项活动在科学的流程轨道上规范运行。图3-2阐述了华为的业务总流程框架下各层次的流程体系。

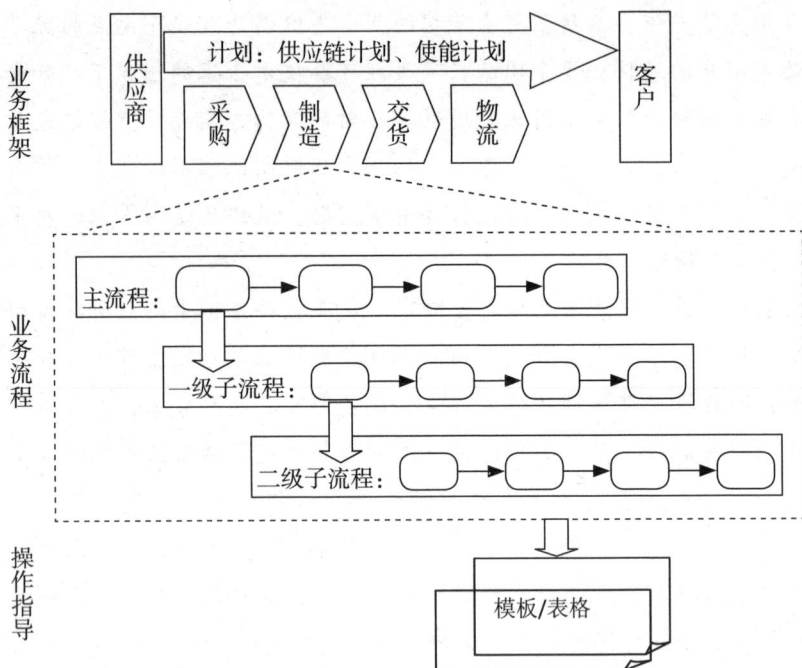

图 3-2 华为的业务总流程框架下各层次的流程体系

资料来源：华为订单流程管理。

由图3-2可知，业务流程根据总流程框架设置而来，主流程主要是根据流程框架中的某一环节的任务分解而成的。在主流程阶段对主要活动进行了界定，规定主要活动的内容、活动的输入和输出、相关的技术工具等。通过活动的输入和输出内容明确几项主要活动的关系，同时在这一阶段要制定流程的绩效指标，作为业务团队的绩效评价标准之一。

一级子流程是对主流程中的某项活动进行细化分解。同样，二级子流程是对一级子流程中的某项相对复杂的活动继续分解，制定更加详细的活动进程。为提高流程分级的有效性，通过分级促进业务流程的顺利推进，在流程分级过程中需要遵循以下原则，如表3-2所示。

表 3-2 流程分级的原则

流程分级的原则	具体解释
流程层级跨度、精细程度适宜	根据业务流程端到端实现的具体情况，规划设计流程层级的颗粒度，避免过度精细分级或跨度太大
频次不同的活动不能分在同一层级	例如，年度、月度和周计划进行的活动要划分在不同的频次

流程分级的原则	具体解释
流程边界清晰，有效输出	各层级边界应明确，每个流程层级的端到端都应该有阶段性产出
划分独立操作模块，提高资源利用率	活动相同的流程通过模块化，方便调用，提高流程规划的效率和灵活性

任正非曾经提到，规范的流程管理能够有利于项目中各项操作不依赖于个人意志，而是各项作业流程从输入到输出，端到端实现有效控制和管理，在这个流程中尽量减少层级，使成本最低、效率最高。

邵莉，1999年加入华为，在华为工作的16年，让她从第一份工作的CCP计划员成长为具有丰富经验的供应链计划调度和订单领域的业务骨干。邵莉参与过多个供应链流程优化项目的方案设计，见证了华为订单履行业务从中国到全世界的流程演进。从最初的工厂到多供应中心，从手工系统发展到自动化系统，流程的进步促成了这一切。

加入华为以来，邵莉在订单领域摸索出流程优化的规律，在订单领域不断成长。2003年，随着ISC上线，系统从MRP升级到ERP 11i，订单的分布和结构也随之发生变化。订单量增大，ERP性能跟不上，常常出现因系统故障导致订单无法如期完成的现象。即使订单生成后，数以百计的设备需求堆积在一个订单之下，作业流程混乱，各环节问题频发，生产进度延期，备货阶段的流程结构也十分混乱，整个订单的流程管理不能贯通。

面对这样的问题，邵莉创新性地提出了备货订单流程管理的想法，梳理出来的流程应该将大型订单以设备需求划分为单独灵活的备货订单，作为生产订单的基本单元。每个备货订单中都包含设备，发货地址，运输方式，以及作为产品线收入成本核算的财务编码等信息。这一概念改变了以往混乱的流程管理，疏通了各个环节的活动和管理单元。至今，备货订单的流程管理一直是诸多项目团队建设流程时学习的范本。

2008年，华为海外业务迅猛增长，巴西、欧洲、印度和墨西哥供应中心陆续成立。在多供应中心模式下，要保证每个供货中心能够满足一个国家的货品需求，还要确保两国发生贸易往来时的货品需求。邵莉组织设计出集成贸易、订单拆分、供应中心产品导入的流程方案。通过集成流程的优化与运作，几大供应中心实现了自动备货、自动拆分大型订单，以提高供应链效率，在缩短供货周期的同时也节省了交通成本。

企业流程的分类

为高效管理流程体系，需要根据流程的性质进行分类，有利于从整体上把握不同类别流程的运作模式，更好地设计和规划流程管理体系。目前，通用的流程分类方式是APQC流程分类模板，它将流程分为运营流程、管理与支持流程两类。表3-3阐述了APQC流程分类框架通用模板。

表 3-3　APQC 流程分类框架通用模板

运营流程（时序关系）	管理与支持流程（非时序关系）
1. 制定愿景和战略 2. 开发管理产品与服务 3. 市场营销与销售 4. 交付产品和服务 5. 管理客户满意度	1. 开发和管理人力资本 2. 管理信息技术 3. 管理财务资源 4. 获取、构建和管理资产 5. 环安卫管理 6. 管理外部关系 7. 开发和管理业务能力

资料来源：《流程管理（第5版）》序表2。

由表3-3可知，APQC流程分类通用模板只是提供了一种分类的参考，企业在进行流程分类时，还要根据组织和业务的具体情况，采取合适的分类依据进行流程分类。正确的流程分类有利于促进流程管理，提高管理效率。流程分类的方式有很多，图3-3列举了几种常见的流程分类方式。

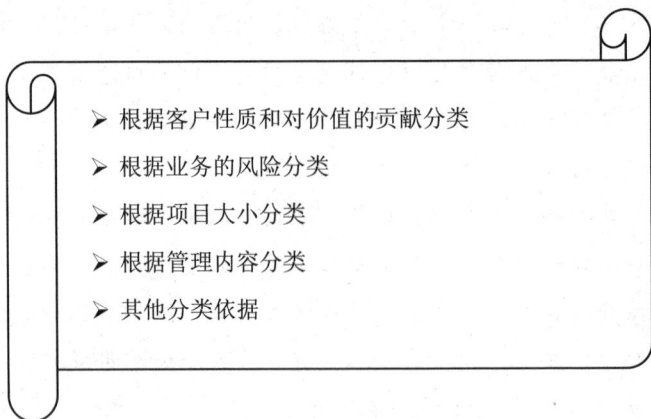

> ➢ 根据客户性质和对价值的贡献分类
> ➢ 根据业务的风险分类
> ➢ 根据项目大小分类
> ➢ 根据管理内容分类
> ➢ 其他分类依据

图 3-3　几种常见的流程分类方式

组织进行流程分类时需要注意，流程分类的目的是为了提高流程管理的效率，一些需要标准化的流程，经过精细化分类后会提高其流程运作的规范性。然而，组织的流程价值网络是由多种存在差异的业务流程组合而成的，过于冗长、烦琐的分类反而违背了清晰简便的流程规划的原则，同时会使一些特殊业务流程失去内部的灵活协调性，不利于流程的多元化管理。因此，对那些分类后能够有效提高管理效率，带来投资回报的流程可以考虑将其分类。

以客户体验牵引
流程体系的建设

2014年年初，华为的第二代麦芒产品——麦芒B199发布，发售的前一分多钟，就实现了麦芒B199近10万台的销售量，这一数据带给整个智能手机行业巨大的震撼和压力。这款产品定位在2000元档位，但出现了许多高端手机上才会有的技术。其中的"大面积弧形金属后壳""三网导航"等技术，在全球范围内也属于领先行列。相比市场上不重视打磨质量，采取低价竞争手段的手机，麦芒B199的出现立刻受到了众多追求卓越品质的消费者的青睐。

麦芒产品研发的总指挥——郑治泰对于产品的开发贡献巨大，他强调产品开发对于优秀的技术团队而言并不是一件困难的事情，但重点是如何避免开发出来的产品存在问题，这对任何一个产品都是如此。麦芒产品的研发团队要做到的不仅仅是开发出这个产品，而是逐步改善产品中存在以及潜在的问题，将其完全改善后再让它面向客户，总之，不把问题交给客户是麦芒产品的原则。

作为麦芒产品的PMO，郑治泰对产品的质量缺陷零容忍，对于品质的要求极高，在他长期的从业习惯和职业经历的影响下，他精雕细琢产品的每一个细节，严格控制产品品质已经成为他的信念。在他的带领下，整个研发团队长期沉浸并享受在"匠人"的工作状态中，致力于解决每一个微小的品质问题。

在麦芒B199产品开发完成之后，为了追求更高标准的产品性能和质量，研发团队将产品的交付时间推迟了两个月。这期间，团队为产品更换了更高端的处理芯片方案，并对各种方案进行了调整和测试。对产品各项功能进行了稳定性测试，在各种应用下要求连续随机操作执行6小时以上，都不会出现死机、无响应等问题。同时在消费者通常会忽视的微小细节，郑治泰和他的团队也坚持达到极致要求。在对品质的执着追求下，他们打造出了麦芒这样质量精准的产品。

任正非在讲话中强调，近年来华为能够在竞争激烈的市场中屹立不倒，显然这得益于华为长期以来坚持的"为客户提供优质服务，提升客户体验"的经营信条。贴近客户需求，真诚为客户提供服务，使华为不仅在国内市场竞争中抢占市场高地，在国外也享誉盛名，取得客户的信任。

为了继续保持这一优势，任正非提出还应该继续为客户提供更好的服务，从更职业化的角度提升客户体验，这一目标的实现有赖于以客户体验为牵引的服务流程体系的建立，通过流程的设计与规划，为客户提供更高品质的产品与服务。

Joyce加入华为尼日利亚代表处多年，是一名供应链上的本地员工。作为一名清关专员，她的工作需要良好的协调沟通能力，随时切换角色面向客户和内部跨部门之间处理问题。工作中她努力负责，有担当，常常站在客户的视角帮助其解决问题。

曾经客户的货物在海关遭到质疑，出现滞留情况，海关要求客户补交罚款40万美元才能提走货品。为了减少客户损失，Joyce积极联系总部，协调华为和客户内部资源解决问题，终于成功说服海关减免巨额罚金。问题如此顺利地解决是由于Joyce事先就对问题有了预设，提前做出了一套应急预案。

早在8月3日，项目组需要的项目物料已抵达两周，但客户方面依然没有按计划反馈，一线项目团队对物料需求十分紧迫。Joyce心急如焚，经过分析，她猜想很可能在海关环节出现了问题，于是，Joyce第二天拜访了客户方面的物流经理，希望与客户共同说服海关，但被客户的物流经理婉拒。为了尽快解决问题，Joyce与华为项目经理阐明了关键问题，他们一致决定要从客户的内部推动清关进程。项目团队在Joyce的建议下与客户方面的高级经理进行了沟通，要求加快清关，提供物料。经过反复沟通，客户方面才同意与Joyce一起推动清关进度。

5天后，Joyce做好了充分的准备，开始在海关做出对产品的澄清，她联系产品经理获取产品手册，快速学习了产品知识，并结合自己多年的清关经验，制定出一套说服海关的解决方案。针对海关技术专家对产品提出的质疑，她与客户代理共同澄清了产品细节。

终于在10天后，Joyce在项目工程师的协作下完成对海关质疑的澄清，海关同意放行。客户对Joyce解决问题的能力表示敬佩，也十分感谢华为团队在短时间内帮助解决了海关环节的难题，进一步加深了对华为的信任。

客户体验主要是强调客户对产品或服务提供的价值，企业品牌形象，与企业提供服务的各流程环节互动过程等方面的感官体验和满意度。可见，企业为客户创造价值、提供服务的每个流程环节的接触和互动都会对客户体验产生影响。尤其是在移动互联网时代，人们获取信息和交流互动的方式正在发生变化。伴随着新技术和新的管理理念在组织中的应用，业务流程上的信息传递方式逐渐增多，将加强流程相关的信息共享。

由此可见，要在移动互联网时代，迅速满足用户需求，提升客户体验，在业务流程的各分支节点与客户保持交互，打破传统的以企业为中心的封闭链式管理，为客户提供参与业务流程的平台，促使客户与企业共同参与到价值创造的过程中。图3-4和图3-5比较了传统的流程体系和客户全程参与的流程体系。

传统封闭式流程体系，只在最终分支流程面向客户

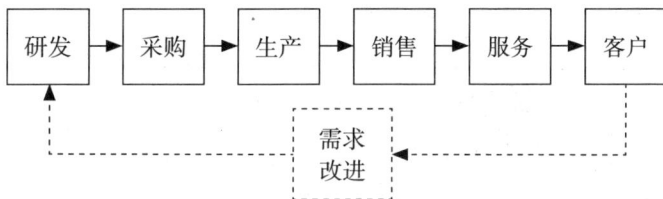

图3-4 传统的流程体系

资料来源：《流程管理（第5版）》。

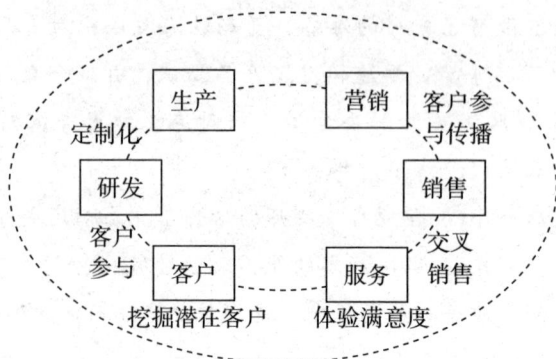

图 3-5　客户全程参与的流程体系

资料来源：《流程管理（第5版）》。

由图3-5可知，在移动互联网时代要构建客户全程参与的流程体系，需要贯通各分支环节的客户互动渠道，提供与客户良好接触的平台，在各个接触点都给客户良好的体验。首先，分析研究客户的行为习惯，梳理清晰全流程上有哪些环节是能够与客户互动的节点；其次，要构建信息共享平台，贯通分支环节客户参与的信息共享，从而使每个关键接触点的客户体验能够被实时监控，更高效及时响应客户需求。

移动运营商在建设固网时，也伴随着综合运营工作。华为的钟骏帅在综合运营方面具有十分丰富的经验，负责华为与移动合作的综合运营流程建设，解决海量用户的投诉和故障反馈问题。

钟骏帅深知，移动应该在投资固网建设时，就要重点关注迅速激活用户和安装上线的问题。如果单纯依靠手工的数据规划、参数配置等方式，受制于手工激活的速度，会影响用户满意度。于是，钟骏帅深入调研了移动山东省的各个分公司的运维情况，结合移动山东省的IT系统能力和组织架构、业务规划、流程规范等因素，制定了一套自动激活放号的方案。

通过方案的执行，贯通了移动前端受理到后端数据配置维护的端到端流程，帮助移动实现了业务流程顺利对接，运用自动化配置大幅度提升了工作效率。新流程规划前，用户到营业厅缴费，在72小时后才能完成安装；完成自动化建设后，流程长度大大缩短，安装时间也缩短至24小时。移动客户方对新的流程规划和自动化建设十分满意，钟骏帅也因此被客户尊称为"钟老师"。

随着固定宽带用户规模的上升，故障和投诉频繁，而固定宽带故障往往需要上门进行处理，成本相对较高，因此客服前端拦截、后端快速定障和远程排障是应对海量故障申告的关键点。钟骏帅结合移动现网特点和业务需求，帮助移动进行了流程、业务建模和IT系统能力的梳理，并设计了一套故障处理流程。通过新流程的导入，移动在故障处理方面的能力得到明显改善，处理速度由原来的4小时完成缩短至半小时完成。

为了减少人工操作，运用自动化加快业务处理速度，钟骏帅建议移动将分段流程应用于最合适的阶段，在不同阶段实现不同流程模块的集成。钟骏帅带领的团队仅仅用了40天就顺利帮助山东移动系统正式上线。截至目前，新的流程系统可日均受理4000个用户开户激活，有力支撑了山东移动固定宽带用户的快速发展，极大地提升了客户体验。

通过全流程客户参与，注重每个分支流程与客户的互动接触，整合售前、售中、售后等各阶段的业务全流程，从而在各阶段强化感知价值，提升客户在流程上的整体体验，实现客户忠诚度。图3-6阐述了客户体验管理体系的建设过程。

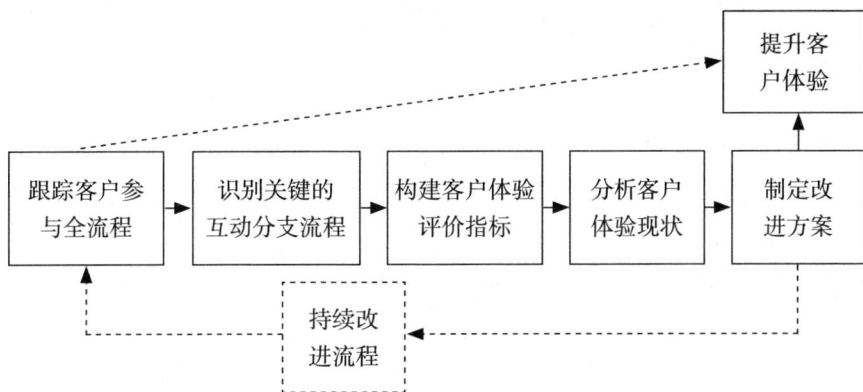

图 3-6　客户体验管理体系的建设过程

由图3-6可知，企业可以构建全流程的客户体验管理体系，通过梳理客户参与全流程中的关键分支流程，根据各分支流程价值创造过程构建客户体验指标评价体系，明确客户体验的现状和问题，并提出改进方案，最终构建起以客户体验为牵引的流程体系。

构建信息共享平台，
汇集"云"和"雨"

目前华为内部基本实现项目全过程的信息共享，各环节和流程之间对接及时，紧密连接。随着各个环节的对接管理逐步成熟，业务审批和跨部门合作协调不再受地理位置和不同流程层次的限制。全国范围内各个区域的1万多名研发人员，能够实现24小时不同地区同类业务的同步研发和知识共享。同时，在异地出差办公的员工能够在任何时间、任何地点享受报销系统的服务，系统通常会在一周之内完成费用结算和资金周转。

项目作业过程中各细分环节的对接不仅实现了时间和空间上的环环相扣，在系统操作上也实现了同步对接。例如，项目的财务系统能够从预算计划、作业流程实施一直到结算收尾实现及时同步的更新。华为通过ERP中的财务系统整合形成的财务共享中心，能够在4天左右完成项目的财务结算和相关条目的信息整理。

在供应链方面，华为内部贯通ERP系统，已经实现端到端的集成供货系统，系统建立后供应链管理人员在一天内进行的复杂供需计划和生产计划运算远高于过去的平均水平。后端供货系统每天能够根据系统反馈的市场信息和变化，及时做出相应的调整，客户也能够接入系统查询货品派送情况和订单执行状态。由此可见，华为在各个环节节点上做好了对接管理和贯通，项目作业的下一环节能够及时接入，并迅速进入作业状态。

华为的一线作战团队拥有坚实的平台保障，通过平台系统整合业务流程需要的资源、信息、能力、组织、权力、技术支撑等，为企业的流程规划和设计团队提供充分的保障。需要注意的是，在构建高度集成的信息共享平台时，行政单位要深刻理解企业的战略方向，流程管理框架，以及哪些流程应该管控，哪些环节需要授权一线。

同时，机关单位要发挥服务支撑作用，提供能力建设，做好资源信息储备，并将具体的作战指挥权交由一线团队。在平台上汇集的各部门组织要协助构建场景集成流程，让"班长"拥有配置资源、指挥任务推进的权力，用自己的方式最有效地实现上级指挥官的意图，取得胜利。

2009年以前，华为内部单板升级牵一发而动全身的案例流传已久，单板升级项目也充分说明了项目团队内部沟通的重要性。华为的单板产品一直以品质和服务著称，在行业内的产品线上也取得了骄人的成绩。华为产品和技术团队并没有因此就停止对新产品的探索，而是开始思考如何降低成本的同时，提高单板使用性能。

同时，伴随着IT产业的迅速发展，过去生产的单板存在一些问题，不能继续使用，因此单板升级势在必行。当项目团队踌躇满志地带着研发好的成本低、性能高的高级版本开始升级时，却发现由于过去的单板设计没有从长远考虑，架构设计不合理，单板软硬件结合一体化很严重。单板升级也仅仅是升级自身，忽视了对网管、主机、跨产品等整体架构的影响，造成了单板虽然升级，但牵一发而动全身，整体架构开始频繁出现故障。最终，导致各部门开始抱怨升级，有些客户也宁愿忍受老单板的慢速运作，也不愿意承担整体架构出问题带来的风险。

项目团队开始反思，明明是降低成本、为客户省钱的单板升级却成为众矢之的，降低了客户的满意度，同时也增加了物料和维护成本。经过分析和讨论，项目团队成立了专门设计升级方案的技术小组，对所有涉及产品整个架构的软硬件进行了耦合设计，从设计开发的源头解决了升级带来的一系列问题和困扰。

项目团队常常反思，这次架构耦合顺利解决的问题，是由于过去产品线和技术部的同事总是将自己作为客户和供应商来考虑问题，只是单纯从研发角度完成产品性能的升级，却没有和最了解客户的市场部以及供应商进行沟通。团队内部缺乏沟通，导致信息不流畅，致使整个团队陷入为升级而研发的思维中。任正非后来强调，华为是以项目团队为单位的，团队之所以存在，是知识、信息的共享发挥了作用，每个人只可能对一个领域有专业深入的研究，因此团队成员要多沟通交流，向其他成员请教自己不熟悉的问题，请教别人也许两三分钟就搞定了，而且有的时候别人的帮助还超出自己的预期。可见，在项目实施过程中有效沟通的重要性。

郭平在讲话中曾经提出，在华为未来的组织变革中，要结合

"云""雨""沟"三种力量，促进组织变革顺利进行。

"云"是指华为过去20多年的经营管理思想、总结的经验和教训，通过回顾并改善利用这些宝贵的历史资源，为管理变革提供指导。

"雨"是指那些指导企业战略制定和经营管理的理念与制度，华为经过多年逐渐形成的强有力的执行能力和赢利能力。

"沟"是指华为在长期的渐进式变革中，逐渐形成了业务流程上具有部门特色的分段流程，未来还应该继续变革，逐渐形成以面向客户的LTC流程和基于市场创新的IPD流程为核心的，"端到端"的数字化管理体系。

郭平强调华为的流程管理要从定性管理走向定量管理，这就需要利用组织各种资源和信息构建起信息共享平台，在共享平台中能够获取信息、数据、人才等优势资源，从而推进流程管理。图3-7阐述了基于共享平台的业务流程运作模式。

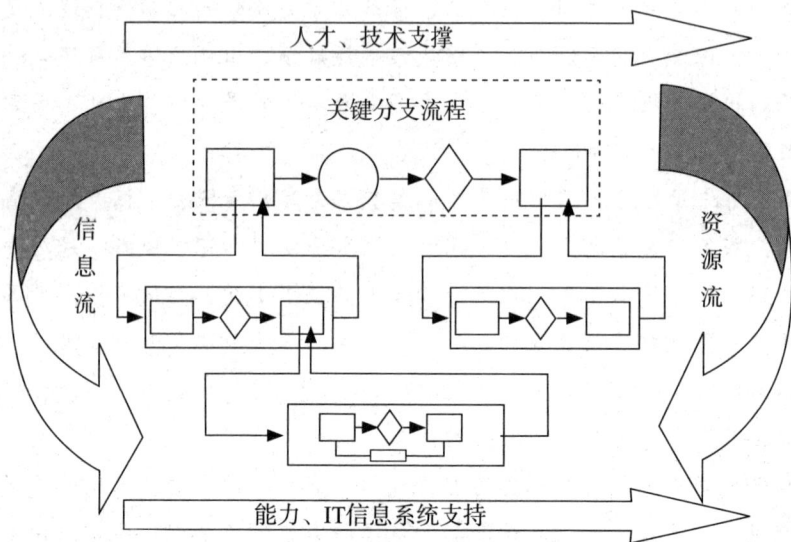

图3-7 基于共享平台的业务流程运作模式

由图3-7可知，良好的信息传递建立在各流程环节贯通的基础上，尤其是不同层级流程切换的节点能够顺利对接，实现时间、空间和相关操作系统层面上的紧密相连，信息传递的过程也会更加高效迅速。为此，从业务流程的规划、梳理和规范，到流程执行检查，再到最后阶段的流程优化和改进等的各个重要节点，做好对接管理至关重要，尤其要保证项目实施作业中不同活动的无缝对接。

华为的战略要落实在业务流程体系中，并非仅仅依赖任正非和公司高层特殊的管理决策，起到关键作用的是一整套统一的管理体系。华为的流程管理高度集成了技术研发、生产制造、采购、营销、资源、融资、服务、管理、数据等多种平台，华为构建的集成平台，为组织的业务流程网络提供了更广阔的资源共享渠道。

2013年，华为承接了北方某市的云计算数据中心项目，双方合作进行项目建设。在项目启动前期，华为根据客户需求设定了承包范围，制定了项目质量规划指导书，综合布局了机柜、机房管理、供配电系统，使客户的精力集中在业务层面上。通过初期的质量规划，简化了客户管理界面，为后期的项目开展打下了良好基础。

在项目交付过程中，华为采用集成交付方案，根据以往数据中心的项目经验，形成了由技术、采购、质量、安全、项目设计等人员组成的核心团队。依托客户原有的平台优势，项目团队协调各种资源，促进项目顺利推进，并且依据质量规划，严格把控项目各环节的质量问题。整个项目仅仅用了8个月的时间就顺利交付，项目总成本降低，建设成本也在短期内迅速收回。同时在整个项目进展中，华为的各个项目组之间保持了良好的沟通，各环节的质量控制实现了无缝对接，项目严格按照质量规划进行。

在华为质量管理流程的共同作用下，保证了云计算数据中心项目的质量。项目启动期根据项目质量规划指导书布局质量工作，而后为持续保证项目质量，华为项目团队还制定了质量培训的操作指导书。在质量控制阶段，严格按照前两个阶段的指导书进行。在最后的质量评估阶段，对数据中心进行全面评估，顺利完成项目交付成果。

显然，构建汇集了"云"和"雨"的共享平台，能够为组织整体的流程价值网络规划和设计提供高效坚实的保障。共享平台的构建不仅能够贯通各个层级流程的信息传递，提供充分的资源、技术、能力支撑，而且为新业务流程规划和设计提供了战略方向、健全的组织架构、长期探索总结而成的流程管理经验、综合各类管理制度和理念的管理体系、管理工具、激励约束机制等。

上述这些能够帮助业务流程创造巨大价值的隐性资源，才是共享平台发挥作用的关键。可见，企业的共享平台是经过长期发展逐渐构建的，共享平台形成的核心竞争力最终也会成为企业的竞争优势，基于这样的平台设计的流程管理体系会为企业和客户创造更大的价值。

以产业链思维
整合流程资源和要素

华为的经营指导文件，以及任正非的多次谈话都提到，现代企业之间的竞争已经由企业间的竞争转化为供应链之间的竞争，企业必须以此开展经营要素管理和业务活动。

整合产业链全流程的资源和要素

企业的供应链将客户、供应商、制造商、合作者整合在一个生态链条上。企业要想在市场竞争中抢占高地，就必须加强合作，关注客户、供应商等合作者的利益共赢。

王海瞰加入华为工作多年，在项目交付、贯通端到端业务流程方面积累了十分丰富的经验。王海瞰常常对完成的项目或业务流程梳理回顾，通过梳理改进问题流程，提高流程运作效率。在建立端到端的解决方案交付方面，王海瞰和团队成员通过总结发现，还存在两个关键能力的短板。

首先是团队整体缺乏从运营商视角进行规划的能力，经过总结分析，他们意识到，在端到端解决方案交付过程中，不能仅仅从自己的视角来思考产品技术规划，而是应该面向客户进行E2E规划设计。GTS领军人物王楠斌强调，将客户的投资价值体现在基于客户需求设计的E2E规划中，帮助客户实现目标，这种设计才是有价值和竞争力的。

华为公司成立的GTS网络规划院（NTC）就是基于面向客户的思维进行规划和设计的，但以产业链思维整合流程资源和要素的目标依然遥远。周边运营商希望华为在进行建设和运营之前，解决前一步骤的计划问题，但此计划非彼计划，如果不能深刻理解这一计划对于运营商的意义，华为将不可能成为运营商端到端可信赖的合作伙伴。

其次，王海暾团队缺乏贯通运营商全流程的集成能力。涉及网络规划、建设、运营等的相关工作，是一套闭合链条，不是一次性就能够解决的。因此，要贯通所有的流程，统一目标，从而将运营商的战略目标落实到具体的业务流程上，实现客户体验提升，取得商业成功。以IBM为例，流程外包割裂后，IBM负责规划咨询计划，而与之合作的供应商负责建设部分，还有部门运营商负责管理服务和运营工作，当遇到问题时，运营商的首要代表需要负责解决协调。

伴随着市场竞争的日趋激烈，未来的竞争还将上升到产业链之间的竞争，即一条产业链与其他产业链之间的竞争。华为将实现从上游到下游之间的整体实力提升作为自己的生存之本。可见，企业的流程管理体系也要顺应时代，以产业链思维整合资源和要素，将资金、技术、人才、市场、研发、生产制造等企业内外部产业链上的所有资源和要素整合起来，从而提高全产业链的流程运作效率，促使整个产业链在市场竞争中获胜。

促进优质资源要素整合，贯通产业链间各环节的流程运作

要实现全产业链的流程贯通，在产业链间的竞争中获胜，不能忽视同一产业链上竞争者的作用和力量。任正非强调，企业要发展就要以开放的心态对待竞争者，重视竞争对手，向他们学习。优质的竞争对手能够激励企业不断探索创新，向前发展。他强调华为能够走到今天，面临着国内外高水平竞争对手的压力，激烈的竞争推动着华为不断进步、不断突破，如果没有这些优质竞争对手的存在，处于安逸状态的企业很可能会走向衰亡。

2016年6月，德国商报研究所在德国柏林联合发布了中国、德国、美国、日本四国的工业4.0竞争力研究报告。报告显示，四国在工业4.0领域的发展存在一定的差距，这与各国经济政策有一定的关系。具体来说，美国的ICT产业实力强大，产业规模是德国ICT产业规模的8倍，中国和日本的ICT产业规模分别是德国的5倍和2倍，显然德国在这一领域的发展相对薄弱。

华为ICT行业是极具竞争力的行业佼佼者，为中国ICT产业的发展做出了巨大贡献。华为欧洲公共及政府事务总裁张建岗对于这一研究报告的结果发表了一些看法。他认为中德两国在ICT产业领域的合作能够整合两国ICT产业流程优势资源和要素，以产业链思维构建的合作联盟能够使德国受益于中国

公司在ICT硬件方面的专业优势，而中国也可以从德国ICT产业的专业服务能力中受益。双方在ICT产业流程方面的合作，有利于形成产业更高要求的标准，提升两国ICT产业整体的竞争力。通过持续的合作共赢，华为及其产业链上的合作伙伴都将取得创新突破。

为促使产业链在市场竞争中获胜，一方面要不断提升企业自身竞争力，提高流程管理水平，即通过内部逐渐改善、规范流程运作体系，整合优势资源和要素，构建业务流程网络运作的资源要素共享平台，实现业务全流程的高效运作。另一方面，要加强与优质供应商、客户、竞争者等产业链的利益相关者建立战略合作联盟，促进优质资源、要素整合，贯通产业链间各环节的流程运作，构建基于整个产业链的流程共享支撑平台。

与供应商构建良好的合作关系，促进产业链在竞争中获胜

华为巴西代表处的付旭照在自己的项目经理职业生涯中深刻领悟到协同相关方干系人和相关方资源的重要性，他回忆起自己初到巴西时面临的问题，感慨万千。

2012年年初，付旭照转战TIM Swap项目任项目经理，受物料、资源不足的影响，项目进展缓慢，加之合作分包商经验不足，交付工作异常艰难。客户对该项目组的供货能力表示不满，并向华为高层进行投诉。付旭照作为项目经理，在整个项目进展过程中贯通货品供应链、协调各方资源是他的重要任务。于是他带着整个团队与客户方负责项目的工作人员从1月份起及时关注交付站点、规划优先级、站点级到货和实施计划等关键性问题，通过清晰的规划和调整，双方共同明确了月度发货目标。

付旭照随后又与供应链经理、产品经理和巴西供应中心计划专员沟通，协调各个环节的供货速度。付旭照牵头负责物料资源转移的计划流程，将发货计划核实到每天的计划中，及时监控项目的每个环节。终于将计划流程和物料供应无缝对接，连续6个月100%完成月度发货目标，并完成1600多个站点搬迁，解决了过去关键环节物料资源不足的问题。

付旭照的项目团队做好了物料、资源的及时供应，同时由项目组成员、客户、分包商及负责各区域任务的项目小组制定明确的集成实施计划，各层次协调促进项目开展，2012年近半年的站点搬迁进度是2011年同期进度的2倍。

随着物料、资源的及时供应，项目进展也大幅度提升，客户逐渐认可付

旭照和他的团队，客户方CTO多次向总部发邮件对付旭照的项目团队提出表扬。在整个项目团队的共同努力下，团队高效协调处理各环节关键节点，并在当年拿到了GTS最佳项目交付奖，付旭照个人也获得了金牌个人奖。

任正非曾经在讲话中强调，华为要与供应商构建战略性伙伴关系，给供应商提供的基础价格要让其能够很好地生存下去，与供应商构建良好合作关系，帮助供应商克服发展中的困难，供应商发展好了才能保证源源不断的、更高品质的物料器件和设备供应，公司才能更迅速地发展。

企业在与供应商构建合作关系时，不能以冷漠的态度对待供应商，要从供应商处获得价格合理和及时的供应品，不能以敌视的方式来获取。只有对供应商表现出充分的尊重，才有利于与其构建长期的合作共赢关系。但值得注意的是，尊重并非意味着无限度让利，合作联盟的构建是以利益共赢为基础的。谈判人员要有原则，也要灵活，维护好与供应商的关系，善待供应商。当然这里的善待强调友好往来，不腐败，改善与供应商的关系，严格遵守往来制度和纪律。

与竞争者构建良好的合作关系，促进产业链在竞争中获胜

在华为文化中，与竞争对手构建良好的合作关系，实现资源共享，利益共赢是其特色之一。在激烈的市场竞争中，企业要想获取优势，占领更广阔的市场份额，或加入竞争红海中，或选择与昔日的竞争对手合作共赢。

一直以来，任正非认为无论是竞争还是合作，都要充分尊重竞争对手。华为经过20多年的发展，在其经营过程中逐渐由单纯的竞争过渡到与竞争对手寻求合作，从而汇集行业优势资源和能力，以产业链视角，实现整个行业的价值最大化。

伴随着华为的发展和壮大，华为越来越多地采取竞合策略。例如，华为在英国班伯里成立网络安全认证中心，为了确保设备质量，华为与英国信号情报机构在政府通信总部（GCHQ）进行合作，保证了华为的网络设备和软件的安全可靠性。

华为与英国信号情报机构的合作，让英国政府和众多客户认可了华为以产业链思维进行发展的开阔胸襟。随着合作的深入推进，华为的流程逐步得到认可和信任，并在过程中不断优化。

起初，欧盟官员确实想针对华为产品发起反倾销调查。但爱立信和诺基亚相信华为不存在倾销行为，鼎力支持华为。显然，华为能够在欧洲发展壮大，不仅仅依靠以客户为中心的经营理念，在一定程度上还与其竞合战略密不可分。

竞争对手之所以也能够长期屹立不倒，一定有其核心竞争优势。要获取产业链间竞争的胜利，就要以开放、谦虚的心态向竞争对手学习，联合优质竞争对手，与其构建合作关系，在新的合作模式中实现共赢。企业在对内对外过程中，要逐渐提升开放程度，吸收外界不同的思维方式，从而在产业链上汇集到越来越多的合作伙伴，实现产业链流程的资源整合，在推进产业链获取竞争优势的同时，实现企业自身的价值增值。

第4章 华为的流程梳理

基于流程来分配权力、资源及责任的组织，就是流程化组织。跟流程运作无关的人员及组织必须要裁掉。因此，清晰的业务运作标准，严格按程序运作，提供一组能反映运作的表格供自己与他人使用，是十分重要的事情。

任正非

流程的目的是提高效率、赚到钱、没有腐败

华为欧洲代表处的客户对货品精确派送要求严格，客户需要的货品多是小件，客户方仓库收货需要提前预约。基于这样的客户特征和货品需求，华为欧洲代表处在供应链方面逐步改善，打破原有的运送模式，找到新的运输方案，将派送时间精确到几个小时之内。在整个供货流程的贯通上，物流工作人员胡渊做出了很大贡献。

由于欧洲客户的货品需求以小件为主，而使用专车派送小件货品成本太高，还会造成空间浪费，加之欧盟境内的派送会受到单日限行等交通因素的影响，整个派送过程相对缓慢。于是，物流人员胡渊开始思考是不是能有一辆专门运载小件货品的专车，节省空间和成本，同时能够提高供应链的效率和连贯性。

胡渊与承运商共同探讨，找到了两种能够减少行驶速度和驾驶时间带来的额外成本的车型，单台车能够运载1～2个站点的物料，1000千米以内能够在当日派送完成。这种车型显然解决了交通带来的供应链不畅的问题，然而小件货品需要经过2～3个站点拼车运送，这样一来增加了运输周期，并且容易出现货品混乱的现象。随后胡渊又想到了和其他客户拼车的办法。

胡渊与承运商多次协调沟通后，达成一致意见，重新规划运输和提货路线，货品数量达到一定数量要求，便可以与其他客户拼车运送，跳过集散点的中转，直达目的地，节省了时间成本，提高了派货准确率。欧洲代表处的项目成员提到，在过去，承运商没有对运输和提货路线进行细致的规划，容易因此而错过预约时间，而对方客户对货品入库时间要求十分严格，常出现因超过时间客户仓库拒绝收货，华为项目组派货方需要重新预约的情况。

胡渊对每个站点的货品分布特征和运输线路结合分析，说服承运商将行驶速度、距离和时间作为严格标准进行规划，对于不可控因素提前做好应急备案，规划好预留时间，根据运输路线和客户方时间要求优化每一段派送顺

序，实现精确派送。胡渊笑着说："我们希望用有限的成本和资源，完成客户需求，货品供应疏通了，整个项目才会赢得客户的信任，在市场竞争中处于有利地位。"

流程是企业经营管理的主线索，经营系统上的资源都是根据业务流程需求，以业务流程导向进行布局和配置的。可见，企业经营系统是建立在流程框架基础上的。因此，流程体系的运作效率决定了企业运营效率；流程存在的目的是提高效率、创造价值。

众多企业实践中的流程管理往往是以问题为导向的，即为解决经营问题而建立起来的没有系统整合的流程，这种流程也许能够解决企业经营遭遇的某个问题，但未经整体梳理和设计，管理的可控性较差。

同时这种临时性的问题解决流程，通常依赖于各职能部门的贯通和执行，而各职能部门设计的子流程之间缺乏有效衔接，甚至存在重复和空白活动。因此，企业的流程设计和梳理能力不高，企业的经营效率也相对低下。

2013年华为在印尼代表处的统计数据显示，微波订货量和销售毛利率呈现负增长，每个参与微波项目的员工都承受着巨大的压力，微波项目交付难度大在代表处人人皆知，项目利润低的现状一时无法改变。负责固网业务的产品经理王享田，决心要带领印尼代表处的项目团队实现微波产品的复兴。

王享田强调，要对微波项目进行科学细致的分析，梳理出解决其交付难、利润低的关键路径和活动清单。于是他开始筹划微波项目要解决的几个关键问题：首先要确定总体目标，其次要对订货量进行精准的预算，而后执行人员安排和资源配置等一系列任务，同时王享田针对每项任务制定了详细的执行措施。

为了提高销售人员制定解决方案、提高交付成功率的能力，王享田带领团队组织连续2个多月模拟演练和比拼，帮助项目团队中负责销售和交付环节的员工梳理关键节点，提高其制定解决方案的能力，使其成为内部流程专家。演练进展顺利，在各项活动中，员工应具备的核心能力也已经夯实。接下来王享田和他的团队针对微波多种类产品制作了详细的进度追踪表，制订具体的日计划，严格控制每一项任务的活动顺序，确保新产品尽早打入市场。

同时针对过去微波产品组合多导致供货流程复杂的情况，王享田的团队制订了新的项目交付计划。新版本的交付计划，一方面在供应流程上节省了近80%的稀缺物料；另一方面将印尼本地的微波产品聚焦为一类，统一交付版本，提高了供货效率。随后项目团队沿着清晰的项目进度计划，突破了印尼当地久未开发成功的新客户，拓展了微波市场，一步步按照项目活动清单，实现了微波产品在印尼市场的复兴。2014年年底，王享田的团队超越了他们曾经要挑战的目标，微波在印尼代表处再次变成一个既有量又有利润的产品。

为提高流程设计能力和企业经营管理的效率，需要常常对流程体系进行梳理和优化，及时发现流程运作过程中的不合理环节和问题流程。通过梳理关键流程的具体运作环节，理清业务流程内部的脉络，梳理出最大价值流，删除不能产生价值增值的冗余环节。

流程梳理一方面强调将企业内部仅凭经验、习惯进行操作的隐性流程，逐步转变为固化的流程方法；另一方面强调对不完整、不清晰的流程进行分析、清理和确认，逐步改善流程，目的是提高流程运作效率。图4-1阐述了流程梳理的目的和意义。

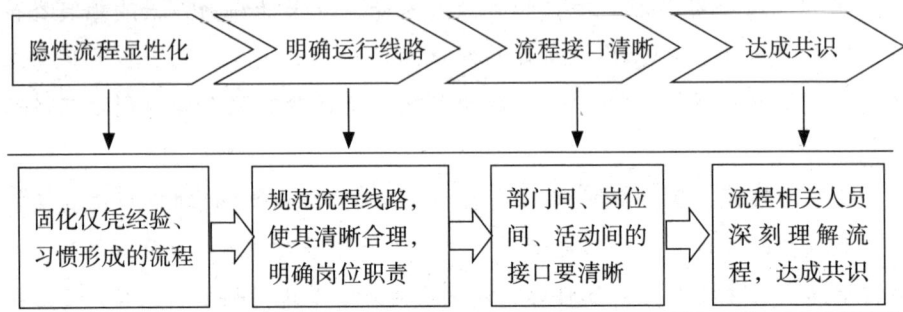

隐性流程显性化	明确运行线路	流程接口清晰	达成共识
固化仅凭经验、习惯形成的流程	规范流程线路，使其清晰合理，明确岗位职责	部门间、岗位间、活动间的接口要清晰	流程相关人员深刻理解流程，达成共识

图 4-1　流程梳理的目的和意义

由图4-1可知，通过流程梳理深入分析业务流程的价值、产出，分支流程的运作线路是否清晰合理，是否有明确具体的责任划分，即流程梳理强调对模糊流程线索和职责清晰化、明确化。当然，要注意流程梳理要有实际的产出和效果，不能为了梳理而梳理，例如对于运作线路已经十分清晰且简单的流程，责任划分明确，流程运作也没有任何问题，这类流程就不需要梳理。要真正发挥流程梳理的作用，不能将梳理工作泛化。

饶春波回忆起自己刚刚接触流程管理时，负责集团财经质量运营部流程与质量的工作，经过长期的流程管理工作训练，他深刻感受到了流程的价值和作用，并越来越喜欢从事流程管理相关工作。

饶春波强调流程管理对企业的经营管理至关重要，伴随着信息技术的发展和移动互联时代的到来，企业拥有完善的流程管理系统，有利于获取数据和信息，从而规范指导企业的管理决策和业务流程，高效开展业务，提高组织运营效率。可见，流程管理体系的存在避免了信息不对称、决策偏好对管理者的影响。华为多年来坚持进行的诸如IPD、ISC、LTC和IFS流程变革，目的就是希望通过业务流程的构建逐步建立起流程化组织，在企业内部形成流程化的管理模式，这依然是华为未来的变革方向。

饶春波提到，企业管理者如果能够拥有较强的流程管理意识和能力，将有利于带动整个流程化组织的建立。他提出流程管理意识是指能够深刻理解流程本质，熟练应用流程的方法和工具，借鉴成功的管理经验和理念，并持续总结推广，将其归结为流程的一部分。饶春波回忆自己在华为中东的代表处担任CFO时，团队内部缺乏流程意识，在处理很多事情上缺乏全局观念，导致团队成员不明确自己的责任和权力，他自己也不知道要为业务的推进提供哪些支撑。由于缺乏流程意识和一套统一的业务流程管理体系，团队工作效率极低，赢利能力也较差。

而现在饶春波在财务方面的流程规划和设计能力有了明显的提升。在他和团队共同的努力下，目前已经形成了12个L2流程、68个L3流程和95个L4财经流程。这些流程网络的存在覆盖了所有财经业务，所有财经业务都能根据相应的流程得到有效解决，提升了财经业务领域的工作效率。饶春波在华为一直提倡管理层要尽快培养自己的流程意识和能力，感受流程工作的魅力，通过管理层的流程意识培养推动流程化组织的建立。

为提高流程运作效率，通过流程梳理促进企业价值增值，需要流程体系相关工作人员自发组织流程梳理工作，及时将问题消灭在萌芽状态。流程梳理往往需要跨部门操作，为保证梳理质量，可以采用项目制对流程进行梳理。图4-2阐述了启动流程梳理项目的具体操作。

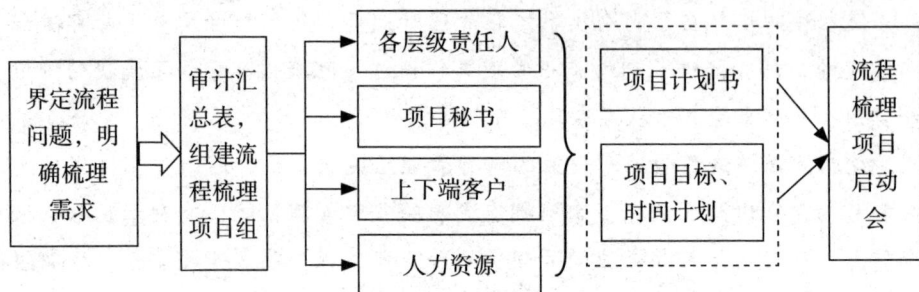

图 4-2　启动流程梳理项目的具体操作

由图4-2可知，在进行流程梳理时，首先要明确问题或梳理需求；其次根据流程梳理需求组建梳理项目组，随后制定项目计划书，明确通过梳理要达到什么目标，得到什么产出，设定梳理过程中的关键节点和时间计划，从而保证梳理质量；最后召开流程梳理项目启动会议，对具体的梳理工作进行说明。

贯通从客户中来，到客户中去的端到端流程

2012年，华为为瑞士S客户进行整网搬迁与演进。当时的S客户已经连续几年在P3比拼中垫底，对客户高层产生了非常大的压力。P3比拼是由欧洲最具影响力的通信权威杂志Connect组织的第三方网络比拼测试，该测试主要通过一套完整的用户模拟测试来对运营商网络进行打分排名，最终结果向公众公开。由于该杂志的权威性和影响力，通信客户对于测试结果非常关注，在选择运营商方面会参考该杂志提供的测试结果。因此，运营商们都非常重视P3比拼，希望在比拼中取得好的成绩，赢得客户的信任。S客户也不例外，比拼测试排名连续垫底甚至导致客户高层经常更换。

而华为经过一段时间的努力，仍然未能改变客户排名靠后的情况，导致客户非常不满。面对来自客户的压力，华为项目组组织团队成员对整网项目进行了细分，定制了端到端的解决方案。这是一条华为从未走过的路，项目组基于客户需求，制定相应专题，并依托专题打通多产品方案，实现端到端流程的优化。

项目组实现了基于感知的规划与端到端设计的全新模式，首创了在线调整与迭代优化的创新方法。项目组制定了最为苛刻的工作要求与标准，要求成员确保项目每个细节的完善。2014年9月，代表处全员投入，1个月完成5万千米的路测，对每一个问题点都进行细致检查。

经过两年多的努力，华为的付出终于有了回报。2016年11月29日，欧洲*Connect*杂志发布2016年度"THE GREAT MOBILE NETWORK TEST"结果，S客户网络在P3比拼中排名第一。

贯通从客户中来，到客户中去的端到端流程是强调从客户需求出发，经过一系列活动构成的流程运作，实现客户满意的过程。其中从客户需求出发，不仅仅是从外部客户的业务需求视角，也包括从组织内部客户的需求视角，即组织内流程的下一环节可以看作是客户。因此，以满足客户需求为出发点，并在末端实现客户满意的端到端流程在运作的各个环节都能够实现良好的产出，衔接顺利，不存在重复环节，从而提高端到端流程的运营效率。图4-3阐述了端到端流程的运作过程。

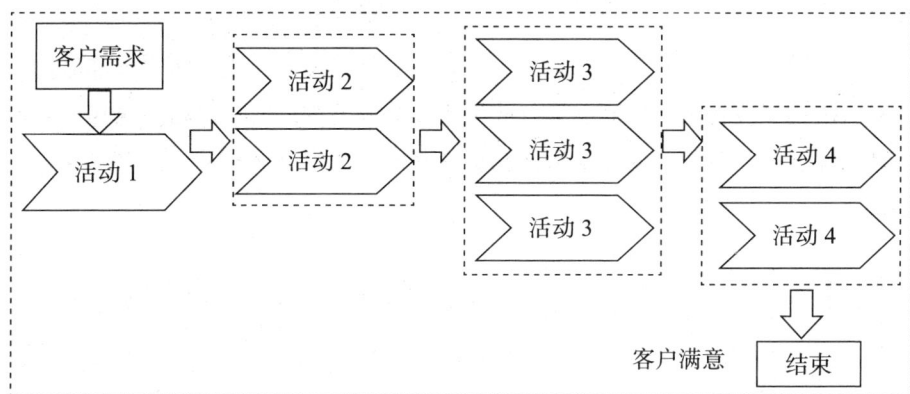

图4-3　端到端流程的运作过程

华为项目经理赵娜负责印尼某区域的项目运营和管理，在运营MEGA项目的第一年，其主要承担区域的供货工作。在项目冲刺阶段，该区域平均每天的发货站点为25个，平时的发货站点仅为3~5个，可见，项目冲刺阶段对供货的速度和数量要求之高。尽管赵娜带领的项目团队提前贯通了供货渠道，做好了随时供货的准备，然而爆炸式增长的货品要求，还是造成了后端供货跟不上前段需求的情况。供货链条的断裂对物流造成巨大的冲击和挑战。为保证项目交付进度不受影响，项目经理赵娜带着一名本地员工在仓库时时跟踪新增货品入库情况，监控仓库减料出库环节。赵娜与各个分包商保持密切的联系，确认分包商按时收到货品。

赵娜和她的团队日夜奋战，在他们的共同努力下，解决了后端仓库无法及时供货的问题。然而接踵而来的便是MOS进度加速，显然面对这一要求，安装调试的速度跟不上整个进度要求。于是赵娜主动与RPM协商后，负责了两个城市的站点实施。她首先挑选了相对较近的城市进行调试，以保障后端及时供货，适应项目进度加速；其次再进行偏远郊区的调试。有些偏远郊区往往车程长达4小时，路况也不好，为了节省路上时间，加快调试进度，不影响整体项目的进度安排，赵娜和司机往往凌晨出发，完成调试后赶回住所是次日的凌晨。赵娜和她带领的团队也是在这样的环境中成长得更快、更扎实，保证了印尼某区域的供货顺畅，后端供货及时敏捷。

企业的端到端流程是以相关利益者需求为输入，以所有相关利益者满意为输出的流程，流程相关方共同实现目标和产出，才能实现整体最优。因此，端到端流程的本质是站在全局的视角，提供战略导向的系统管理，追求企业的整体最优，而非局限在各职能部门、各分支环节利益最优的思维中。

为促进端到端全流程贯通运作，保证每个环节高效产出，实现整体最优，需要对端到端流程进行梳理。通过梳理促使分支流程的运行线路清晰化，明确各环节责任人，分析各层级流程的联动管理能够产生什么价值，是否符合客户需求或下一道工序的需求等。

华为一直将贯通端到端流程，以提供更优质的服务作为管理变革的目标。任正非强调，端到端流程是指从客户需求端出发到满足客户需求端去，提供端到端服务。端到端的输入端是市场，输出端也是市场，即在端到端流程中，涉及的工作和组织都是围绕客户需求进行的，这样的流程体系不会迷失。通过构建端到端流程运作体系，实现流程管理的国际化、职业化，降低运作成本，从而达到行业内流程管理的领先水平。

围绕端到端流程建立起来的流程化组织也是贴近客户需求、适应市场变化的，这样的组织更有弹性和活力，浪费更少，阻塞更少。华为高层管理者提出，要构建端到端流程的关键是要删除冗余流程层级，减少不必要的中间层。董事长孙亚芳强调，端到端流程要实现推动流程化组织结构变革，满足客户需求的目标，就必须高效、快捷，保留实现目标所必需的流程层级，裁掉多余的组织和人员，从而保证流程的顺畅。

任正非还强调华为的端到端流程要围绕客户价值链梳理，组织和层级也是为了满足为客户创造价值的目的而存在的，在流程变革中要避免画蛇添足，避免流程烦琐。这要求企业在确定组织结构时，先梳理主干流程，再根据主干流程确定组织结构。那些不符合此标准的部门、节点、人员可视为冗余。

1997年，IBM对华为的研发管理做出诊断，认为华为当时没有跨部门横向流程，组织内部部门墙厚重，各自为政，忽视了客户需求，整个版本的通过效率也相对较低。意识到问题的严重性后，华为在IBM的引导下，以客户需求为导向，抓住主干流程，删除冗余组织和部门，历经8年搭建了高效的IPD流程化运作框架，实现了端到端的优质交付。

在华为的流程化组织建设中，逐渐实现所有流程参与者能够深刻理解流程本质，在推进的过程中强化流程意识。对于末端流程的推动，华为秉承基层流程参与者的灵活权力较大的原则，充分发挥一线作战团队对流程改进的积极主动性。总之，华为的流程梳理，始终是围绕为客户创造价值进行的，简化流程层级和组织也是基于客户需求和业务导向进行的。

以华为的供应链流程为例，集成供应链就是端到端的流程。通过集成供应链的端到端运作，促进华为与内外部客户及供应商等所有流程相关者的利益实现整体最优。通过对集成供应链的端到端流程进行梳理，越来越完善的流程运作模式逐渐浮现。图4-4阐述了华为集成供应链端到端流程的运作模式。

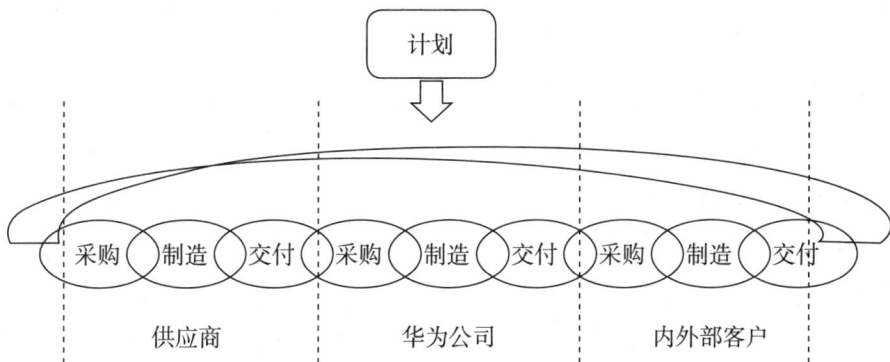

图 4-4　华为集成供应链端到端流程的运作模式

由图4-4可知，在流程梳理的过程中，强化流程参与者的流程意识，企业高层逐渐形成统一的流程共识，各层级流程参与者通过流程梳理对关键流程链条的难点、具体的责任划分、流程的开端起始部门和结束部门等问题的理解逐渐明确清晰。通过集成供应链端到端流程的贯通，促进企业、内外部客户及供应商的合作共赢，有利于供应链在市场竞争中占据有利地位。

流程梳理要倒过来做，
以设置有效的流程点

任正非在华为走向国际市场的初期曾经提到，由于历史原因，华为的市场主要分布于低层次网络中，难以进入国外高端网络市场，因此，要进入外国公司已经占领的网络市场，就必须从一个个小的站点、小市场开始突破，逐渐梳理业务流程，设置有效的流程控制点。随着华为这么多年的技术成长和积累，国际市场的高端网络用户开始接受并认可华为的技术和服务。2001年，华为凭借10G SDH光网络产品成功进入德国市场，通过与代理商合作，争取一个个小的站点，逐步将产品渗透到德国、法国、英国、西班牙等欧洲发达国家的市场。

此后，每一个进入欧洲国际市场的项目都采用这种先争夺小站点的方式，梳理业务流程的关键节点，再拓展大市场。随后，华为成功完成了2003年与西门子、3COM联合开展的重大合资项目，项目的成功让华为一举成为欧洲市场的翘楚。2004年华为又争取到荷兰移动运营商Telfort建设3G网络的大型项目，项目最终目标是为美国NTCH公司建设CDMA2000移动网络。从此，华为打开了中国3G设备在欧美市场的商用市场，它的项目管理成为中国企业界学习的范本。

如何在国际项目中顺利实现交付？任正非在一次谈话中给出了答案。华为的国际项目战略计划建立在一个个流程的关键控制节点上，每个项目从一开始就要把握关键控制节点，从而实现项目的整体目标，成功开拓欧美市场的高端网络项目市场。对关键控制节点的设置要在流程梳理、清晰识别、评审确定后才能进行。项目规划中的目标、业务、流程都可以作为控制节点，但关键控制节点是指对整个项目时间管理具有重要意义的因素，例如生产率、交付期限等。只有对这类关键控制节点进行了良好的把控，才能推动项目管理向更深层次发展。

华为的项目团队在规划阶段就会检查评审，以及时发现潜在问题。例如，一个项目计划要在3天内完成6位客户的系统检测，在第一天就需要设立关键控制节点，以及时调整资源、工具，保证任务如期交付。

在流程梳理过程中，需要完成详细的流程信息，以确保梳理工作的有效性。通过流程文件、工作描述、工作记录、绩效分析报告、日常流程问题记录、客户调查报告等收集业务流程运作的信息，明确流程运作的现状，并分析存在的问题和可改进的活动，制作成流程信息梳理分析表。通过具体的信息收集和分析，一方面找到流程运作中的关键控制节点，另一方面为尚未成文的流程提供规划和设计的思路和参考文件。表4-1列出了流程信息梳理分析表包含的内容。

表 4-1　流程信息梳理分析表

构成要件	具体内容
一、流程基本信息描述	流程的客户（内外部）、流程目的、流程目标
二、流程相关参与者	各层级流程责任人、主要参与者及其相对应的岗位职责
三、前后端流程概况	前后端流程具体的活动名称、工作描述等

时间点　活动名称　工作描述　管理原则

问题分析　异常处理　工作质量要求

四、存在的问题	描述证据、原因分析、重要程度
五、相关文件	全流程的制度、指导、操作手册、模板、表格

资料来源：《跟我们做流程管理》表3-1。

2014年，中国区春季SACA公布的结果显示，华为哈尔滨代表处居于首位。然而这一成绩并没有让团队成员感到兴奋和喜悦，而是让他们多了一些压力和职责。团队成员在流程运作上存在一些疑惑，针对这些疑惑，孟强带领团队成员进行了梳理和思考。

他们在梳理的过程中，借鉴了辽沈战役获胜的方法论。辽沈战役是中国解放战争的标志性战役，战役的关键节点在于锦州的夺取，而锦州夺取的关键节点在于塔山的坚守。可见，对于业务项目的攻坚也需要找到关键的流程控制节点。

流程是业务发展的最佳实践途径，流程就像是数字信号，业务就像是模拟信号，如何梳理业务流程，找到关键控制节点至关重要。孟强以捆绑业务场景为例，提出如果监控点过少就无法掌控场景布局，如果监控点过多将会产生较大的成本，同时业务效率难以保证。

经过深度调查和分析，孟强和团队成员从商务概要、客户证明、SDT决策、核销清晰、收货规范五个维度把关，逐渐平衡了业务和效率的运作。在这个过程中，如何清晰梳理流程的关键控制节点，根据有效流程节点对准业务，根据业务本质实现流程化管理尤为重要。

孟强和团队成员们在流程梳理的过程中依然还有很长的路去探索实践，随着流程变革脚步的加快，流程梳理过程会越来越重要，而流程运作效率的关键在于寻找流程的关键控制节点。

根据收集到的流程信息进行梳理和分析，在梳理和分析的过程中，识别流程运作的关键控制节点，明确关键流程的责任划分，并对问题流程加以改进，以设置有效的流程节点。图4-5描述了流程关键控制节点的梳理和分析过程。

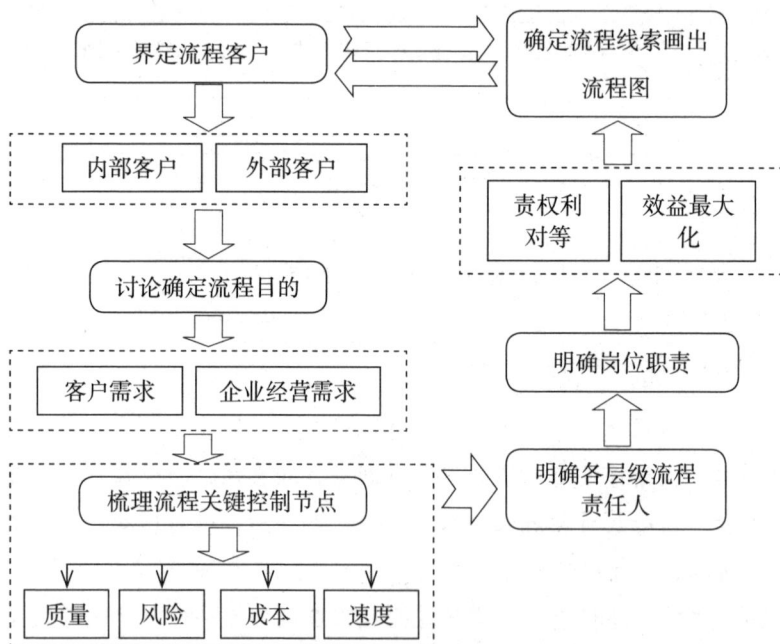

图 4-5 流程关键控制节点的梳理和分析过程

由图4-5可知，首先要界定流程的客户，对客户的识别不仅是识别前后端的客户，而是站在全流程的视角确定流程的内部客户和外部客户，并收集客户对流程运作情况的反馈意见。随后研讨并确定流程最终要实现的目标，并从客户和企业的目标达成两个视角进行梳理和分析。

目标确定后要将其分解为可量化的分段流程目标，并找出各层级流程的关键控制节点，在流程质量、风险、成本、速度等方面精确测量。根据各层级流程的关键控制节点，任命合适的流程责任人，明确岗位职责，在流程梳理工作结束后形成流程图。

Terry Lin加入华为多年，曾被派往巴西担任CFO，积累了丰富的端到端流程管理经验。刚到巴西时，Terry Lin十分焦虑，面对如此艰难的局面不知该如何打开巴西市场。那段时间他与团队成员多次研讨探索，终于看到了流程的作用。他们决定在端到端运营能力上形成自己的核心竞争力，通过梳理流程，提高流程管理能力。Terry Lin常常思考，如何从流程产出的跟踪细化到根据客户需求与PO对接，业务流程有没有能力去运营10万+的PO加上十几万的发票并保证准确、高效，以及能不能保证进行精细化的项目经营管理。

Terry Lin发现巴西市场局面不乐观主要是由于市场受制于流程系统因素，流程体系不贯通，难以形成端到端流程。为了贯通巴西流程，他将各部门整合起来，梳理流程，整理运作线索，明确各环节责任，提升从PO到开票整个流程的能力。从机会点到回款的端到端流程图长期挂在Terry Lin的办公室中。巴西市场一年需要开具十几万张发票，最忙时200多人同时开票才能满足业务需求，但错误率极高，整体流程的运作效率反而降低了。如何提升开票的准确率和效率成为他和团队成员急需解决的问题。

于是，Terry Lin开始重点贯通2011年在巴西上线的ERP流程，ERP由于之前的市场困境没有被继续使用，流程长期处于堵塞状态。Terry Lin和团队成员共同努力，不断梳理、改进流程，最终贯通了ERP运作流程。使用ERP以后，错误率明显降低，从产品经理报价引用系统税率到客户确认环节，再到后端自动匹配税率等全流程都能实现税率一致。自ERP上线之后，开票工作人员数量也由当初的200多人降到60多人。

伴随着流程的逐渐贯通，以及端到端供应能力的提升，Terry Lin赢得了客户的信任，巴西市场局面得到明显改善。曾经投诉过华为的巴西客户，也逐渐意识到华为团队在流程梳理方面做出的努力和改善。流程梳理贯通后，从PO到站点的时间，从一开始的两个月缩短至两周。

Terry Lin认识到尽管自己是CFO，但职责角色已经发生转变，不能仅仅把目光聚集在会计和业务BP上，还要对财经业务流程的端到端实现有全局的把控能力。很快Terry Lin开始主导地区流程变革，担任南美南地区部流程质量运营管理委员会主任，他管理的事务已经不局限于财务方面，而是从一个"伙伴"的角度，协助总裁做整个内部流程体系的管理工作。

流程梳理工作结束后，要将各层级流程的关键控制点明确地体现在业务流程图中，一方面为业务流程提供简明的工作指导，另一方面通过流程图的演绎进一步改进和优化业务流程。流程图的呈现要尽量简洁明了，活动发生的逻辑应该按照先后顺序，尤其要注意的是各层级流程的关键控制节点的分层标准要一致，从而为流程参与者提供简单易理解的操作指示。通过收集流程信息，梳理分析流程运作的关键控制节点，最终的目的是呈现一套可落地执行的业务流程。

从实践中总结出的
成功经验就是流程

欧阳忠华是华为在全球技术服务部IP领域方案架构的五级专家，开创了IP网络规划设计的规范与标准，是多厂家IP集成项目交付的领路人，拥有11年IP项目交付经验。他从2003年起从事IP项目交付至今，在项目交付过程中深刻领悟到只有了解客户真实的网络和需求，才能摸索出解决客户关键问题的项目交付模式。

2011年西班牙OSP IP Core的网络级搬迁项目给欧阳忠华留下了深刻的印象。作为华为第一个网络级的IP搬迁项目，该项目交付的难度系数和复杂性可想而知。欧阳忠华带领的项目团队在此之前曾交付过多个IP新建项目，在IP新建项目方面积累了相当丰厚的经验。因此，在设计OSP IP Core的网络级IP搬迁项目时，他们依托以往的经验按照目标网络精心设计了技术方案。然而方案递交到客户方手中，却引起了对方极大的不满。整个项目团队对此结果也十分疑惑，虽然他们第一次接触IP搬迁类项目，但其技术路径与IP新建项目完全吻合。项目组成员或在IP项目领域摸爬滚打多年，或拥有扎实的技术积累，团队成员长期的工作默契也在过去成功的项目中起到了关键作用。这样的团队提出的技术方案遭到客户的质疑，实在令人费解。这到底是为什么呢？

通过与客户交流发现，如果把方案放到新建网络场景中，其实施效果堪称完美，但OSP IP Core目前面临的是网络搬迁场景，客户认为搬迁方案中的技术路径并没有充分考虑现网的实际情况，关键问题在这份精心打造的技术方案中得不到解决，客户的核心利益需求点在技术方案中也丝毫没有体现，这一点当时给欧阳忠华和他的项目团队的触动很深。在项目团队内部讨论方案时，他们没有发现OSP IP Core的网络级搬迁项目中的核心利益诉求，对OSP IP Core的需求分析不够深入，没有站在客户需求的角度上进行任务分析，导致技术方案中的分解任务与客户真实需求不匹配，项目流程当然也就无法解决客户的关键问题。当然欧阳忠华的项目团队对于客户需求分析方面的不成熟，通过这一次项目实践才能暴露出来，随后团队将OSP IP Core的案例分享出来，在项目启动之前逐渐加深了对客户需求和核心利益诉求的关注与分析，从而形成新的项目经验。

前文中提到，流程梳理是指通过总结整合组织内部凭经验、习惯进行操作的隐性流程，将其逐步转变为固化的流程方法，并对不完整、不清晰的流程进行分析、清理和确认，逐步改善流程，目的是提高流程运作效率。由此可见，流程梳理的一个关键作用就是总结组织内良好的习惯和成功的经验，并将这些经验固化为可操作行强的业务流程。

因此，企业过往的业务流程和项目运营经验是宝贵的资源，尤其是从企业经营实践中总结出来的经验会逐渐内化为一套业务流程，最终汇集为组织的流程运营网络。

谢智斌是华为的网络技术规划优化六级专家，工作多年来积累了丰富的项目交付经验和网络规划经验，逐渐成长为一名无线网络优化的老兵。谢智斌之所以在网络规划的项目交付中，成长得如此迅速，得益于他的总结和学习能力。

加入华为10多年的他，经历过2001年、2008年的金融危机以及现阶段的

4G浪潮。在大环境的影响下，他经历的每个项目都有艰辛困难的环节。项目越是困难，顺利完成后越要进行全面的总结和经验的学习。谢智斌强调通过学习、实践、总结的方法实现从感性认知到理性分析的转变。他带领的项目团队也逐渐形成了这样一种好习惯，对每个交付项目都进行经验的总结和评估，巩固项目成果。

2003年年底，在阿联酋Etisalat和香港Sunday的3G商用网络招标中，华为成功中标拿下这个网络优化项目。然而项目启动后，团队却苦于没有一套系统的资料能够为网优项目提供指导。于是，谢智斌带领项目团队在2004年年初，一边开展香港Sunday项目，一边将项目交付中遇到的问题和流程总结成指导书，并在项目交付过程中进行了验证。终于第一版的UMTS网络优化指导书形成了，这份系统资料为后续的网络优化项目的顺利进行奠定了良好的基础。从此，谢智斌认识到对项目进行总结的重要性，并一直保持着这个习惯。

2010年，谢智斌参与并主导挪威项目，他当时的工作是负责制定降低错误的流程、方案，并将这些工作纳入项目交付的技术方案中。谢智斌将这些工作总结成经验，以该项目的技术方案为载体，形成了降低错误的标准处理流程。这套流程被应用到其他的项目中，明显提高了项目的交付效率。

2011年，谢智斌还在网络上创建了技术交流论坛，将技术经验的分享扩散到整个公司，参与技术经验讨论的会员达到了3000人，论坛的访问总量超过35万。他创建的网规技术交流群影响力逐渐扩大，能够实时解决网规网优工程师的技术、工具、方法等方面的问题。目前这种技术经验的分享交流在华为内部还应用于很多领域，通过项目交付的经验总结和分享，提升项目团队的交付能力，在一点点的改进和学习中优化交付成果。

通常，善于总结的员工才能成长得更迅速，不断总结还有利于形成一套解决问题的思维网。同时，流程管理团队和各职能部门经过长期的总结和梳理，形成能够落地执行的业务流程，避免流程控制之外的问题发生，逐渐实现流程体系整体能力的提升。

在流程梳理过程中，各层级职责不清的问题成为流程运作不顺畅的关键瓶颈。因此在具体的实践中，要时时总结和梳理流程上的职责划分问题。在处理这类问题上，众多企业的流程实践能够总结出流程职责清晰化的经验，如表4-2所示。

表 4-2　流程职责清晰化的经验

经验	具体解释
流程梳理要立足于当前业务需求	即流程梳理不追求未来很长一段时间不可预测和估量的流程体系,而是利于解决当前面临的主要业务需求,确保流程的可行性和灵活性
必须明确具体活动的责任人	应重点关注流程上具体的工作由谁负责,解决目前的不顺畅,而非在更大的职责和定位上花费大量时间和精力
业务初期采用粗线条式的流程梳理方法	业务初期,可能存在较多的不确定性,流程梳理工作应该以明确基本分工和责任人为原则,不过早设计精细化的流程,保持流程的灵活性,为应对业务发展的不确定性提供缓冲

　　刘爱群加入华为工作已有13年,从2007年起开始担任维修技师,攻关众多产品的疑难技术问题,长期在光网维修阶段攻关,取得了突出的成绩。在技术维修和改进学习等方面,刘爱群积累了丰富的经验,他常常思考如何将自己的这些经验分享给其他同事,共同进步,为整个维修技师团队和公司创造价值。

　　由于维修人员的很多实战经验没有经过系统的文件整理,大多数只是存在于自己的大脑中,一旦技术维修人员流失,也意味着宝贵的经验和资源一同流失。因此,将技术维修人员的经验建立系统的经验学习文档并严格保留成为重要工作。刘爱群在平时的工作过程中,每次遇到故障,首先会用几分钟时间在大脑中进行问题的诊断并评估可能遇到的风险。随后,他将自己的这一习惯总结到《维修定位记录总结模板》中,形成了故障产品和技术的"诊断档案"。这些档案帮助了新技师快速上岗学习,也为自己和其他同事提供了后续解决问题的思路。

　　为促进这种"诊断档案"的全面推行,刘爱群通过评选"优秀维修定位记录总结"的方式激励和牵引一些技术优秀的员工将自己的经验文档化,分享出来。经过2个月的时间,整个技术维修团队的人员将每次工作的诊断过程和改进经验文档化已经成了一种习惯。刘爱群强调"诊断档案"还能够作为维修工作进步的一手资料,在文档中统计技术维修人员们普遍的问题,从而分析原因,实现少修、高效维修的目标。

　　刘爱群对维修工作的贡献也让他获得了维修领域的金牌奖,这一路走来,他一直坚持挖掘维修岗位的价值,不仅让自己爱上这份工作,也提供平台帮助新技术维修人员迅速成长,带领整个技术维修团队超额完成目标。

在华为，任正非也曾经多次强调经验总结的重要性，在实践中逐渐总结与整理的经验将在具体的工作中为流程工作人员提供指导。任正非也时常鼓励从事流程工作的员工要学会总结，通过工作后的回顾不断改进，获得个人能力的提升。

由此可见，有必要在组织内部形成一套流程的经验总结机制，通过对过往的业务流程全过程进行总结和回顾，分析问题环节，并持续改善，为流程梳理和优化工作的开展奠定良好的基础。图4-6阐述了华为经验总结和学习的闭环。

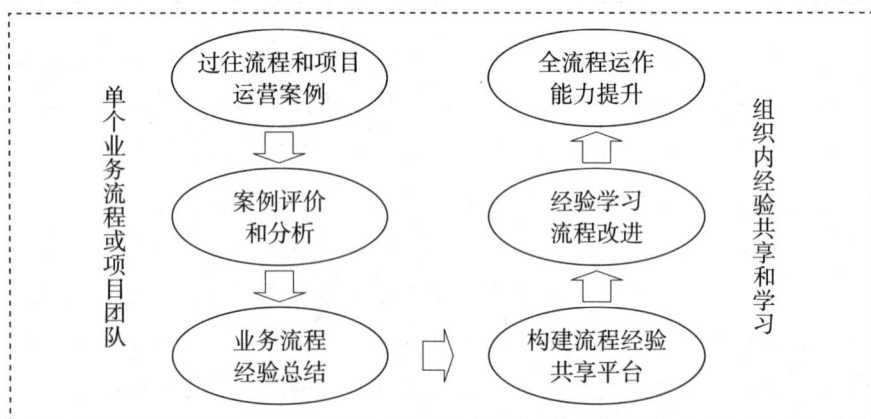

图 4-6　华为经验总结和学习的闭环

由图4-6可知，华为项目团队的经验学习能够扩展到公司范围内的经验学习。项目团队在各阶段及项目的收尾阶段对项目成果和过程进行评价分析，而后形成团队内部的经验，将经验应用到后续的项目工作中，以寻求流程的改进。将项目团队内部形成的经验总结和能力的提升共享到组织平台中，促成公司范围内的经验共享与学习，进而提升整个公司的业务能力。

流程工作要直指客户的"痛点"

华为移动建固网接入专家张全锋积累了长期的工作经验，他逐渐意识到客户对"单向灌输式"推介很反感，单向推介没有针对客户"痛点"，客户更希望能够听到全面系统的事实分析，迅速找到解决方案。张全锋第一次和山东移动客户协商工作计划时，就深刻意识到全局性思考是建立在客户需求的基础上，必须为客户提供直指"痛点"的业务流程方案。

张全锋在制定项目解决方案时，深入思考了客户面临的真正问题，例如固定宽带在未来五年内收回成本的可能性是多大，建网过程中会出现哪些问题和瓶颈，客户应该选用什么建设方案最合适等。这些从全局性思考整个项目的问题常常在他的大脑中浮现。

张全锋经过一系列的分析，明确了客户的"痛点"，知道提供的项目到底要解决什么核心问题，细化了工作方案，帮助客户列举出接入网建设的典型场景。同时，他还主动带着客户驱车几百千米考察从城区到农村的站点情况。

站点考察之后，张全锋针对每种场景设计了不同的方案，并根据建设规划原则计算了详细的投资建设成本和回收期限，通过对比几种可行性方案打消了客户的疑虑。客户听完接入网汇报后，高兴地赞叹："华为在固定宽带接入的咨询能力超出我们的预期，方案很贴近实际，让我们对发展固定宽带更有信心了！"

任正非强调，在华为的流程管理工作中，要抓住客户的"痛点"，识别客户的"痛点"问题是什么，通过流程的梳理帮助客户解决他们正在面临的问题，从而打动客户。由此可见，流程梳理工作一方面是对隐性流程的显性化，明确各环节责任人；另一方面通过流程梳理，深刻理解各分支流程对应的客户所面临的"痛点"问题，直指客户"痛点"，真正帮助客户解决问题。

章李满加入华为多年，被派往中东地区部负责流程运作。2013年轮值CEO徐直军来到中东地区部，对章李满及其团队成员的流程工作做出了具体指导。他强调要从客户界面入手设计业务流程，流程设计要对准客户"痛点"，对准代表处和系统部的经营指标，梳理客户界面从预算、采购、交付验收到回款的全业务流程，抓取客户"痛点"解决问题。

2013年下半年，中东地区部由章李满牵头重点布局"客户界面流程适配"这一关键任务。通过打通TOP25系统从预算、采购、验收、回款等各环节的关键问题，直指客户"痛点"，梳理主干流程，逐步提高流程质量。

经过章李满和团队成员长期的流程梳理，中东地区部的流程运营效率同比提升21.7%，在系统部和客户召开的流程优化会议上，客户也感受到了华为团队在流程梳理方面做出的努力，能够真正为他们解决所遭遇的问题。整个团队在梳理和优化过程中，也更加明确了"客户界面改进一小步，内部效率提升一大步"的方向，实现了共赢。

章李满带领的地区部流程质量团队也被评为2013年度金牌团队，并在年会上分享了客户界面流程适配的方法和实践。章李满总结发现，尽管团队取得了一些成绩，但内部依然没有构建起贯通的流程管理体系，整个团队依然处于解决问题式的工作状态中。

带着这些问题和组织发展的瓶颈，章李满参加了德国第一期变革训战班，在学习中他感受到了流程管理体系和变革的紧密联系。章李满希望通过变革逐步构建和完善业务运营管理体系，让问题不再重复发生。

华为在推进全球化业务发展时，始终强调要以客户"痛点"为切入点，在与客户一开始接触时就要与客户共同探讨其所面临的问题，分析问题产生的根源，探讨未来将会演变为什么样子。

任正非强调，首先，要在与客户接触的第一时间就让客户感知华为提供的分析和解决方案正是他们想要的，能够切实解决他们的问题。其次，通过对"痛点"问题的诊断和分析，让客户看到自己的流程体系的发展未来，并认同这个未来。最后，与客户共同寻找解决方案，研讨如何在流程运作中帮助客户解决其"痛点"问题。这样的沟通和探讨才能让客户深入了解所提供的措施和方案，流程工作才会进行得更顺畅。图4-7简要阐述了基于客户"痛点"的流程梳理沟通模式。

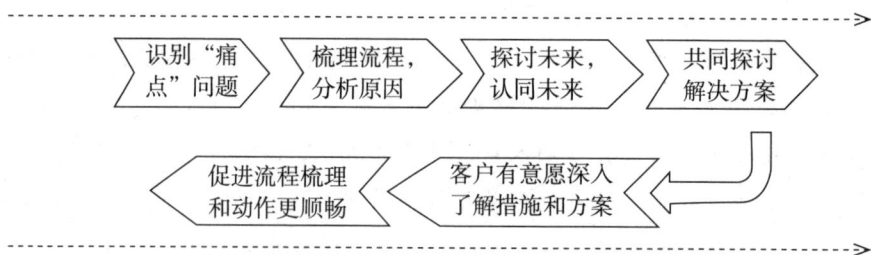

图 4-7 基于客户"痛点"的流程梳理沟通模式

2013年，运营商CT公司发出云计算项目招标函，恰逢华为正在寻找运营商IT领域的突破，经过团队的努力奋战，华为团队终于拿下这个意义非凡的项目。项目启动后到2014年，客户对华为团队提供的方案，提出了几个需要改进的主要问题，于是华为团队从生命周期管理、本地服务团队、软件质量、资料、容量、技术问题处理、操作维护等全业务流程上抓住客户"痛点"，努力实现改进。

针对客户提出的问题，深入改进就要从产品设计、路标到交付环节的端到端流程进行梳理。客户提出资料文本上的问题，其实质反映了产业能力的问题，因此贯通端到端流程体系的运作成为关键。华为团队在改进无线产品资料时，刚开始对问题界定的范围较大，涉及产品较多，改进效果并不明显。

经过与客户深入沟通后，发现客户的"痛点"是"获取不到资料"，于是团队将重点放在改进资料获取流程，优化渠道和时效上。例如华为的产品变更通知机制，要求在产品出现变更时要及时通知客户，从而方便客户做好升级或者购买备板备件的准备。

过去的流程是资料首先传递至一线，再由一线传递到客户手中，但这个流程可能存在信息传递偏差，不利于客户理解全部的资料。于是无线产品团队改变产品变更机制的运作流程，以解决客户"痛点"问题为目标进行流程改进，贯通流程后，发布PCN资料并将其直接上传到网站上，让有权限的客户可以第一时间看到。

在这种流程下，通过改进一个单独的问题促使整个流程的改进，最终达到客户的持续满意。无线产品团队在6年间，构建了6个面向客户解决"痛点"问题的交付平台，逐渐改进流程，使其更好地贴近客户，收集客户信息，梳理其"痛点"，提高流程运作效率。

无线产品团队解决了客户的"痛点"问题后，接踵而来的是容量问题，容量问题与客户网络发展息息相关。目前网络上的问题普遍反映为容量问题，当容量发生堵塞时，客户体验就会下降。很多客户越来越关注多制式发展与容量之间的平衡。2014年华为针对频繁出现的容量问题，将改进的焦点放在容量规划上。

其实之前华为也有很多容量规划的方案，但与客户缺乏互动，不能及时识别客户的"痛点"问题，客户也接触不到太多容量计划方案。因此，2014年的容量计划方法采用文档的形式展现给客户。

为了精确识别客户的"痛点"问题，华为还定期举办用户大会，通过大会让华为发现客户"痛点"的变化，从而在流程工作中继续改进和优化。华为的努力逐渐得到客户的认可，曾经有一位客户评价华为是一个勇于创新的公司，他尤其看重华为在各项流程工作中始终以客户"痛点"为切入点的原则。

由此可见，要在流程工作中直指客户"痛点"问题，就需要在流程运作的各分支环节坚持与客户进行交流，通过与客户交流才能更精确地识别客户当时面临的"痛点"问题，以及随着流程的运作，"痛点"问题发生的变化。根据客户新的"痛点"布局业务流程体系，通过抓住客户"痛点"，从客户价值的角度定义解决方案，帮助客户解决他们真正关心的问题，才能与客户建立起真正的伙伴关系。

流程运作均衡化，就是抓短的一块木板

李鹏是华为一名普通的包装工艺人员，他的主要工作是货品包装、辅料打包和包装优化。货品的包装看似平常，却对交货质量、成本产生重要的影响，同时还对运输、仓储和派送效率环节产生十分重要的影响。

李鹏长期钻研包装的优化和改良，通过包装节省时间和物料成本，弥补流程环节的短板，从而提高全流程运作的效率。李鹏发现现有流程中每个站点的设备不仅有搭建包装，而且还有2~3件小件物料，占据大量空间，降低了收货效率，也增加了流程的管理难度，导致站点的发货流程运作效率低，还容易出现偏差。于是，他想到如果能够整合包装，不仅能减少原来的占地面积，节省空间，同时也能节约运费，提升一线仓储派送效率的收益，降低包装成本。

经过长期的探索和总结，李鹏发现货品包装是生产的最后一个环节，生产系统执行的就是最小的包装单元，有些同一站点的货品在订单分发给工厂时就被拆分成了不同的备货单。可见，要从源头节省货品包装成本，贯通包装流程，提高效率，需要从前端开始，与项目经理、供应链人员共同分析，在起始环节就确定好报价，实施订单合并方案。李鹏逐渐摸清了站点订单拆分的原因，但毕竟涉及不同的产品、项目，谁去落实，如何落实成了难题。

李鹏继续向前端摸索，协同周边流程，向专家们咨询包装环境的流程优

化，从而弥补包装环节的短板。经过专家团队们对项目背景、产品配置、物料特点等近两周的分析，在大家的共同努力下，备货单合并的系统解决方案最终确定下来，站点和备货匹配问题得到改进和优化。

然而，接踵而来的是订单的配置问题，大量的订单配置就需要规格繁多的包装材料，包装物料来源、成本控制等一系列问题都需要关注。为了降低包装成本，减少物料浪费，李鹏邀请包装解决方案的提供商对华为的包装现场进行了走访和分析，通过模拟验证，分析流程上的弱势环节。同时，李鹏与匈牙利的包装实验室合作，最终确定了整体包装方案，使不同规格的包装箱种类数量相比第一轮降低了近70%。

经过一年多的努力，在李鹏的钻研下，欧洲供应中心主流产品采用一箱包装的原则，节约成本近百万元。李鹏认为，流程上各个环节都会有处于弱势地位的短板环节，通过弥补短板，才能提高流程运作的效率，实现流程的均衡化运作。

如果企业的组织结构、流程运作体系不均衡，运作效率肯定是低下的。就像一个水桶装多少水取决于最短的一块木板一样，不能与全流程共同达到均衡发展状态的分支流程显然是遭遇发展障碍的环节，是整个流程体系的短板。

如果不采取措施和方法弥补短板，改进瓶颈流程，全业务流程的运作效率将无法保证。因此，在流程梳理过程中，识别出问题环节及存在瓶颈的分支流程至关重要，然后弥补短板，改进分支流程，从而实现全流程体系的均衡发展。图4-8阐述了流程运作不均衡的具体表现。

> ➤ 前后端流程未打通，各部门和流程不能从根源上解决问题
> ➤ 资源共享能力差，流程重复设计
> ➤ 流程运作发展两极分化现象严重，强的环节更强，弱的环节更弱
> ➤ 救火式流程运作模式，发展不均衡导致业务流程整体运作能力不强，容易出现"头痛医头，脚痛医脚"的运作模式

图 4-8　流程运作不均衡的具体表现

2015年10月初，陈翔华被派往南非代表处，负责供应管理。当时MTN系统部刚好在项目交付上出了问题，陈翔华被当作专家介绍给系统部FR，"这是机关专家，目前项目交付的问题，肯定可以很快解决。"由于之前在一线业务上的挫败，陈翔华对于"专家"这个称号有点心虚，但是他也没有畏惧，勇敢地承担了这份责任。

项目正好处在安装冲刺阶段，一方面供应商向华为抱怨库存积压、付款进度慢；另一方面分包商抱怨土建欠料，严重影响了工期，导致客户对于华为能否按时交付抱有强烈的怀疑态度。

陈翔华对于库存积压却又土建欠料表示非常不解，在他看来，这不是相互矛盾的吗？为此，陈翔华主动找到了负责采购的本地同事了解情况，没想到，该同事第一句话就是："你是这个项目的第七任供应经理呢。"尽管该同事在华为工作多年，经验也很丰富，但是由于同事是印度裔，英语口音较重，而陈翔华的口语太差，导致双方之间的沟通不是很顺畅，陈翔华也没能收获到想要的信息。因此，他只好自己一点点从源头上开始查。

不知道发了多少封邮件，打了多少个电话，陈翔华向相关同事不断地询问一些问题，例如工厂的具体操作情况、物料到货路径等。事实上，陈翔华之前是一名管理者，这些事情都是他指挥下属来做的，而现在都必须自己来完成。有时候，他打电话向以前的同事询问相关问题时，对方都惊讶不已。

在一段时间的摸索之后，陈翔华终于弄清了物料涉及的方方面面。在陈翔华接手的案例中，没有一个比目前的项目更复杂了，甚至在全球的项目中也没有可供参考的解决方案。为此，陈翔华花了一个星期的时间与项目经理、网络规划同事进行沟通与交流，发现流程的关键短板在于物料的需求配置信息只分散在站点图纸中，没有统一传递给供应商，导致供应商在备货方面非常被动，通常供应商都是预估备货，最终就出现了供需不匹配的情况。

为了解决这个问题，陈翔华和技术负责人打算一起将物料需求配置信息从图纸转换成物料型号，再集成传递给供应商，这样一来，就能实现双方的供需匹配了。说起来容易，但要对320多个编码信息进行管理却非常不容易。每个编码都涉及订单下达、物料入库、采购、订单关闭等多个动作，如果某一个信息处理不对，都会影响整个站点的工作。这时候，陈翔华之前的工作经验终于能派上用场了，他做过主计划管理，对于物料编码的处理还是得心应手的。于是，他与技术负责人一起对编码个数进行了压缩，减少了分包商单站点的提货频次，这样一来，不仅简化了信息流，也大大降低了成本。

在华为创立初期，企业生存是最关键的问题，因此，当时的战略重点是研发和营销的流程运作，以快速适应市场。随着公司的发展，这种以研发、营销为发展重点的战略方向并没有发生明显的改变，由于晋升到高层的管理者大多数来自研发、营销部门，他们在进行价值评判、绩效评估时会不自觉地做出有偏向的决策。

这种组织结构和流程运作体系导致华为在21世纪初期，强的流程环节及部门更强，弱的流程环节及部门更弱。整个组织结构和流程体系不均衡，又如何保证全业务流程的高效运作？可见，要在流程梳理过程中精确识别瓶颈流程，弥补短板，才能实现流程管理体系的均衡发展。

2015年3月，王朝辉调任俄罗斯 MAE（管理授权与行权）岗位。经过半年多的业务锻炼，王朝辉已经从一名"流程小白"成长为一名MAE"流程专家"，对于流程管理方面的问题也思考得越来越多。例如，合同变更的全流程几乎都可以在机关解决，但是合同变更决策却需要一线来组织，这样的方式使得合同变革的周期拉长，降低了组织的效率。

为此，王朝辉带着疑问开始了流程优化的探索之旅。在经过详细调研、与专家对话后，王朝辉发现了影响合同变革流程的关键问题。原来，合同变革决策由一线组织是有历史背景的。以前的合同变更决策组织人需要现场收集相关资料，并组织一线人员召开会议，但是随着公司IT系统的发展，合同变更决策已经可以在线上发起并完成了，而且必须由一线组织开会的限制也已经取消了。

找到流程的短板后，王朝辉和其他流程专家一起对代表处的合同变更决策流程进行了优化：95%的合同变更决策组织由一线共享到了机关（仅5%复杂变更仍保留在一线）。对流程进行优化以后，一线销售人员在变更合同方面的沟通时间就大大减少了，工作量也比原来要少得多，同时对于机关人员来说也要省事不少。

虽然这只是一个小小的流程优化，但是魔鬼往往就藏在细节中，通过对现有流程与业务细节的理解和挖掘，可以有效解决业务"痛点"。

任正非强调，均衡发展就是要抓短的一块木板。在流程梳理和改进中，要重视改进问题最多的、面临发展困难最严重的分支流程。正如任正非所提到的，华为公司各层级管理者都十分重视研发、营销环节，但不重视中央收发系统、订单系统、理货系统等。这些不被重视的系统就是流程上的短板，如果流程前端能够顺畅进行，运作效率也很高，但后端分支流程问题频发，不被重视，那么很难保证全业务流程的高效运作。

由此可见，均衡发展不能仅仅重视或关注全业务流程上的某几个环节，否则会造成流程体系发展的两极分化，应该要站在全局系统的视角，贯通全业务流程。通过流程梳理，一方面识别短板，采取措施和方案进行弥补；另一方面，贯通端到端流程，从总体上节省流程运作的成本。

用"欧美砖"建一座 IT"万里长城"

企业信息化不仅是指办公自动化，而且是指将管理体系融合到IT信息系统中，提供行动支持。因此，要在短时间内实现信息化的目标十分困难。尤其在一两年就能够完成信息化建设的企业，信息系统实际运营的效率往往与期望相差甚远。在企业的信息化建设过程中，最大的难题是企业管理的商业模型数学化难以归纳完成。一个企业的信息化，它应该包含将企业所有管理成熟的流程制度根植于数据库和IT网络里面，使任何行政业务处理都能够通过企业信息化系统来支持。

华为经过多年努力，已经初步建成了面向全球的信息建设系统，该系统的建立使其90%以上的业务都能够在信息化系统中完成。然而信息化系统的建立并非是一帆风顺的，其阻力来自内部。这是由于信息化系统的建立降低了信息不对称带来的决策失误，信息的顺畅使得管理者的决策权力也随之减少。同时，华为还裁掉了2000多个中层干部岗位，很多变革者变革完成后就没有岗位了。

在2013年的运营商网络BG战略会议上，任正非强调，华为未来两年的主要任务是将内部流程贯通，提高端到端业务流程运作效率。他提出公司在内部电子交易系统方面存在诸多不顺畅，导致业务交付环节存在大量损失；同时，在合同执行环节也存在很多损失，说明流程系统尚未贯通到基层。为此，要引入IT信息系统并结合互联网贯通公司内部流程，实现华为全业务流程的互联网化。

华为近些年非常重视互联网对公司内部流程和客户的作用。为了实现信息共享，华为建成了公司级的IT共享中心，并让所有员工都能够享受到IT系统的服务。不管华为人在世界的哪个角落，IT系统都会服务到，不受地理位置的限制。在共享中心，华为的内部员工、客户、供应商和合作伙伴可以24小时自由安排时间在网上学习和培训。

在供应链方面，华为利用IT系统实现了端到端的集成供货方式。华为成立初期，主要靠E-mail和MRP II（物料生产计划管理）来支撑业务的发展。1998年开始，华为学习了西方的管理经验，对产品研发和供应链进行了管理变革，IT体系也由此进入了第二个阶段，即通过IT集成化给华为业务提供了更好的支撑。2004年开始，华为IT体系逐步进入第三个阶段——国际化阶段。这一阶段主要是以全球上线ERP系统为主，通过将近10年的努力，华为在全世界建立了一张IT大网。在EPR系统建立后，华为对市场需求的响应更加快速和灵活了。客户可以在网上全程跟踪订单状态，与华为的交流更加简便。当客户服务出现问题，现场的维护人员可以随时查阅华为内部网络，获取工程档案和成功案例，并获得公司的技术支持和协调，使公司为客户服务的质量大大提升。由于华为的IT系统不仅要支持公司内部运营，还要支撑公司外部的业务创新，逐渐跟不上时代的发展。为了完善IT系统，2012年，时任华为软件公司总裁的邓飚提出了华为IT2.0，这也标志着华为IT进入了第四个发展阶段。

任正非强调，华为要想在流程变革中取得成效，首先要解决IT部门的道路问题，通过购买业界先进的软件包，为流程变革提供路标指引，并固化变革成果。他强调在建设流程管理的IT系统网时，IT部门应该要秉承开放的心态，能够买来的先进系统和软件就不要自己做，在吸收和消化的基础上进行系统集成，即IT部门要用"欧美砖"来建一座流程IT系统的"万里长城"。

公司在购买组建IT流程系统时，要根据未来的业务结构，诸如升级、扩容等业务变更要求，来匹配合适的软件和系统，学习互联网精神来改善内部流程管理，从而集成一个完整的IT流程系统，实现"穿互联网的鞋，走自己的路"。当业务结构发生变更时，IT流程系统也要做出相应的调整。

思科已经建立起了全球信息系统，在全球各地的思科员工都能实现网络连接，不论何时何地，全部日常事务都可在思科的网站上处理。新员工入职思科的第一天，思科就会给他们配发笔记本电脑、账号、密码，方便他们查阅思科内部网络上的资料和问题。所有操作性事物的流程、方法都可以在内网中找到。

每名员工都力求将自己的工作做到精益求精，责任划分也十分明确，没有人浪费时间解释哪些工作应该做或不应该做。在操作过程中出现问题，可以很快在内网中找到相应的解决方案。思科的高层管理者后期曾经提到对于一家拥有6万多名员工、几百个分公司的企业来说，互联网化的工作方式是工作史上的一次巨大变革。

思科的标准化整合让企业内部的所有员工能够方便地查找到所需的资料和流程，通过信息系统贯通了业务全流程的前后端，通过网络链接让处于不同时间、不同地点的员工使用同一套工作流程。

这就像公司内部的大部门共同使用同一台计算器一样。例如，思科员工的在线查询网站主要记录了全球员工信息的通讯情况。在在线查询网站中，任何人都能通过内网的信息系统了解到每个环节的责任人，每个人在各个分支环节中也能够清晰地知晓谁具体做什么工作。当有问题发生时，可以直接寻找流程对应环节的负责人进行协调即可，节省了经过机关协调的时间，这就意味着节省了沟通成本。

另外，思科工作流程实现IT信息化，也为其人力资源管理带来了诸多便利。例如，员工生病需要请病假，可以直接在内网上查询请假流程，而后填报请假单，不需要特意打电话请示上级，上级管理者会在内网流程上进行审批和同意。

同样地，薪水发放、休假、福利等人力资源模块的事项，都可以通过思科的内网进行处理。如今，思科北亚区的数个分公司，总共有3名人员负责人力资源相关工作。思科的人力资源部门减少了处理行政琐事的时间，转而将更多的精力放在人才招募和人才建设等重要事项上。

思科拥有6万多名员工，如果不建立起信息化的内部网络系统，按照传统方式去处理日常事务，难免会出现"官僚主义"的现象。而信息化的内部网络的建立，让流程管理垂直落地，再也不需要借助任何资源，就能够实现高效运转。可见，互联网有很多值得企业学习的地方。这也是任正非和华为极力倡导和推行用互联网方式优化流程的最主要原因。这种方式不仅仅体现在办公领域，凡是运作效率低、有浪费的环节都可以采用。

正如思科的内网建设一样，华为在建设IT流程系统时要有明确的目标，围绕这一目标，利用长远的眼光及结构性思维，建立最优质的IT网。因此，在流程IT系统网建设的过程中，要站在全局视角，以一线需求为导向，建设具有全球性IT支持能力的流程管理体系。具体应该包括组织结构、技术架构、基础设施应用、运维、信息安全体系等综合性各路分支流程。通过建立IT流程系统，有利于海内外业务的拓展和增值，也相当于为企业全球性的业务拓展提供了不间断的IT支撑能力的共享平台。图4-9阐述了IT流程系统建设的条件。

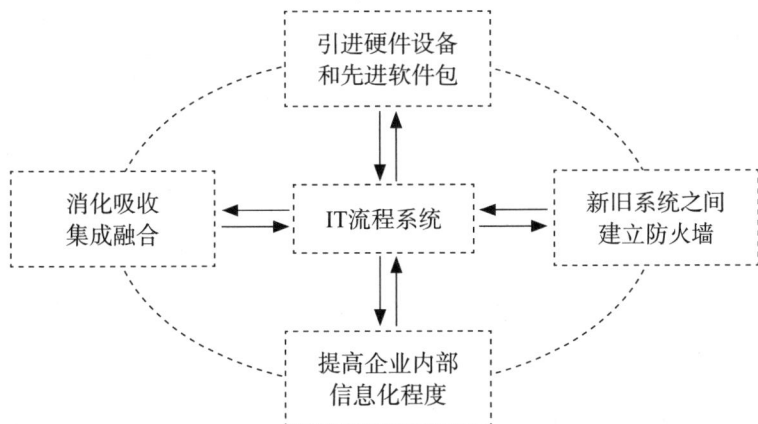

图 4-9　IT 流程系统建设的条件

由图4-9可知，要建立IT流程系统，不仅要通过引进业界先进的软硬件，经过消化吸收后集成融合，还要在已有的老流程系统和新流程系统之间建立防火墙，避免新旧系统有太多横向往来，减少两个系统间的相互管理，避免新旧系统同时优化带来的干扰。除此之外，提高企业内部信息化程度应该是贯穿于流程管理体系的各个阶段，通过高程度的信息化管理，实现将成熟的流程制度根植于数据库和IT网络。

第5章 | 华为的流程规范

　　做好流程化组织建设，才能使管理简化、廉洁高效。流程与 IT 管理部要聚焦于建设"高速公路""高速铁路"，会议将自然减少；主干系统（"铁路"中间）要不设灯，接入系统（"车站"）要设置监察管理，沿着流程梳理组织和授权。　　**任正非**

主干流程要简单，
次要流程要灵活开放

刘珍姬在华为的尼日利亚业务部工作，曾经与团队成员共同攻克过一个艰难的业务。然而，刘珍姬和团队成员们并没有立刻沉浸在喜悦和兴奋之中，而是总结项目流程中的经验和教训。经过分析和总结，他们发现曾经一起参与竞争的友商实力强大，客户的供应商选择范围极广。在如此激烈的竞争中，刘珍姬深知他们的胜利来之不易，也意识到在流程管理和项目运营方面依然还有很长的路要走。

刘珍姬和团队成员共同总结发现，在业务开展过程中，他们的流程很多是服务于运营商的项目流程，尚未形成一套完善的、灵活开放的流程体系，导致他们在业务拓展过程中遇到的阻力较大。地区部多次组织流程梳理工作，但改进效果依然不明显，主干流程不简化，流程体系开放程度不够。

刘珍姬在总结中强调华为内部的审批相对烦琐，例如客户经理的目标订货额度常常是几百甚至上千万美元，但对于金额在10万美元以下的订单，技术方案以及商务报价等都需要经过产品经理到产品线主管，再到商务测算人员共同测评，最后共同经过地区部部长和地区部解决方案副总裁邮件审批，才能完成一整套流程。

整个审批过程结束，到渠道付款、内部下订单，要花费将近一周的时间，主干流程烦琐。流程的存在本应该让团队成员的工作效率更高，业务各环节的对接速度更快。然而，层层审批的烦琐流程却成了业务开展的阻力，增加了工作的难度，降低了效率。另外，分支流程不灵活，缺乏因地制宜的开放思维。在发现流程体系上存在的问题后，机关迅速重视起来，立刻采取相关措施梳理流程，提高流程的标准规范化。

任正非强调，华为在梳理流程时，要抓住主干流程，主干流程要清晰，末端流程要灵活开放。主干流程越来越清晰的过程并不意味着将主干流程越做越细，而是保证主干流程的清晰简洁化，以及主干流程输出的对接口标准化。末端流程往往是一线作战团队，因此要将末端流程逐步细化，并保持其内部运作中的一定的灵活差异性。主干流程做好之后要分环节地监控和管理各分支流程。

章李满加入华为多年，回顾自己在沙特代表处工作的经历，在这个过程中他对于项目流程的理解越来越深刻。2012年，章李满担任了沙特代表处销售副代表并开始接触流程管理，刚开始他对项目的作业流程并不太理解，甚至为了高效快速地完成交付任务，实现某些任务的KPI，经常打破流程规范。不仅仅是章李满，还有许多跟他一样的华为员工为了快速完成任务，一直忽视按照流程作业的理念。

机缘巧合，2013年，章李满被调派负责项目流程管理和变革方面的工作，尽管对这方面不熟悉，他还是硬着头皮开始了工作。章李满接手的第一个项目就是简化一线交付项目组关于申请车辆的流程。章李满开始对多个项目组进行访谈，调研车辆申请过程中的操作流程，发现一个项目团队要申请用车必须经过当地代表处和地区多个部门的审批，审批流程牵涉多个层级，导致审批周期长达十几天，并且申请车辆的具体操作方法极其烦琐，需要查阅相关文件才能按步骤操作，难怪项目组成员不愿意按照流程申请车辆。这种情况影响了后备车辆的有序管理。

章李满意识到要让项目团队成员真心接受流程管理，愿意按照流程操作，就必须要简化不必要的环节，加快车辆申请速度，减少不必要的流程层级，缩短审批周期。于是，章李满带领团队协调当地财经、交付、行政等各个部门，将审批流程简化为直接在代表处设置闭环，即审批只需要在代表处内获得批准即可，审批最快一天就可以得到反馈。

另外，章李满还简化了车辆申请的文件步骤，将相关文件化繁为简，优化到只需要一张表格就可以申请。通过章李满的团队成员的共同努力，申请流程逐渐简化，提高了员工对流程的遵守意识；同时，员工在流程范围内进行操作，方便了工作。显然，流程的优化有利于设置项目的各阶段目标，促进项目顺利实施。

企业的主干流程经过长期的梳理和规范，逐步清晰简洁，并能快速运行和流通。如果企业内部的主干流程中涵盖了较多的功能，诸如运营商管道、智能网系统、计费系统等多项系统都汇集在主干流程中，则会增加主干流程的负载，导致主干流程运转速度慢，运作效率低下。

任正非强调，要对主干流程进行梳理，删除不必要的环节，使其变成快速流动的管道，并将主干流程的管理系统剥离出来，做成简单、透明、清晰的操作系统。图5-1阐述了主干流程和次要流程的规范方向。

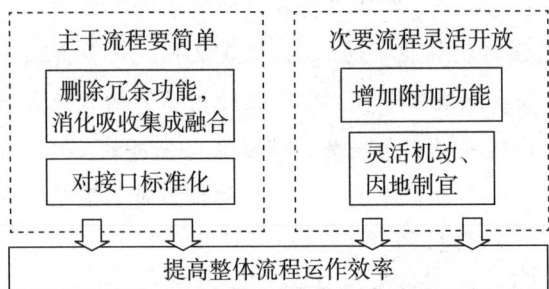

图 5-1 主干流程和次要流程的规范方向

可见，只有减少主干流程的监控点，降低其运作负载，才能提高主干流程的运作效率。在各个分支流程梳理出来的主干流程上，同样要删除冗余的环节和功能，实现快速流通。在末端流程和次要流程的规划和设计上，不能陷入僵化，越是基层流程，越要给予更多的灵活性，末端流程要因地制宜地灵活调整。

将附加功能更多地放到末端流程上，是由于末端流程需要更多的附加功能来灵活应对一线市场。因此，要通过层层降低主干流程负载，增加末端流程的灵活性，从而提高整体流程的运作效率。

彭晶晶是华为系统部主任，在合同构建方面积累了多年的经验。2014年9月，彭晶晶再次来到柬埔寨金边，忙于夯实LTC项目工作，这次距离上次来到这里已有5年时间。回顾过去的自己，对比现在的成长，她感慨万千。初次来到金边时，面对强势客户的要求，彭晶晶显得很弱势，只能按照客户的模板进行项目的布置和谈判。而本次LTC项目，彭晶晶和团队成员做好了充分的准备，在出发前就已经分析了客户的历史和竞争情况，建立了符合客户需求但兼顾团队利益的合同模板。

同时为顺利应对售后服务的风险，彭晶晶通过4U匹配方案和交付ISD，顺利贯通了前后端，在前端销售和后端服务间搭建了顺畅的信息渠道，从项目的前端就避免了售后的风险。为了提高合同质量，加快评审速度，彭晶晶的项目团队积极主动改善业务，从客户授权申请开始入手，减少了无效评审环节，使整个合同的变更评审程序逐渐简化。这些措施的应用不仅提高了合同评审的效率，而且节省了大量成本。与过去相比，彭晶晶的团队更能站在全局系统的视角思考合同的场景构建，思维也变得开阔许多。

这次夯实LTC项目，针对柬埔寨客户提升盈利、控制风险的需求，团队对合同模板进行了业务模式的设计，形成了签约质量、履约质量和业务质量体系，合同的流程体系基本建立。目前，华为的业务也如同金边的发展一样日新月异，管理越来越精细化，人员的技能也得到了提升，彭晶晶从当年没有经验的团队成员成长为了今天的合同系统部主任。

在流程规范过程中，要使主干流程简单清晰，末端和次要流程灵活机动、因地制宜，就需要在流程管理中，对主干和次要流程制定好相应的管理标准。因此，在流程规范过程中，根据业务流程的特点和主要任务制定出完善的流程管理标准至关重要。表5-1简要阐述了流程管理标准的内容。

表 5-1　流程管理标准

具体任务	目的与程序		时限/KPI
主干流程或次要流程中的具体活动的名称	流程属性：主干流程、末端（次要）流程		时间要求：通常是工作日、小时等 质量要求：通常有准确率、符合性、合格率等
	流程目的：当前的主要任务和价值		
	关键节点：具体岗位	关键节点的负责人：×××	
	具体程序： ➤ 包括5W2H要素 ➤ 描述要求：主干流程建设要用语规范、标准统一、逻辑清晰、通俗易懂，与前后端流程接口要清晰；次要流程规划设计要考虑到例外事件的处理，提高末端流程的灵活应变能力 ➤ 验收标准：一个新入职员工能够理解主干、次要流程，并且流程在工作中能够切实起到指导作用		

通过管理标准规范主干流程和次要流程在运作中的主要任务，根据管理标准逐步规范全业务流程的运作模式，提高运作效率，减少不必要的浪费。

新流程要先僵化，后优化，再固化

任正非曾经强调，IPD流程决定了华为未来的生存和发展，因此，华为的各层级部门和组织从上至下都要充分认识到IPD流程运作的重要性。同时，任正非还强调要"削足适履"来缓解"美国鞋"的痛苦，换来系统顺畅运行的喜悦，可见为了加快华为国际化的步伐，任正非提出宁愿削掉华为自己的"足"，也要适应IBM这样拥有国际级管理技术的公司。

任正非第一次提出业务流程变革时，强调要将新流程先僵化，后优化，再固化。具体是指华为人在流程变革、新流程形成的前三年首先以理解、消化为主，通过全面接受引进的管理技术，对全业务流程和整套系统有了深刻的理解和认识之后，再根据具体需要进行流程的改进和优化，最后形成适合华为人的流程管理方法。

经过长期的发展实践证明，任正非在流程变革工作中强调的"先僵化，后优化，再固化"的方针是明智的。由于华为聚集着较多的高级知识分子，每个人都对流程工作有自己独特的见解，如果没有深刻理解引进的管理技术，仅凭个人经验对流程进行改进和优化，整个组织很容易发生争议，流程变革也无法落实到位。

一旦组织上下对流程工作的认识不同，就会分散精力，不利于流程的贯彻落实。另外，引进新的、更先进的流程管理方法势必会触及一部分人的利益，为了不触及自身利益，这部分人在流程引进和变革过程中往往会找各种理由，容易成为变革的阻力。

僵化阶段——"站在巨人的肩膀上"规范流程管理

华为在引进先进流程管理体系和管理理念时就采取的是"先僵化，后优化，再固化"的原则。华为向IBM引进IPD流程的初期学习阶段，就是流程的僵化阶段。任正非强调，僵化学习是指在引进先进管理体系的初期，没有深刻理解的情况下，就还不具备将其特色化的条件，关键是要先机械地、教条式地掌握并深刻理解先进管理体系的核心。只有先学会了其本质，才能以一种前瞻性视角审视流程的规范化管理。

由此可见，企业在引进新流程的初期，要先对新流程中的各个环节进行全面学习，在结合企业自身运营条件的情况下，将这套新流程吸收，消化透彻，明白其中原理后，再进入改进优化阶段，形成有企业自身特色的流程管理体系。

华为在引进新的、先进的流程变革方法时，在初期的吸收和僵化阶段势必会面临较多的困难和压力，度过这个阶段，深刻理解先进流程管理方法本质之后，就可以结合企业实际经营情况灵活调整，进入优化阶段，再将优化的结果加以标准化、制度化和文本化，即固化阶段，这也就意味着华为的管理方法有了重大的进步。

华为在引进德国先进管理技术时，曾经有员工与德国管理团队在流程梳理方法上存在争议，员工不理解到底要向德国专家学习什么。任正非的答案则十分坚决，他认为华为目前的流程管理体系还不成熟，应该多向别人学习学习，等真正学习透彻了，结合实际情况才会形成自己的思维，在流程工作上要先形式后实质。

华为在向IBM学习IPD流程建设的过程中，从各部门调来一些员工，他们刚开始也在批判IBM，认为他们的方法不一定完全适合华为。后来任正非将这些员工都调回原来的岗位了，他强调要等到学习透彻了，深刻理解了，再去提意见，而不是一开始就带着抵抗的态度去提意见。

终于，2003年，数十位IBM专家完成对华为的流程变革和组织变革工作，华为在流程优化的过程中，逐渐形成了拥有IT支撑的，能够集中控制，分层管理，快速响应客户需求的流程管理体系。随着华为规模的日益扩张，先前受到内部反对的IPD系统也展现了它的重要性，这时候，很多华为人意识到任正非要求华为"削足适履"的良苦用心。

优化阶段——改进引进的流程管理体系，使流程管理工作更有效

当然，僵化学习是有阶段的，并不意味着在引进学习的过程中要僵死，而是要将本质内容消化吸收后，再结合业务流程的特点和企业实际经营情况，在新流程上进行改进和优化。通过优化引进的先进管理体系，并改进企业自身

优秀的流程运作体系，使新流程更实用、有效。通过优化不断完善流程运作体系，同时保持整个流程化组织的批判创新精神，在流程运作的全过程，持续改进，推动流程管理的进步。图5-2阐述了华为IPD流程方法论用于技术开发的流程运作。

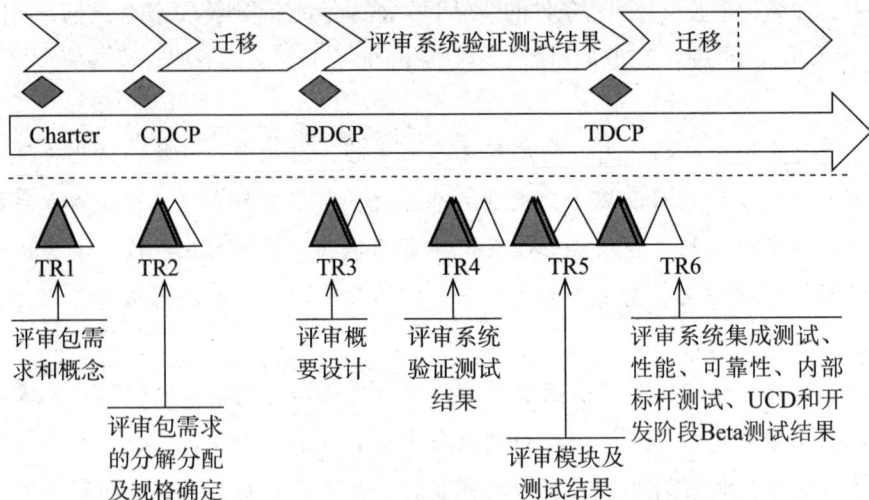

图 5-2 华为 IPD 流程方法论用于技术开发的流程运作

资料来源：《华为能，你也能》图4-13。

由图5-2可知，华为引进IBM的IPD流程后，经过僵化学习阶段，深刻理解并掌握了IPD流程运作本质和内核。进入到改进优化阶段后，华为结合自身的产品研发优势，将IPD方法论拓展应用于不同的创新领域，包括解决方案开发、定制项目研发、技术开发、变革项目实施等。

固化阶段——夯实流程管理平台，推动流程管理进步

经过改进优化形成的流程创新应该固化下来，因此，无论是僵化学习阶段还是优化创新阶段，都是阶段性的，需要将学习到的流程管理体系的本质和内核以及通过创新得到的新流程层层固化，形成指导企业经营和流程运作的制度和规范。

固化阶段是流程管理的重要阶段，是直接推动流程管理进步和管理提升的关键环节。而将流程管理体系的成功经验、本质内核、创新应用固化的具体方法，是将流程标准化、制度化、文本化，将例外事件逐渐通过流程转化为例行事件，从而提高全业务流程的运作效率。本章后面几节将围绕流程固化的具体方法，即从流程工作的标准化、制度化、文本化等方面来规范流程管理体系。

清晰的、重复运行的
流程和工作要标准化

陆钧昀加入华为多年，长期从事海外项目交付和流程规范的工作，回忆起自己刚刚进入海外项目的场景，他感慨万千，多年的成长让陆钧昀在处理分包商的管理事物、梳理分包商流程工作方面游刃有余。

2007年，陆钧昀被派往摩洛哥的项目团队，磨合期之后，陆钧昀被分配负责硬件安装督导工作。2007年年初，华为开始逐步启动分包商策略，将项目过程中的一些环节交由更专业、成本更低的分包商来做，集中精力做自己擅长的领域和项目的核心模块。于是，陆钧昀所在的项目团队需要借助当地分包商的力量，共同实现项目的交付。但经过长期寻找和调查，他们发现摩洛哥当地的分包商交付技能严重欠缺，许多设备也不能满足项目组的要求。经过多次培训后，分包商的技能还是没有明显提升。

陆钧昀经过现场观察后发现，分包商在最基础的电源线、光纤、接地线等设备的安装方法上也没有形成统一的操作流程规范，作业流程十分杂乱。而项目团队提供的对分包商培训的材料和作业流程是建立在基础设备作业流程统一的情况下，对于没有任何交付经验的摩洛哥当地分包商，项目团队未能制定一套专用的作业流程。

找到问题的原因后，项目团队重新制定了符合本地分包商实际作业水平的作业流程标准。在定制的流程标准中，规定了每个安装环节的实施动作，细化到每个部件的安装顺序、扎带捆绑的距离、站点清理的时间、剩余物料的堆放地点和标记等。新的作业流程标准文档出来后，项目团队开始了对摩洛哥本地分包商新一轮的培训，陆钧昀亲自在培训操作现场督导员工，与他们沟通改进。培训结束后，分包商的作业效率很快得到显著提高，可见新的作业流程标准成效明显。

从2007年到2011年5年间，摩洛哥光网工程量迅速增加，人力成本减少30%。陆钧昀将这些业绩归功于分包商的成长。分包商的能力得到提升后，华为与其他公司的合作项目也开始明显增加，他们对于华为给予的培训和帮助深表感激。项目交付完成后，分包商的负责人对陆钧昀提到，合作过的这么多项目中只有华为的项目团队把他们当作兄弟，帮助他们梳理出清晰的、标准化的作业流程，解决实际问题。

由此可见，规范化、标准化的流程能够保证业务开展过程中各个环节的质量，减少问题的出现，提高业务流程运作的效率。越是大型复杂的业务运作，越需要清晰的、标准化的运作流程。

由于这些标准往往是从过去众多的案例和经验中总结出来的，固化成方便阅读的文本形式，汇集了以往的知识和经验，因此，标准化的业务流程往往能够帮助组织稳定控制业务项目的进度和质量，为应对不确定因素及业务变更提供了一套处理机制。

2009年，华为公司与莫桑比克第二大通信运营商——南非Vodacom达成合作，共同建设骨干网络项目，以解决客户网络不稳定的问题。客户表示该项目能否顺利交付会直接影响南非Vodacom近万跳IP微波项目的投标情况。同时，华为负责该项目的团队在初步技术排查后发现，整个项目需要在保证不中断业务和频率资源的情况下，实施旧网搬迁工作，期间涉及众多站点，每个站点的工作都极为复杂，每个环节也都蕴藏着不可忽视的风险。客户要求项目交付时间是2个月以后，在如此短的时间内完成这个大型复杂项目，对项目团队而言压力巨大。

陈欣是一名数通工程师，对项目交付阶段的作业标准化要求十分严格，不仅对自己的团队是这样，对客户的操作要求也是如此。当然他的这种标准规范的操作流程，能促进整个项目顺利交付。项目交付开始，客户就与华为项目团队使用的文档模板不同，而客户对业务的变更也没有经过严格的技术评审，整个变更环节的操作也非常不规范，业务流程不清晰，操作步骤尚未形成一套标准化的流程文件。由于客户对业务频繁变更，没有按照严格的标准进行操作，导致前期交付错误率高，进度缓慢。

在客户机房的操作过程中，陈欣多次发现了客户对标准规范流程和操作制度的忽视，经常直接指出客户的不规范行为。客户对于华为团队严苛的标准表示不满，客户方面认为遵守不必要的流程规范才会导致进度的拖延。后来，陈欣调整了自己的沟通方式，与客户方技术团队耐心讨论了业务变更流程要遵守的一些标准和规范，并强调了华为之前成功的项目交付都建立在规范操作、标准化操作的基础上。随着沟通的深入，双方消除了误会，并就标准化操作的细则达成一致，客户积极配合使用统一文档模板和业务变更制度，保证了项目如期交付。

华为曾经在组织内部推行规范化和标准化，并强调规范管理的关键是工作模板化。流程工作形成标准化后，新员工通过学习模板和相应的章程进行工作，有利于提高组织整体的工作效率，推动管理进步。

要将重复运行的流程和工作标准化，首要环节是明确流程上各个岗位的操作标准，即制定一份完善的岗位标准化工作指南——Checklist。通过将重复运行的流程和流程中的突发情况，记录到岗位标准化工作指南中，将操作流程规范固化下来，为各层级流程参与工作人员提供了指导并为其确定了一套标准。图5-3简要阐述了岗位标准化工作指南的特点。

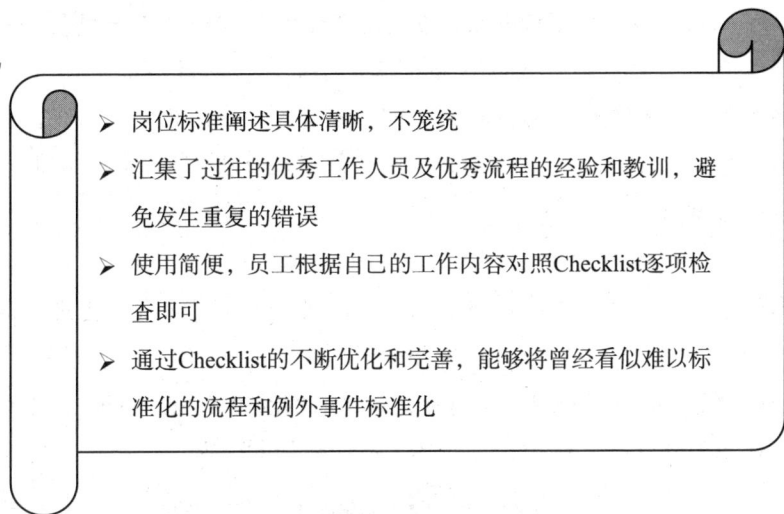

➢ 岗位标准阐述具体清晰，不笼统

➢ 汇集了过往的优秀工作人员及优秀流程的经验和教训，避免发生重复的错误

➢ 使用简便，员工根据自己的工作内容对照Checklist逐项检查即可

➢ 通过Checklist的不断优化和完善，能够将曾经看似难以标准化的流程和例外事件标准化

图 5-3　岗位标准化工作指南的特点

由图5-3可知，岗位标准化工作指南与流程的标准化存在密切联系，通过长时间的基层流程的岗位标准化，哪怕看似很难形成标准的工作也会逐渐析出一套清晰的操作流程。即使是经常面对例外事件及处理突发情况的流程管理人员，也能够通过Checklist的不断完善形成一套标准化的流程，逐渐将例外事件转变为例行事件。

任正非曾经回顾华为发展初期，主要是依靠企业家的决策和行为，抓住市场机会，带动整个组织前进。但进入发展阶段，企业的发展和进步就必须要依靠规范化的管理和标准化的流程运作体系，保证组织中的例行事件高效运行。任正非强调唯有如此，华为才能摆脱昙花一现的命运，实现基业长青。

在华为成立初期，管理制度和标准化的流程体系尚未健全，管理者往往凭借自己的经验和能力进行决策。随着企业的发展，各项管理制度健全，逐渐形成了规范化、标准化的管理体系，但组织内部却形成了下级有事，请示上级领导的习惯，明明有章可循，可以自己独立决定的问题，还要向上级请示，事无巨细都希望上级做决策，这极大地降低了工作效率。

显然，随着华为的不断发展和业务量的增加，仅仅依靠企业家的经验决策，已经不能满足海量的业务需求，而要依靠规范标准的管理体系和制度进行科学决策和业务流程管理。只有实现规范化管理，才能高效满足业务需求。在流程管理体系形成之后，还要继续改进优化作业流程，形成标准化的操作流程，简化向上级请示的环节，提高整个业务流程的运营效率。

华为正在强化业务流程的重整力度，通过ISO 9001体系来规范每项工作的操作流程，为形成开放式网络管理奠定了基础。同时引进MRP II管理软件，将业务流程程序化、标准化，实现流程管理的网络化、数据化。通过提高业务流程标准化程度，逐步提高组织经营预算管理、经营统计分析和经营审计综合管理水平。

岗位标准化工作指南中提供的指导性流程，汇集了企业过去经典流程的经验，因此，每次业务完成后对流程的回顾和反思环节将会成为下一个流程及Checklist设计的参考资料。可见，行动之后的反思（After Action Review，AAR）环节十分重要。表5-2简要阐述了AAR模板的内容。

表 5-2　AAR 模板的内容

AAR名称	××流程（活动或项目）的AAR			
参与人员名单				
模板填写人		填写时间		
AAR记录				
主要工作、活动	预期目标	实际完成情况	预期与实际的差距原因分析	改进建议

资料来源：《流程管理（第5版）》表6-4。

由表5-2可知，AAR这一环节是结合技术和人员的快速报告的有效过程，为流程管理团队提供从过去的成功和失败中得到的经验和教训，以便改进未来的表现。AAR通常可以应用于业务流程的阶段性工作后或整个项目结束后，抑或是流程中一些重大问题、疑难问题解决之后。在AAR环节，相关负责人组织，根据模板形成文件和案例，如果AAR固定在制度中，还可以与奖金和绩效挂钩，以便更好地维护和调整岗位标准化工作指南，从而逐步形成标准化的工作流程。图5-4阐述了结合Checklist和AAR的流程标准化形成路径。

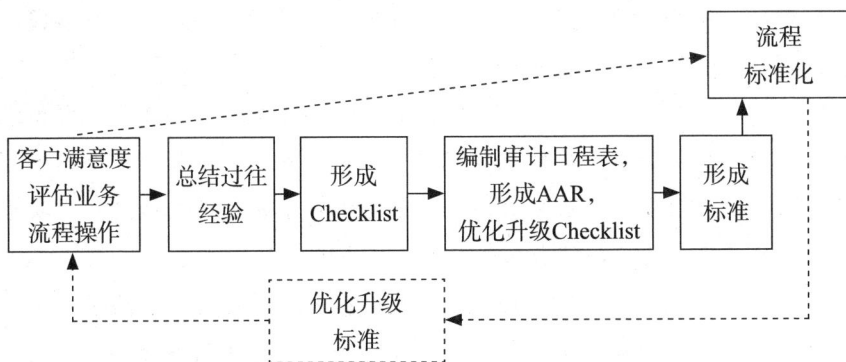

图 5-4　结合 Checklist 和 AAR 的流程标准化形成路径

由图5-4可知，在业务流程的运行过程中，要在阶段性流程或全项目流程结束后，展开经验教训的总结，形成案例分析，根据经验总结形成流程上各个具体岗位的标准化工作指南和行动后的反思模板。通过AAR模板不断优化完善岗位标准化工作指南，逐步形成全业务流程的标准化操作，并在这一过程中不断优化升级流程标准，提高流程运作的整体效率。

将流程制度化、文本化，保证权威性

星期五照例是华为南研新员工报到的日子，时间刚过9点，南研服务台迎来了第26批新员工。负责接待的王秘书微笑着迎接这50名新员工，按照新员工入职手册上的流程带领大家体验了新员工的一天。

王秘书在带着新员工参观的同时，也为每位员工准备好了简化版的入职手册。简单的几页纸，囊括了从领取办公用机到IP电话的拨打方法，从秘书的联系方式到各部门信息的内容，给新员工提供了清晰的工作界面。这一套清晰规范的新员工入职流程，不仅简化了王秘书的工作，提高了她的工作效率，也给新员工留下了良好的入职印象，使他们在初进公司时就意识到流程带来的便利和高效。

回顾3年前，南研的新员工接待并没有形成标准化的流程。那个时候，各部门的新员工到相应的部门报道，各职能部门秘书要在预定的会议室花费1~2小时给新员工讲解考勤、报销等工作要求和流程。没有统一流程的接待降低了工作效率，有些部门秘书还会由于工作冲突耽误了接待工作。显然，这些工作完全可以由一个秘书集中带领新员工完成。

秘书们经过研讨与整合，决定将新员工的接待工作统一集成到文秘服务台，将接待新员工的相关工作梳理成文本化的流程，并汇集到一个秘书的工作范畴内。这样改变后，服务台的一位秘书就能承接整个接待流程，新员工也不用到处寻找部门，部门秘书也不再各自为战，重复劳动。

2011年，南研5个文秘服务台30多名服务员，为7000多名南研人提供了标准化、专业化、集成化的服务。2011年华为授予文秘服务台的金牌团队奖是对她们高效服务的最大肯定。

要将企业流程制度化、文化化，保证其权威性，关键是要搭建起以业务流程为主线、条例清晰、层级分明的分类分级的流程制度文件架构。在业务流程运作的过程中，通过总结分析将成功的经验及失败的教训固化为文本化的流程制度文件，从而推动流程管理的进步，实现流程管理的制度化、文本化。表5-3比较了高质量和低质量流程制度文件的差别。

表 5-3 高质量和低质量流程制度文件的差别

高质量流程制度文件	低质量流程制度文件
岗位工作根据流程管理制度、文件指导具体工作，对人员的依赖程度低	岗位对人的依赖程度高，人才的流失会使业务流程产生较大的波动
能够让新员工深刻理解业务主干流程，迅速掌握岗位所需知识和具体的操作要求，并实现独立操作	仅能够掌握表面知识，对于岗位上的异常事件处理、活动管理原则等只能求助于其他岗位，尚未内化为自己的知识
能够将好的工作经验提炼、固化和传播，帮助新员工迅速成长	隐性知识和经验尚未固化成流程文本和制度，随着人才的流失，经验也会消失，新员工一切要重新再来
流程工作能够形成表单等方便阅读理解的文本形式，流程工作效率高，质量有保障	尚未形成统一的工作方法，流程工作人员依然采用自己的方式，整体效率低下，质量无法保障

资料来源：《跟我们做流程管理》表3-2。

由表5-3可知，一方面流程制度文件能够为新员工提供具体的工作指导，另一方面流程制度文件是能够细化到各流程岗位上的工作标准。一份完善的、高质量的流程制度文件，不仅能够让新员工深刻理解业务流程的主干线索，还能够清晰地阐述具体的操作要点。这样的流程制度文件才能保证流程高效落地执行，帮助新员工迅速成长。

2007年年底，经过漫长的评估、审计等一系列流程之后，T-Mobile正式和华为签订了合同，其中包括T-Mobile德国、英国、荷兰、奥地利和捷克5个核心国家的市场。T-Mobile合作过的众多厂商中还没有一个厂商能够按照期限交付任务，因此他们选择华为，并十分看重华为的综合交付能力，同时迫切希望华为能够帮助T-Mobile在数据领域占领先机，在规定的时间内，高质量地交付项目。因此，他们在合同条款中规定，如果华为无法按时交付，就会接受巨额罚款。

T-Mobile德国子网的员工工作严谨、细致，这对华为也是一种挑战。为了实现这个目标，一线交付团队详细定义了各个阶段的关键工作，并将这些关键工作通过指导书和Checklist的方式标准化、文本化。在项目初期，一线团队就编制了《开局指导书》《割接手册》《服务手册》等大量文档，系统地组织了War Game（割接应急预案）和割接演练。

根据文本化的流程进行操作，并顺利完成过程监控，确保了项目平稳运行。有一次德国子网的运维高层管理者参与了华为的割接过程，对于一线团队准备割接的Checklist，他印象非常深刻，后来他评价华为时依然记着之前看过的Checklist等流程文本，认为华为团队的工作也像德国人一样细致、规范。

2008年6月，在经过了多次数据核对、割接演练/场景模拟之后，第一个站点终于顺利割接上网。在近一年的交付过程中，PS研发团队在不到半年的时间内完成了100多万行代码，交付项目团队的成员通过标准化、制度化、文本化的流程，保障了5个国家、2万多个PCU、128个RNC，以及150个公网APN、超过1500多个企业网APN的平稳割接。

在清晰、规范的流程文本的指导下，割接过程进展平稳，割接后网络KPI普遍优于割接前指标，受到各个子网客户的一致认可。2008年12月4日，在项目成功总结会上，双方热情地拥抱，传递着成功的喜悦，客户赞叹道："华为公司的TMO核心五国交付，是TMO有史以来第一个按时完成测试和现网交付的项目。"

将业务流程总结梳理成制度化、文本化的内容并不容易，编制流程制度文件的工作人员对业务流程的理解程度和经验直接影响了流程制度文件质量的高低。低质量的流程制度文件浮于表面，不仅不能起到切实的指导作用，而且会使新员工对业务流程的理解产生一定的偏差，不利于流程的规范和落实。因此，重视编制流程制度文件的过程，对于规范流程、提高流程整体的运作效率至关重要。图5-5阐述了编写流程制度文件的要点。

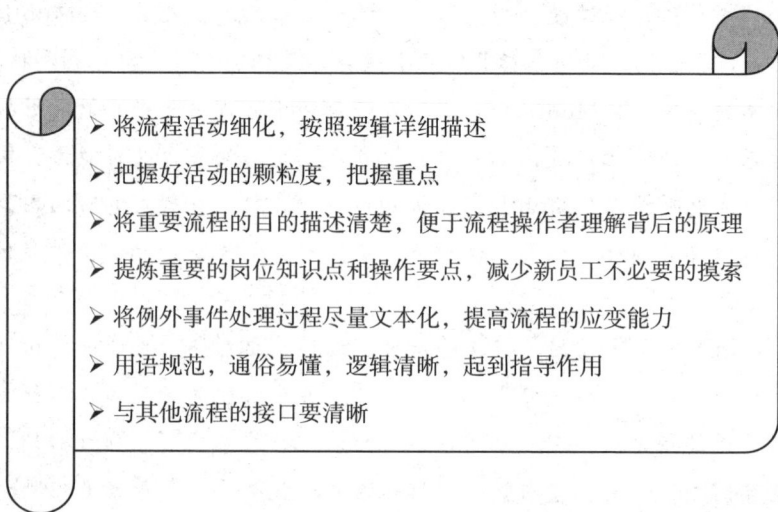

➤ 将流程活动细化，按照逻辑详细描述
➤ 把握好活动的颗粒度，把握重点
➤ 将重要流程的目的描述清楚，便于流程操作者理解背后的原理
➤ 提炼重要的岗位知识点和操作要点，减少新员工不必要的摸索
➤ 将例外事件处理过程尽量文本化，提高流程的应变能力
➤ 用语规范，通俗易懂，逻辑清晰，起到指导作用
➤ 与其他流程的接口要清晰

图 5-5　编写流程制度文件的要点

1995年，华为聘请了著名经济学博士吴春波等数位中国人民大学知名教授，经过多次研讨起草了《华为公司基本法》。任正非希望《华为公司基本法》在几十年后依然能够指导华为人的工作，通过将华为过往的成功经验汇集起来，将华为成功的要素系统化、规范化、制度化，通过文本化的方式将其转化为整个企业的智力资本，并不断传承延续。如今，华为人已经能够普遍遵从《华为公司为基本法》，使其成为自身在工作中的内驱力。

通过将各层级流程操作制度化、文本化，逐渐形成从末端操作规范到各层级流程分解，再到主干流程规划原则的一整套文本化的流程管理制度体系。图5-6阐述了流程制度文件的整体架构。

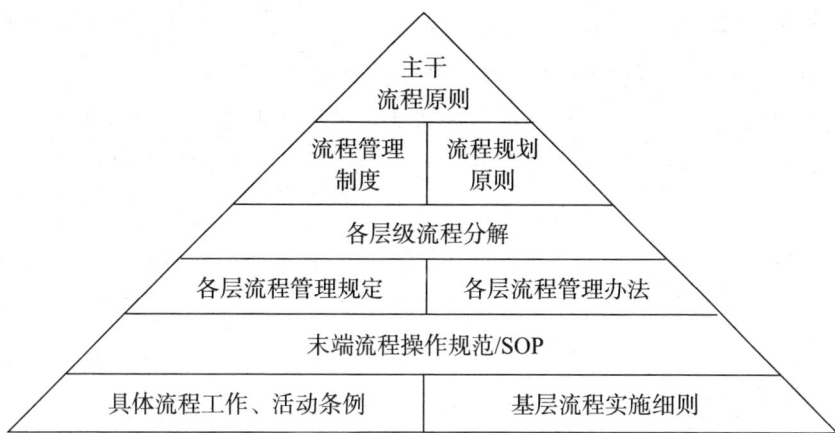

图 5-6　流程制度文件的整体架构

通常，主干流程层的流程制度文本相对于末端流程内容更简洁，逻辑更清晰，通过简洁化的流程制度文件描述提高其流通速度。而末端流程涉及具体的工作规范和活动操作，文件描述应该尽可能细化易懂，真正起到指导作用。因此，在流程制度化、文本化的过程中要根据业务流程所处层级编制文件，实现流程制度文件与实际运作相统一。

树立遵从流程化管理
的规则意识

胡毅2011年加入华为，在乌鲁木齐担任客户经理。刚开始工作时，前任客户经理就将自己过去的流程经验传授给了胡毅，详细到如何签合同、如何评审的流程。在老客户经理经验的指导下，胡毅第一次业务开展得比较顺利，但后来他发现自己坚守的这套经验流程一换部门就必须要灵活调整。

不久后，华为公司内部开始关于流程的培训学习，在此期间，胡毅对于建立流程体系和配套责任体系的感受很深，他逐渐领悟到没有最完美的流程，只有最合适的与流程体系配套的问责制度。他在工作时发现，过去的销售人员由于身上的目标重，团队绩效考核指标高，为了完成目标，许多一线销售不考察客户的回款情况，先签订合同，完成订货目标。目标完成了，奖金也多了。但销售人员流动性大，后期的回款事项随着人员的离职成了其他人的工作，形成了"前人挖坑，后人填"的状态。

胡毅逐渐意识到要改变组织这种不正常的发展状态，需要尽快完成LTC流程的规划。在导入LTC流程之后，整个组织的内部管理得到有效改善，经过不断磨合和规范，销售人员在签订合同时也将回款的不确定性纳入考虑。整个办事处，随着流程的规范和制度的完善，正在形成一种新的、更好的习惯。在日常工作中，容易引发不确定性的违规操作受到了严格的监管。

胡毅在工作中坚持按照流程办事，也带领整个办事处在工作过程中形成了一种按章办事、不违反流程的习惯，对于违反流程进行操作的行为，华为进行严格惩罚，以规则的确定性来应对诸多不确定性因素。

由此可见，在流程中对制度和规则的遵守和敬畏有利于推进流程管理工作，许多企业其实并不缺少流程制度和规则，但由于流程参与人员未能全面理解制度和规则，或没有执行制度，没有遵守规则，而使流程管理工作得不到明显的改善。之所以出现这种情况，是由于企业重视流程制度和规则的拟定，却对后续的制度执行、规则遵守、规则改进等没有持续监控和关注。

因此，对于流程制度和规则的管理要伴随业务全流程运作的全过程，并对阶段性的流程规则逐步改进，在流程规范的过程中，提高流程相关工作人员的规则意识。图5-7简要阐述了流程制度和规则的管理过程。

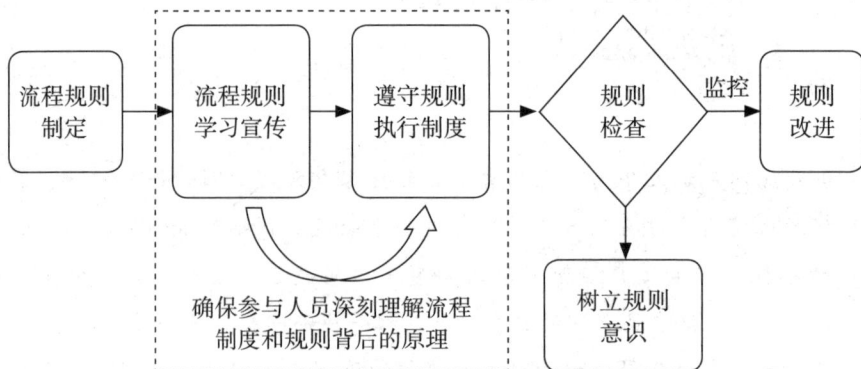

图 5-7　流程制度和规则的管理过程

由图5-7可知，首先，要根据业务流程制定好各层级的流程制度和规则，从全局视角制定流程运作规则。其次，组织相关参与者学习流程规则和制度，宣传规则以确保参与人员深刻理解规则背后的原理，使规则逐步内化到流程工作人员的行为中。最后，在流程运作过程中，要时时监控和检查流程制度和规则的执行，一方面通过监控和检查，将落实不到位的规则加以改进优化；另一方面在组织内部采取措施树立规则意识，从而提高流程运作的规范性。

华为在员工入职时就会在各种培训体系中帮助员工树立纪律意识，强调员工要将遵守公司秩序、履行工作职责内化为自身的行为规范，在纪律意识中对于任务的完成和落实也进行了具体的规定。通过这种纪律意识来提醒员工要保质保量地完成工作任务或项目目标。

进入华为的新员工要学习华为的纪律规范，例如，其中对于工作着装的要求是员工们上班需要着皮鞋、西裤、衬衫和领带，每一位加入华为的员工都要遵守这个纪律，不合格的员工要及时修正，否则很可能会被开除。

在华为的技术软件岗位，有一条纪律强调对每一位写软件代码的员工进行编程规范的培训。通过培训将员工的代码统一为一个规范格式，从而减少不同编程人员之间的沟通障碍和时间成本。

由流程规则的管理过程可知，流程制度和规则制定后，需要有专门的流程负责人进行推进实施，而这一环节是强化流程参与者规则意识的最佳时间段。在这一阶段，各层级流程上关键节点的操作人员要严格遵守制度和规则，相应负责人要对不遵守规则的操作严格把关，督促前端岗位工作人员按照新制度、新规则纠正操作行为，然后才能进入下一个端口，层层把控，避免不符合流程规则的操作进入下游环节。

华为的一位管理者曾经对公司内部员工的规则意识进行了思考和总结，他认为华为的员工狼性太强，缺乏对规则的敬畏，要规范流程体系运作，就必须要培养员工遵守规则的意识，而非仅仅对上级领导心怀敬畏。

如果产品质量出现问题，通常是流程规则问题。这位华为管理者强调应该从质量问题入手，回溯到流程管理上，从流程上增加一些检查点，一些规则性的工作，才能减少质量问题。他强调，华为并不缺少规范、流程文件和制度文件等，缺的是对规范、流程的敬畏，也就是对规则的敬畏，缺的是严格执行。

华为人在进行自我反思的过程中提到，国外质量体系严格的大型优秀公司超过2/3的工作和任务能够在规则之内完成。但华为还达不到这个标准，大部分工作总是游离在规则之外。

通过总结分析发现，华为并不缺少优秀的流程规则，而是由于项目的某个环节的员工不遵守规则完成工作的行为影响了其他各环节员工，致使其他各环节员工也使用这种便捷式操作方法，最终导致整个项目的多个环节出现问题，全体成员要为不遵守规则进行高成本的返工。如果长此以往地破坏规则，受到最大伤害的是客户。

麦肯锡的大量咨询案例也反映出一些共同的问题，例如一些组织的项目团队执行力差、交付成果不达标等一系列项目管理问题，其主要原因在于对规则的漠视。项目团队常常因为对规则的忽视，没有严谨、强烈的规则意识，而导致一些"意外事件"频繁发生，将有限的时间和精力分配到了计划外的事物上，而计划内的交付成果无法如期完成，不得不将工作延期。

通过上述华为员工的反思和麦肯锡的大量咨询案例总结可知，当企业已经构建好相对完善的流程制度和规则体系时，在流程的具体运作过程中，通过监控检查流程规则的执行情况至关重要。在流程制度和规则的检查阶段，要分析流程运行没有效果的原因是规则设定问题还是具体执行环节没有到位。

根据问题产生的原因，对流程制度和规则进行改进，针对规则设定问题，要重新回到流程梳理阶段，确定新的流程制度和规则；针对执行问题，要细化到具体的流程层级，对不按照规则操作的人员进行调整，通过解决局部流程的规则执行问题，推动整体流程的规则执行。

建立不依赖人才、技术、资源的管理体系

任正非曾经在2015年的质量工作汇报会议上强调，华为最宝贵的资源是形成了无生命的管理体系。无生命管理体系是指公司的流程运作体系不依赖于人才，不依赖于优秀的管理者或卓越的企业家，而是通过规则和制度来应对公司发展的各种不确定性，在大数据时代抢占市场高地。

因为人的生命是有限的，如果内部流程管理体系依赖优秀的管理者或卓越的企业家才能高效运营，那么一旦人才流失，势必会对公司经营管理造成

巨大的损失和伤害。在流程管理中，形成不依赖人才、技术和资源的运营模式，公司才能不倒并获取竞争优势。

因此，为了继续夯实这一管理系统，就要保证流程运行的活力，保持流程的运作动能。同时在企业经营过程中，要尽量避免低价、低质量的竞争和激进式的成长，稳步发展优化流程管理体系，逐步完善无生命管理体系。

任正非曾经在2012年的流程与IT战略会议上强调，华为高层要留给公司的最重要的两种财富：一是管理架构、流程与IT支撑的管理体系；二是对人的管理和激励机制。流程管理体系一旦建立起来，便不会随着优秀人才的离开而停止运转，通过不断优化完善这套流程管理体系，业务流程汇集的平台就会持续发挥作用，推动企业管理进步和发展。

通过贯通端到端流程，从输入到输出的流程在没有人才因素的影响下，也能够实现简捷高效的贯通。

纵观企业发展的浩瀚历史，许多企业经营管理的成败取决于企业家的成败，但将公司发展的希望完全寄托于一个人身上是很危险的。围绕企业家和少数优秀管理层实现成长的管理模式是脆弱的。任正非强调，华为公司的成长要通过落实集体委员会制度，逐渐推动管理体系和管理模式的进步，目标是走向良好的公司自行运营、自我调整和优化的轨道。

任正非曾经比较中西方企业发展局势，提到西方众多优秀的企业早已实现了企业发展不受企业家更替影响的局面，而在中国，企业家依然是整个企业的经营管理的灵魂，一旦企业家不在了，企业发展也开始走下坡路。他指出要清楚企业家的生命并非企业的生命，因此，华为要构建一系列以客户为中心、以生存为底线的管理体系，而不依赖企业家个人的决策制度。

他强调，这种流程管理体系的核心不是强调企业家对企业兴衰的决定性作用，而是以客户需求的满足和实现来决定企业发展的路径和方向。客户永远存在，客户需求也永远存在，企业在满足客户需求的过程中才能持续成长。

在流程规范的过程中，控制人的因素难度最大，而技术和资源也同样会受到人的影响。企业要逐步构建减少对人的依赖的流程管理体系，一方面需要在流程运作过程中设置检查点；另一方面要在流程结束后安排流程审计和抽查，以此在分支流程上形成闭环。

通过流程的闭环运行，建立自我发现问题、自我纠正与改进的机制，发挥流程本身的自处理功能，逐渐减少对人才、技术和资源的依赖。这些因素都能够通过流程的运转自动汇集到相应的环节，推动流程管理整体进步。

进入移动互联网时代，企业的发展和竞争也进入了新的阶段，互联网技术的发展不仅能够给企业提供更充足的信息，帮助企业以成本更低、效率更高的方式识别客户需求和市场竞争状况，同时也带来技术的透明、管理的进步，加大了各公司之间的差距。因此，过去依靠技术取胜的方式显然已经不再适用于互联网时代，互联网时代的竞争是管理的竞争。

在互联网时代，技术进步相对容易，但管理系统和体系层面的进步很难。为此，只有构建不依赖人才、技术和资源的管理体系，才能够形成新的竞争力；只有寻找管理上的不断改进，才能够在竞争中取胜。

任正非强调，华为要想在管理改进上取得较大的进步，首先，要去除不必要的重复劳动，缩短主干流程，减少审批环节；其次，在流程运作过程中，要根据流程规则和制度执行，避免受到人员、技术等规则之外的因素的影响；最后，将责任和权力下放到操作层级的流程中，对于不能承担责任的干部要换下来，将责任心、能力、品德及人际沟通能力、团队组织协调能力等作为选拔干部的导向，从而形成高效的流程管理运作体系。

2014年，在华为董事赋能研讨会上，任正非提到，任何企业要真正走向科学管理都需要很长时间，需要扎实构建好一个弱化人才、技术、资源因素，强化规则意识的流程管理体系。2002年华为的经营面临危险时，战略重点依然是改进优化流程管理体系，当时外界很多人都不能理解。但构建完善科学的管理体系在任何时候都是至关重要的，华为内部逐渐形成了规范的流程管理体系，这对于华为今天取得的成就有十分重要的影响。

任正非曾经在讲话中提到，如果企业发展始终依赖于人才、技术和资源优势，发展的思维是受到极大局限的，企业的价值评价和价值分配体系就会存在某种程度的扭曲。未来华为的发展要形成不依赖人才、技术和资源的流程管理体系，通过战胜这些外在因素，搭建内部自愈合、自运营的管理框架，华为才能从宏观管理逐步走向微观管理，并提高组织内部的服务意识。

华为要逐步摆脱对人才、技术和资源的依赖，走向自由发展、自我管理和成长的道路，构建合理的流程管理体系。逐步摆脱这些资源优势，起草基本法优化流程管理体系，搭建一个平台或框架，根据最大价值不断实现自我优化，在企业拥有人才、技术和资源时能够通过科学决策发挥企业最大的潜能。企业经过长期的流程优化完善后，即使卓越的企业家或者优秀的管理者不再发挥个人影响力的作用，组织的高效流程运营也不会停止。

将例外管理
转化为例行管理

吴小慧加入华为工作多年，长期负责财经部门的工作。2012年，受全球经济的影响，通信领域客户投资意愿不强烈，华为只能压缩各部门的成本费用。2012年年初，吴小慧就接到主管电话，华为面临收入上不去，但成本费用难以降低的困境，而成本费用的降低是关键任务，因此华为将其派往集团成本与费用管理部。吴小慧深知要降低费用，主动"拧毛巾"必然困难重重，但在领导的鼓励下还是承担了这项艰巨的任务。

吴小慧梳理成本费用流程发现，之前的费用预算管理不成体系。根据财经会议上的研讨，他们决定采用业界公司的费用管理方式，制定华为机关职能平台的费用预算基线和模型，即制定预算的高压线。这条线制定起来十分不容易，要兼顾业务支撑能力和部门的组织建设能力来设计。

于是，吴小慧和同事们根据各部门业务制定了差异化的预算基线。例如，规定了整个流程IT领域的费用投入不能占据公司总投入比重的×%，同时，对单个经营单元的平台组织来说，比如某地区部的流程IT，其费用需要区域"买单"。经过一段时间的预算基线控制，整个平台费用降低了6639万美元。

这次预算压缩原本为应对经济大环境的例外事件，但吴小慧和同事们却梳理出了预算压缩的流程，并将其文本化，使其能够应用于与预算计划和成本管理相关的例行事件上面。具体的流程分为四个步骤：

第一，战略投入层面的预算要单独列项，形成专款专用。在预算压缩计划的推行中，不能轻易减少战略层面的预算和成本，在压缩计划执行前，将战略投入和当期经营预算分离，根据战略清单需求单项管理，独立核算，并定期回溯投入和强度。

第二，预算压缩计划不能从客户界面中扣除，客户界面要与内部运营分开。吴小慧为了减少成本费用，考虑从接待费用入手，但为了保障客户的需求，将费用划分为客户界面和内部运营界面。在不影响客户费用的情况下，吴小慧制定了内部运营的费用基线，提高预算利用效率。同时，开通的监控系统保障在预算压缩的全流程中客户经费不被挪用。

第三，员工费用和业务费用分类管理。吴小慧和成本与费用管理部的同事们在一开始做费用管控时，就将员工费用和业务费用分开，员工费用的预算在与人力资源部门充分沟通后进行确定，而业务费用的预算则根据当年的产出指标来确定。同时，他们将各类业务费用在科目中单独列项，建立与外包业务量、产出挂钩的弹性管理机制。

第四，责任中心与资源部门结合建立结算机制。吴小慧抓住责任中心对经营结果负责的原则，在双方之间建立了项目内部结算协议，让责任中心拥有预算权，资源部门则根据明确的预算需求资源，通过"价格听证制度"，让结算价格接受来自第三方或行管部门的评审，尽量保证客观、公允。

通过建立相应的处理流程，吴小慧将预算成本控制中的例外管理转化为例行管理。2012年，华为各个业务部门在成本与费用管理部的流程带动下，共挤出10亿美元的费用，这些全部都转化为了当年的净利润。可见，成本与费用管理部梳理出来的这一套预算费用压缩和管控流程对整个预算管理工作产生了重要影响。

在流程规范过程中，首先要清晰界定例行管理和例外管理，例行管理是流程管理的主要内容，当然随着流程管理体系的逐渐发展和成熟，一部分例外管理也能梳理出相应的流程，并在不断实践和优化中转化为例行管理。表5-4简要阐述了例行管理和例外管理的区别。

表 5-4　例行管理和例外管理的区别

例行管理	例外管理
1. 在企业经营过程中，发生频率较高的事件或过程，并且这些过程较容易总结出规律，总结出的经验知识和规律也能够被重复利用	1. 通常发生频率较少，难以总结出规律和经验，一旦发生，对企业经营过程会产生较大影响，处理规则不能重复使用，每次要根据具体情况重新设计
2. 例如报销审批流程等，费用的审批都会有统一的流程路线，每个岗位审批的内容和方式也是一样的	2. 典型的例外管理有两类：项目性工作、新启动的工作模块

由表5-4可知，例外事件由于发生的次数较少，发生的时间也相对较短，来不及总结过程和经验就要及时进行处理和实施。当例外事件发生的频率提高，或组织内部的流程管理体系逐渐成熟，能够将例外事件的处理也梳理成对应的运作流程时，例外管理向例行管理的转化就有了契机。将例外管理转化为流程能够处理的例行管理，相当于将成本较高的员工转移到成本较低的IT系统自动执行，有利于降低企业运作成本。

李国锋曾经担任华为西非地区部账实相符变革推行的责任人，他刚刚接手这份艰巨的任务时，尼日利亚中心仓账实准确率是全球倒数第一，站点账实准确率只有59%，也是全球倒数第一。

2014年一整年，李国锋带领团队开始清理历史问题，这一年主要以自我改善为主。2015年，李国锋和团队逐步推动账实相符方案落实实施，他们面临的400多支施工队伍素质参差不齐，保证整齐划一地顺利实施则是难题。于是，整个团队为统一分包商和项目组操作，提供了为期3周的培训。培训之后，分包商逐渐树立了信心，工具使用率得到提高，方案终于如期上线。

然而上线后问题频发，2015年的某天，李国锋和团队成员通过可视图层工具的显示发现，分包商在没有到达站点的情况下，在船上就完成了签收站点物料的工作。面对这种虚假的签收方式，李国锋立即召开会议，提出让有虚假签收行为的分包商项目经理为大家分享如何快速提高工具使用率。于是，这位项目经理开始临场发挥，当他分享结束时，团队成员拿出可视图层工具，当场用证据揭穿了这位虚假签收的项目经理。

经过这次的经验，分包商们都开始执行到站签收。相比之前的虚假签收，情况有所好转，但依然存在分包商在一个站点签收周围若干个站点的情况。针对这些问题，李国锋团队开发了围栏工具，通过工具设置签收地址和站点实际地址相差500米时，就无法进行签收。分包商必须要按照签收流程一步步进行才能完成合规签收，避免了形式签收。通过一系列的流程规范，分包商们都明白，任何形式的虚假签收都能够在流程系统中识别出来。显然，李国锋团队针对问题提出的流程解决方案用例行管理流程解决了众多例外事件。

站点是账实变革的第一现场，李国锋团队发现在推进变革的过程中，分包商的执行问题被过于夸大，导致真正产生问题的原因无法清晰暴露。为了找到问题的根源，李国锋团队定期到站点进行实地检查。通过实地检查发现，有的分包商项目经理对于华为的一整套变革流程提出了抱怨，认为流程要求过多，经常需要培训，但实际上他们并不知道这些环节之间的关联，根据华为团队的要求一项项去完成，感觉很复杂。

李国锋团队经过认真思考后发现，对于分包商而言很多环节的确复杂，重点是流程的变革推进没有以自下而上的视角进行，总是通过施加管理压力维护高绩效，缺少从变革执行者理解流程的视角去规划，而这个视角应该是驱动变革的根本出发点。于是，李国锋团队提出从分包商的角度来看华为的要求，以站点为维度，实现信息流归一。

提议得到认同后，团队开始设计创新方案，经过一个多月的研讨开发，两套从分包商角度出发设计的新流程终于在尼日利亚落地。新流程以站点作为维度，实现了账实相符与ISDP的一条流汇聚方案，并于2016年11月在尼日利亚率先上线，实现了站点收、站点安装、完工验的任务合一。同时，新流程还实现了以分包商为维度的账实绩效看板，协助分包商建立了工具管理体系。

新流程落地验证后，李国锋团队再次与分包商沟通，分包商感到十分惊讶，他们从没想过华为会根据他们的建议迅速优化流程，并且从分包商的站点安装执行者的角度出发提供方案。2016年年底，在李国锋团队的努力下，尼日利亚终于实现账实一致率100%，工具运营绩效也达到100%。外审子公司存货无账实不相符问题，财报质量从略不满意提高到基本满意。

通常，典型的例外管理包括项目性活动和新启动的专项工作模块。项目性活动可以在项目结束后，将过程中的经验知识和具体活动注意要点进行整合，经过长期的总结和梳理，逐渐形成一套固化的流程运作体系，最终实现项目性例外管理向例行管理的转变。而新启动的专项工作模块，事先会梳理成一套工作开展的方案，明确分工，划分职责，根据以往相关、相似的业务模块流程，梳理出一套临时性的工作流程，在工作模块实际开展过程中，通过不断优化和完善逐渐形成能够重复使用的例行管理流程。

第6章 华为的流程执行

在流程执行和业务运作的过程中，建立评审与决策相对统一的机制，授予业务专家"事"权，建立专家决策的高效运作机制，充分发挥专家的作用和价值。

任正非

将权力授予最明白流程
和最有责任心的人

    吕学加入华为多年，从2005年开始由产品经理转变为客户经理的角色，曾经单枪匹马承担起整个F市的电信项目。吕学刚到F市，马上开始熟悉F市电信的市场布局、站点建设以及涉及电信的运营管理的全套流程，包括各个部门主要成员的工作职责，这些事情都需要他尽快熟悉适应，并与各部门保持良好的沟通。F市电信项目交付难度大，一年涉及100多份的合同量，从项目启动到合同的签订，再到最后的项目交付都需要吕学亲自参与主导，贯通各环节流程，提高项目流程运作效率。

    那段时间，吕学的时间安排细化到分钟，从早到晚基本都处于工作状态，回家的路上也要计算完成几个电话，能将项目向前推进一点。他对整个项目的流程十分熟悉，也最有责任心。

    在华为，像吕学这样能够用最大的责任心梳理流程工作的还有很多，刘全伟就是其中之一。刘全伟在华为担任项目经理多年，在长期的项目管理工作中也逐渐总结出一套适合自己和团队的压力传输法则，并懂得将关键的流程环节交给更具有责任心的人，并授权给他们。

    刘全伟总结发现，项目团队的一线员工是真正承担巨大压力和责任的人，受责任和压力的引导，他们会将主要时间和精力放在项目上，不会对与项目不相关的琐碎事务投入过多，因而他们也能够成为杰出的绩效贡献者，能够将流程工作梳理清楚，提高整体流程的工作效率。另外，能够深层次理解业务，并对自己的专业能力有自信的员工往往会形成高绩效产出，对于这类员工，华为当然也要授权。只有将权力授予具有强烈的责任感和卓越的专业技能的员工，才能让流程运行得更高效，在流程运作中才能发挥他们更大的价值。

    当规划设计好流程，并在实践过程中通过不断梳理和规范，形成一套可以固化下来的完善高效的流程管理体系时，执行力成为决定流程管理体系能否产生预期价值的关键驱动力。而流程执行效果如何关键在于参与流程工作的人员，能力、个性不同的员工对流程制度的反应会存在差异，对流程制度的执行力度也不一样。因此，在流程关键节点和各层级配置相应负责人时，要首先根据员工对流程制度的反应，来决定是否应该将其分配到流程岗位上工作。图6-1简要阐述了四类具有不同流程执行力的员工。

抵触型 不习惯，不适应，不执行	观望型 查得严就执行，查得不严就不执行
服从型 一定会严格遵守并执行	积极推动型 积极执行，并带动周围人一起

图 6-1　四类具有不同流程执行力的员工

　　由图6-1可知，对流程有抵触情绪的员工，不能迅速适应流程带来的原有工作的变化，倾向于抵触流程的执行和推进。保持观望状态的员工，对流程的执行力度，与流程稽查组检查的频率密切相关，即查得严就执行，查得不严就放任。服从型员工，相信企业出台的制度和规定一定有其价值，对于企业组织出台的制度和规定一定会严格遵守。对流程工作持有积极推动态度的员工或深刻理解流程的本质的员工，能够意识到流程执行力意味着什么，不仅自己积极执行，还会带动周围人一起遵守制度和规定。

　　华为地区部总裁丁耘曾经强调，在看索契冬奥会时就能发现，在滑冰比赛中，身高低的人往往更占优势，这是由于身高低的人，其重心低，不容易摔倒。在金字塔组织中也是同样的道理，过多的层级会将决策者包围到组织中央，决策者距离客户太远就会缺乏对客户的感知，不利于站在客户的视角做决策。实际上，真正距离客户最近的一线市场人员却没有发言权和决策权。可见，只有降低组织核心，才能真正接近市场，迅速应对市场的变化。

　　丁耘提到，华为未来的组织运作是从以功能为中心向以项目为中心转变，决策中心会逐渐下移，决策权力会下放到市场一线，让一线团队逐渐成为驱动公司价值增长的核心力量。在项目交付过程中，要推行项目买卖机制，让项目经理拥有配置资源的权力，并对经营结果负责。提高项目团队的人力资本活力，实现人力资本的价值增值。

据统计到2013年，从人、财、物的视角，华为的运营商网络BG向一线授权40多项，授权后组织运营效率明显提升。没有承载在流程上的授权不可持续、不可长久，部分授权会由于各种理由被收回。因此，对华为的一线授权应该将其固化到流程上，使得执行LTC/IPD/MTL/ITR等流程的一线团队和相关环节自然而然地获得权利，在流程中使责、权、利对等。

显然，企业流程的执行力直接体现在员工的执行力上，员工对流程本质和价值有了深刻理解，会倾向于积极主动推进流程工作，就像图6-1中的第四类积极推动者一样，不仅自己将流程工作落实到位，还会积极带动周围的同事共同推动流程开展。这类流程执行者不仅熟悉和理解流程的运作模式，对待流程工作有强烈的责任心，在推动流程执行的过程中还能够起到十分重要的作用。

然而，大多数企业的流程设计者并非是最贴近流程、最明白流程运作的人，他们并不知道流程真实的执行情况，也不了解流程运行过程中可能出现的问题，往往根据二手资料，例如访谈、沟通和文本资料进行流程的设计和规划。通过这种方式设计出来的业务流程，是否抓住了关键控制点，其可操作性和高效程度如何，流程设计者并没有进行全面的评估。

来自华为固定网络业务部的一位项目经理A回顾着自己刚参加工作时的样子，他的描述能够充分说明将权力授予最了解流程和最有责任心的人十分重要。尤其在分支流程工作的执行过程中，要充分授权给在流程工作的一线团队，才能提高流程执行效率，充分发挥流程的价值。

他曾经主导并参与一个大型项目，该项目的成果要在全球发布版本，版本的应用市场十分广阔，如果能够做好，则有希望与客户进行长期合作。同时，与该项目配套的供应商非常多，如何选择才能保证项目如期完成交付，并在客户要求的时间内保证交付成果的质量，这一系列流程工作和问题困扰着A，项目主管明显能够感觉到他的压力。发现了他的情绪变化后，项目主管经常在下班后跟他沟通，了解流程工作的具体进展以及目前遇到的困难，对关键环节的业务流程手把手地进行辅导。

然而，这种事事亲临现场、大小流程都要进行指挥的"辅导"持续了一个月后被终止。由于直接主管指导过细，与A在某些业务流程的布局上产生了意见分歧，A认为主管事事都管是一种不信任他的表现，很多流程的执行问题他完全可以解决得很好。而直接主管也很生气，认为自己花费大量时间和精力指导下属，却不被领情。

最终上级领导出面，仔细了解了A和直接主管的业务架构、布局和对现有潜在风险提出的应急预案后，对A的方案表示更认可。上级领导听取了A对项目流程运作的整体设想，并主动辅助贯通关键节点，A对此心里很感激。上级领导给予了充分信任，并表示让他放手去干，以后直接主管不会再来进行指导，一旦遇到困难和问题，自己可以及时提出来。

终于，这位项目经理成功完成项目交付目标，同时也锻炼了自己的能力。可见，在流程的具体运作中，这位项目经理是最明白流程的人，同时对流程的整体运作充满了责任感。在流程执行的过程中，适当授权有利于推动流程的运行，不仅提高了流程运作效率，而且充分发挥了有能力、有责任感的员工的最大价值。

通常，工作在一线的流程执行者对于流程有深刻的理解，他们对于流程运作的细节很熟悉，但他们却没有参与到流程的规划设计和执行方案的制定过程中，他们只负责执行，长期的工作习惯导致他们对流程的思考能力逐渐弱化。

由此可见，要将权力及时授予最明白流程和最有责任心的一线流程工作团队。他们提出的有关流程的意见和建议经得起实践的检验，能够站在贴合业务运作需求的角度，而不仅仅是结构表达和书面形式感的角度，来设计流程。因此，他们设计的流程能够把握流程的本质，保证了流程的可执行性和质量。

同时，将权力授予最明白流程和最有责任心的员工，是将更重要和更具挑战性的工作安排给责任心强的员工，能够激发他们工作的积极性，提升流程执行效率。

对已有的流程要快速通过，不必事事请示

华为的项目管理和流程管理强调对事负责制，这是一种扩张型的体系，与对人负责的制度体系有根本区别。对事负责形成了华为在项目管理中时刻以流程和时效为主导进行运作的体系。

华为的高层领导总结过去的低效行为时发现，在过去的组织结构中，很多部门和机关单位不懂得协调工作，在不必要的程序和事件上反复浪费时间，产出的成果自然达不到要求，将简单的事情复杂化，长此以往，形成了整个部门流程运作的低效行为。现阶段华为提倡严格的对事负责制，通过加强公司内部的流程间的协调和合作，以及相关岗位的交流与分工，强化全体成员的流程意识，从而提高整个组织的流程运作效率。

华为强调在今后的人才选拔方面，重视选择不投机取巧，不在例行事件上浪费时间，并且愿意为加强周边流程、协调工作岗位进行努力的管理者。因此，华为高层决策者在人才选拔方面，更倾向于选择那些不投机取巧的，从对事负责的角度出发，有责任心，有管理思路并能够协调周边流程，懂得授权的富有创新精神但脚踏实地的员工，走上管理岗位。

经过流程执行者和流程管理工作者共同规划的流程制度，或公司内部已经形成的流程管理体系，通常是根据过往的流程案例和实践经验总结梳理而成的，已经得到了实际流程工作的检验。

流程的改进和优化意见也是从实践过程中不断提炼总结的，从更适合业务运作的视角出发产生的新的制度或规定。因此，对于已经形成的流程要尽可能快速通过，避免事事向上级领导和管理者请示的现象，保证流程执行的高效性。

流程参与者实现自我管理，积极推动流程执行

良好的流程管理体系能够让流程工作的参与者达到主动开始相关工作，而非上级管理者布置任务才开始工作的状态。当整个流程团队能够积极主动承担流程各环节的工作，逐步向流程目标前进时，流程的执行就会变得容易且顺畅。

2013年9月华为与丹麦运营商T达成了合作。项目团队意识到这个客户的网络市场存在严重的架构布局问题，T网络的年轻用户量已经开始流失，要想与客户达成长期合作，就必须抓住第一次网络站点重建的机会，帮助客户稳定市场。项目小组根据与客户达成的交付目标，开发设计网络架构图，一些先进的技术方案和路径也都在项目中有所体现。

然而，项目团队立刻面临了一个艰巨的任务，为了保证项目整体的进度和时间安排，必须在80天左右完成小规模的站点搬迁实验，搬迁之前要完

成几百项测试和160多项入网检查，在过程中还要保证测试和对接都顺利进行。对于如此紧张的时间安排，客户也表示质疑，客户方曾经的小规模站点搬迁实验完成的正常速度通常是3个月，要在80天左右完成似乎不太可能实现。

来不及解释，项目小组成员迅速进入筹备和工作状态，搬迁方案不仅要考虑项目网络的使用性能，还不能忽略客户的经营目标，整个团队将交付方案从数百套筛选到几十套，这几十套技术方案降低了项目操作的复杂性，同时也降低了项目成本。

搬迁实验开始前，项目团队还准备了多套应急方案，并对方案提前进行了模拟和预演。搬迁期间，整个团队成员被分配到各个不同的站点，以保证每个站点搬迁的顺利完成。终于第一个站点在2013年11月搬迁成功，项目团队继续按照这种进度排程，顺利完成了整体项目的网络搬迁，如期完成交付成果。

流程参与者要实现自我管理，减少专人检查督导的管理成本，推动业务流程高效运转，就要在流程设计中秉承责、权、利对等的原则。在流程执行的开始环节就要明确各环节分支流程的目标，关键流程工作人员应该承担的责任，以及高效推动流程执行所能获得的业务流程的利益和个人收益。图6-2阐述了如何推动已有流程快速执行。

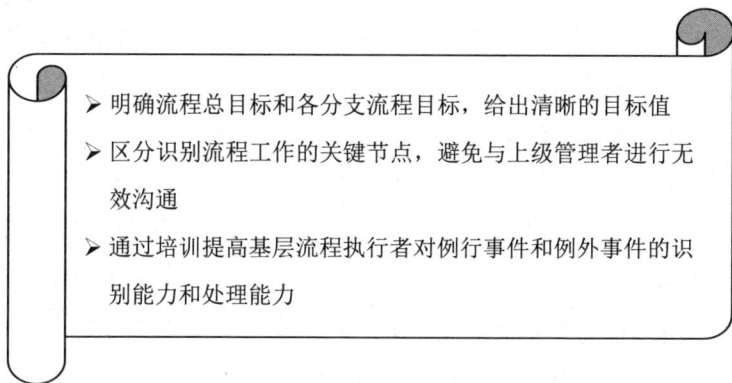

> ➤ 明确流程总目标和各分支流程目标，给出清晰的目标值
> ➤ 区分识别流程工作的关键节点，避免与上级管理者进行无效沟通
> ➤ 通过培训提高基层流程执行者对例行事件和例外事件的识别能力和处理能力

图6-2　如何推动已有流程快速执行

由图6-2可知，为了推助流程高效执行，避免在已有流程上浪费与上级管理者沟通请示的时间成本，首先要让流程执行者明确流程总目标和各分支流程的目标，并规定好清晰的目标值，有了具有挑战性的目标，流程管理的结果才有了基础。通过目标为团队施加压力和动力，促使整个团队成员主动明确哪些

是必须快速通过的环节，哪些环节没有请示的必要，以及哪些环节必须得到上级的首肯才能执行。

其次，对流程执行者而言，要在流程梳理的过程中深刻理解工作本质和关键节点，有必要在关键节点上存在的不确定性因素影响其判断时寻找管理者的帮助，而对已经固化的流程尽量避免无效沟通和请示。

最后，组织内部也要提供相应的培训，提升基层流程执行者对例行事件和例外事件的识别能力和处理能力。

强化执行者对流程的理解和对事负责的意识，避免事事向上级请示

华为强调惯例性、程序化的事件应该尽可能自己解决，迅速让它过去，而非浪费时间请示上级。充分体现对事情负责的态度就是要在例行事件上不浪费时间，而事事请示则体现了对人负责的收敛性体系。在华为项目经理和主管要懂得适当授权，减少管理中不必要的环节，将精力和重心放在例外事件或突发事件的处理上，才能使项目管理高效运行。

曾日高是一位长期驻扎在西班牙代表处的华为人，他在西班牙工作的过程中积累了丰富的流程管理经验，他经手改进调整过的流程能够实现快速通过，避免了事事请示的中间环节。

西班牙政府每年都会根据消费指数情况，发布员工差旅补助指导标准作为劳工协议的一部分，协议具备法律效力。这个差旅补助费用是当地公司都必须要按法律规定发给员工的最低补助。在西班牙政府公布新的补助标准后，所有公司都需要在员工报销系统中对补助费用做出相应的调整。

然而根据华为管理制度规定，差旅补助标准的变更需要完成相应的审批流程，但整个审批流程十分烦琐。以2011年变更审批流程为例，西班牙代表处当时按照公司规定变更补助流程，整个审批环节需要经过代表处、地区部、片联和机关财经等层层审批，每个层级对应负责审批的工作人员还需要向自己所辖上级进行请示，期间的工作联络单提请过HR、财务和法务各环节。最终因为审批环节较多，标准未能及时变更。

面对2013年新的变更需求，曾日高团队和机关进行了多轮沟通，研讨如何简化流程，避免层层审批、事事请示。终于，他们在2012年《差旅补助管理制度的补充说明》中找到了依据。根据文件精神，一线完成必要的区域审批环节，报机关财经管理部备案后，依法及时落实了新的差旅补助标准。整

个审批流程不需要层层审批，快速通过，不需要在补助标准上请示上级，浪费不必要的时间。

流程的本质和流程管理的价值不仅仅是为了推动业务的顺畅运作，而是通过流程的高效运作实现卓越的经营绩效。通过流程化组织的建设，促使横向业务流程和纵向职能部门能够积极主动融合到业务流程的运作中，实现良好协调和自我管理。

可见，要实现流程参与者对已有流程的迅速执行，有必要强化流程执行者对流程的理解程度，让流程执行者明确为组织流程贡献的同时也是提升自己价值的最佳过程。通过逐渐理解流程本质，提高自身判断能力和辨识能力，对已有流程迅速通过，不浪费请示时间。

用严谨细致的计划
实现精确执行

2005年颜年勇加入华为，他曾主导并参与过亚非拉15国的多个项目，常年的项目管理工作，使其在调配项目资源、发挥资源最大价值方面经验颇丰。回顾他的职业生涯，2009年参与主导的卢旺达项目的艰难程度依然让他记忆犹新。

在颜年勇接手该项目之前，卢旺达国干项目客户方的投诉惊动了华为高层。客户方CTO在项目上有质疑，但并不与项目组进行沟通，而是直接向高层投诉。显然，要赢得客户的信任是一个艰难的过程。项目组全体成员必须要调整项目计划，协调好各方资源，规范验收标准，用高质量的交付成果赢得客户的信任。

卢旺达地形多山，被誉为千山之国，项目涉及的站点多为偏远地区，为如期交付站点成果，颜年勇带领团队充分利用每一项资源，奔走于各个山峰之间，建立起一个个站点。站点建设场地条件艰苦，项目组全体成员常常连续两三天不睡觉冲刺抢道。经过8个月的艰苦奋战，颜年勇和他的团队高效利用有限的资源，完成了崇山峻岭之间的站点建设，赢回了客户的信任。

2012年的南非Telkom项目同样也挑战着项目团队的资源利用能力。当时Telkom项目处于2G/3G的项目切换状态，一个月后LTE新项目便会启动。这意味着Telkom项目的收尾和LTE项目的启动处于同一时间段，两个项目如果独立运营，则对物料和人力资源的需求都很大。因此，如何协调两个项目同时运作的资源需求，提高资源利用率成为项目团队思考的关键。

于是，颜年勇带领团队将两个交付项目融合进行，两个项目团队共享资源，发挥资源的最大价值，提高资源利用率。这种方式将资源重复使用的同时，保证了新老项目的顺畅过渡。最终两个项目都顺利完成。团队提前完成交付任务，不仅完成了南非的LTC L5/L6流程，还在该项目中培养出了多位技术专家和资源协调能力突出的成员。

颜年勇在这两场战役中充分发挥资源的最大价值，提高资源利用率，为客户提供最佳的解决方案，实现完美的交付成果，并赢得客户的信任。

流程参与者反复论证，制定严谨的流程执行计划

流程执行计划的制定过程要反复论证，并在实践中发现问题，寻求改善，通过制定出严谨细致的执行计划，推动流程精确执行。严谨完善的计划为流程工作提供了具体指导，将计划制定到各个执行层也意味着将总目标进行层层分解，帮助流程执行者明确具体的任务，从而保证流程执行的质量。

在制定和设计流程计划的过程中，要充分发挥所有流程参与者的智慧，让流程执行者参与到计划的制定中。大家在制定流程计划时，势必会加深对流程的理解，意识到计划的目的和重要性，再落实到具体的行动中，就会潜移默化地严格按照计划执行，同时，遵守组织内部其他方面的制度和规定的意识也会得到明显的提升。

贾岭在华为工作多年，12年的无线项目交付经验，使他成了GTS方案架构五级专家。作为资深项目经理，他多次带领项目团队顺利交付特级项目。回顾他的项目交付经历，德国的网络搬迁项目以及德国客户的专业严谨依然让他记忆犹新。

贾岭主导参与的德国搬迁项目，让他和整个团队又一次认识到德国人在专业方面不轻易放过任何一个细节的严谨态度。该项目从启动到收尾历时两

年，是大T德电集团的本国子网络项目，如果成功交付，那么华为会在德国市场顺利站稳脚跟。该项目甚至成为打开整个欧洲市场的关键一战。

项目刚开始，贾岭就带领团队花了近半年时间和客户在交付策略、技术关键节点、项目流程等方面进行了上百次的技术澄清会。每次技术澄清会，团队都做好了严谨细致的计划。遇到关键的技术问题，客户会要求项目组不断修改演进，优化版本，有时会为一个技术细节反复确认，演示10遍以上。

客户也会就每次修改的细微之处，做出清晰的备注和评审。德国客户的严谨和专业让贾岭和团队成员不敢有丝毫怠慢。项目组根据客户提出的修改意见不断完善计划，梳理流程，并按照计划精确执行。当然，这样严谨细致的计划和工作态度换来了高质量的搬迁项目流程和规划。在交付过程中，3个月前制订的项目计划和技术方案能够99%地精确执行。

终于在客户的严苛要求和贾岭带领的全体成员的共同努力下，项目组顺利完成了1.2万个物理站点的搬迁项目。由于前期技术方案的确定，在项目执行中并没有出现突发问题，这让客户和项目团队都为之震撼。客户对华为的项目团队表现出充分的信任和认可。

德国搬迁项目顺利完成交付，为华为在整个欧洲市场奠定了基础。这次项目经历让团队成员也都收获不小，团队成员深深被客户专业的精神所折服，也为团队自身在技术层面反复修改后提出的方案感到自豪。

可见，项目之初就确定好关键环节的流程，用严谨细致的计划实现精确执行，对整个项目的运行至关重要。

明确流程关键控制节点，抓住关键节点设置流程计划

在流程计划的制定过程中，要明确流程的关键控制节点。通常认为流程运作的高效与否取决于流程中的几个关键节点，对于流程上的关键风险点和质量控制点的规定和安排要做出更细致的说明，控制风险，确保质量。一旦流程制度和计划形成，流程执行者要遵守的操作规定和要求会非常多，因此对流程执行者而言，难以兼顾每个流程节点的速度和质量。

此时为了保证整个业务流程的运作效率，需要在制定流程执行计划时就梳理清楚关键环节，简化非关键环节的计划说明并不意味着非关键环节的工作可以不做，而是通过简洁的计划和操作形式，以相对低的成本完成流程工作。对于关键环节的计划文本，还要对其规范性进行审核和批示，通过审核和批

示保证计划的可理解性，促使关键节点计划在流程的具体执行中产生最大的价值。

李强在华为长期从事项目管理工作，曾多次参与并主导海外项目的推进。2014年2月，李强和团队成员抵达东京，参与项目的现场推行。抵达东京当天刚好赶上暴雪天气，项目组成员没走几步，裤脚已经被打湿。大家相互调侃："看来这次项目推行之路也会不易。"日本对规范的要求向来以严谨著称，尤其对待细节的要求十分严格。这在项目推行之前，就早已被项目组成员所熟知。李强团队倍感压力，技术方案要做到什么程度才能符合客户方的要求，对此谁也没有确定的答案。

显然，第一次项目会议就印证了项目组成员心中的担忧。李强团队和日本代表处的同事开项目沟通会，他们像以往一样提前一天发出会议通知。会议开始之前，项目组如期而至，然而被邀请参加会议的代表处员工却没有一个人来参加，这让整个项目团队不解。经过了解才知道，原来日本代表处的工作计划性极强，任何事情都要做细致的准备，并提前预约，项目沟通会议也应该提前一周发出通知。因此，项目组提前一天发出的会议通知当然无人问津。

很快项目组按照日本代表处的工作风格，提前做好准备计划、评审会议材料和文件，讨论定稿之后再向代表处预约一周以后的会议。而这些工作做完后，项目组很快便能理解代表处的这种工作习惯。提前一周预约项目沟通会，会在准备过程中发现，很多环节的工作可以放在一次会议上讨论，能够在计划的过程中就对问题有充分的认识，将材料和关键的与会人员集结到一起，比临时开多次会议，但每次会议缺少技术专家、关键报告、评审材料等，效率要更高。因此，提前准备会议不仅没有浪费时间，反而还节省了双方的时间成本，在有限的高质量的沟通会议上，双方就能明确重要问题。

在与日本代表处共同工作的这段时间内，李强总结道，提前做好项目推进和流程管理计划对项目后期的顺利开展有很大的影响，在开会阶段就要提前多做一步，发挥会议的最大价值，解决关键问题，有利于项目团队成员走出自己的专业领域，从整体思考项目方案。

强化问责制度，提升流程执行力

为保证流程计划得到很好的实施，应该在流程计划制定和执行的过程中，不断完善流程问责制度。

华为通常通过问责减少流程管理过程中因不按照计划执行带来的损失，降低计划执行不到位产生的显性成本和隐性成本。图6-3阐述了流程计划和问责制度带来的优势。

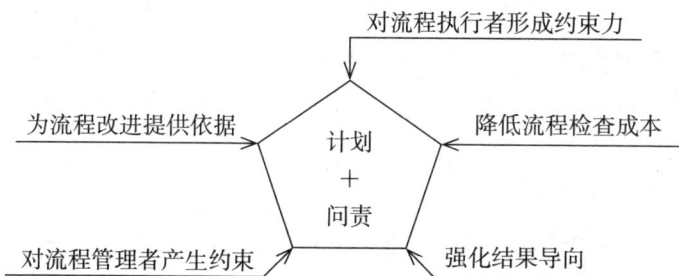

图 6-3　流程计划和问责制度带来的优势

由图6-3可知，在流程计划和执行过程中建立问责制度，不仅能够对流程执行者形成约束作用，对各层级的流程管理者也会产生一定的约束力，促使流程管理者督促执行者严格按照流程计划进行操作。同时，计划与问责制度的结合直接导向流程执行的结果，有利于降低流程检查成本，并在流程执行过程中为流程改进提供依据。

找到执行任务的
最佳方法和路径

李雪冬加入华为7年，7年间先后参与主导了印度、南太PMO、尼泊尔等多个海外项目的交付，具有丰富的项目交付经验。他根据所参与的项目摸索出了一套适合自己的最佳工作方法。

李雪冬回顾自己刚入职时的经历，2009年他加入华为不久就赶赴印度参与Aircel项目的站点建设。李雪冬当时担任了TK（站点土建及电力实施）经理，被紧急派往Pune组建交付团队。在当地生活条件极为艰苦的情况下，他顺利完成了交付任务。在Pune参与站点建设时，他带领团队根据以往同类项目的工作经验，梳理出关键技术路径，在4个月内，从站点获取、设计和土建到最终的电力施工，一步步梳理出技术方案和关键控制节点，最终如期交付了96个室内全TK站点。

项目期间，李雪冬带领团队完成了本地团队招聘培训工作，引入和认证了6家新的合作商。整个团队按照李雪冬提供的团队工作方法从计划技术方案、协调物料、后端供货，直到站点建成后的社区维护工作都是一气呵成，做到了项目作业的一次性完成，没有返工情况。通过这次项目经历，团队对交付中的各个环节的流程和作业规范有了更清晰的认识，被公司评选为"季度交付之星"。

找到最佳的工作方法，在一开始就梳理流程上的关键问题，有利于推动流程高效执行，并保证流程执行的正确性。华为员工在开始一项工作之前，首先会投入较多的时间和精力，梳理清楚业务整体流程，识别流程的主要目标和最佳的工作方法及路径。其次，在具体进行执行时，在流程工作方法和制度的指导下，明确自己应该做什么，确保不会偏离流程的整体轨道。最佳的工作方法能够帮助员工明确任务的关键控制节点，知道哪些环节应该分配较多的时间和资源。

可见，良好的工作方法不仅能够提高团队作业效率，还能够节省反复修改和返工的成本，为整个项目的质量和进度都提供了保障。2010年，同类BSNL项目的TK站点设计又一次落到李雪冬的项目团队。根据上一次的项目经验和总结出来的工作方法，李雪冬紧急调配短缺资源，加快站点设计和建设，组织技术团队对站点现存问题进行分析和解决，优化设计流程，最终完成了交付任务。

整个团队迅速调整和适配，每个成员找到自己的关键位置，切入工作，团队中每个个体都发挥了最大价值。总结过去多年的交付经历，李雪冬强调，找到一套适合自己的工作方法能够提高处理紧急问题的能力，团队作业的正确率也会有所提高。

为保证整个业务流程执行过程顺畅且高效，找到执行任务的最佳方法和路径十分重要，良好的工作方式不仅能够帮助流程执行者提高工作效率，还能为整个业务流程运作路径的规划提供参考。随着流程管理自动化程度的提升，将流程固化到IT系统中逐渐成为推动流程高质量、按计划运作的最佳方法之一。

通过将流程固化到IT系统中，保证了各个流程环节操作的专业性，降低了流程管理人员的人工成本，管理支持类流程的自动化可以借助IT技术来实现。一般而言，在流程管理工作中，诸如数据的采集、传递及数据处理与分析等这一类工作交给IT系统去操作，能够发挥信息系统的优势，降低偏差率。当然在借助IT工具实现流程自动化的过程中，要根据业务流程的目的重新设计，删除不能产生价值的冗余环节，逐步改善流程。

华为员工蒋申（化名）曾经对自己的时间管理非常不满意，他常常忙得连喝口水的时间也没有，但总结一天的工作时发现，每天的工作大多是不重要的繁杂事务。重要的事情每天只做了小部分，没有当天完成，不得不积累到第二天再完成。可见，虽然工作忙，但是工作效率低。那段时间蒋申负责跟进一个产品，部门主管也意识到蒋申推动的项目进度慢，但无法帮助他找到项目的难点。蒋申工作很努力，但却没有明显的工作成效，这让他内心很苦恼。

于是，他带着困扰与直接主管进行交流，明白了时间管理的重要性。主管告诉他，制订好了计划不意味着能够将计划中的每件事都落实得很好，因为项目涉及的工作繁多，常常一项工作还没做完，另一项工作就要开始了。蒋申从直接主管的点拨中意识到，这样很容易打乱自己的工作节奏和状态，他明白了问题所在，开始改变自己的时间安排。

蒋申通过观察工作有条理的同事，发现他们始终按照自己的时间管理安排工作，并对要完成的工作保持专注，在遇到难点和瓶颈时也会及时向上级和周围同事求助。根据观察总结，蒋申逐渐找到了适合自己时间管理的高效工作方法。他开始每天早上就将一天的工作安排和计划分发给团队同事，与团队成员确定项目的主要目标和流程，整理工作思路。在每天下班后，向上级领导和相关同事发送一天的工作总结，尤其是及时反馈困难，让领导和协助的同事了解项目的难点。在处理工作时保持专注，当遇到其他任务的委派时，也能分配好时间，注意现场工作的进度安排。

完善的流程制度体系在流程执行中起着把握方向的指导作用，将流程固化到制度中，也逐渐成为一种高效的推动流程高质量、按计划运作的路径。流程管理体系形成后，虽然其本质是逐步实现员工的自我管理，但在具体执行的过程中，有些环节不会被自动执行，需要给流程操作者一定的约束，这种约束表现在制度层面。图6-4简要阐述了流程制度设计的内容。

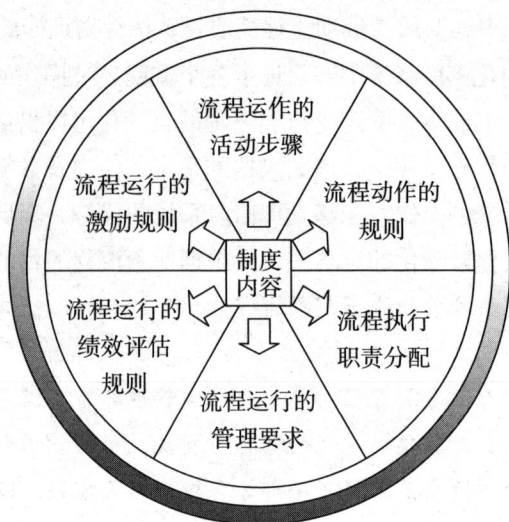

图 6-4 流程制度设计的内容

资料来源：《跟我们做流程管理》。

由图6-4可知，流程制度设计的内容具体包括流程运作中的具体活动步骤，通过制度规定任何人都不能跨越业务流程，从而保证流程得到实际的执行。流程运作的规则主要是指为达到流程目标在执行过程中应该要遵守的规则，同时为保证流程团队合作规则清晰，还需要明确流程执行的职责分配，确保流程中各环节工作都能够落实到位。

流程运行的管理要求实际上是对流程操作提出具体的绩效要求，规定了流程整体目标和关键节点的KPI指标。流程的绩效评估和激励规则是指通过绩效评估、流程检查及相应的奖惩规定，确保流程执行者既有执行的动力，也有执行的压力。

华为与丹麦运营商签署合作的T项目中，项目团队对工作节奏和项目进展的控制成为典范。2013年华为项目团队在启动T项目之初，便发现接入网络的计划极为复杂，项目组定义了3500多条网络技术路径。同时，根据合同，2014年3月就要完成项目的交付，而2013年11月，在与丹麦运营商高层的沟通会议上的数据显示，项目团队只完成了整个网络接入计划的1/10。距离项目交付日期只剩5个月，要保证在5个月内完成剩余的接网计划对整个团队来说是一项巨大的挑战。

于是，整个项目团队开始加快进度安排，严格按照日期跟踪客户和供应商的进展，对每天的任务进行总结汇报，在关键节点上不出现重大延误。为了保证项目如期交付，需要在接网时，保证网络搬迁项目的同步启动。在常规项目中，站点搬迁的单位时间是半天，然而T项目受当地地形限制，站点搬迁程序十分复杂，每个站点需要花费一周时间才能完成搬迁，这对整个项目的进展势必会造成影响。

更令项目团队始料未及的是，丹麦客户对分包商的不信任，导致站点搬迁速度更慢，站点附近的业务投诉频繁。在这种局面下，必须找到推动流程运作、执行任务的最佳方法和路径，才能提高交付任务的工作效率。于是，项目团队临时组建危机处理小组，一部分成员负责攻关站点的技术难点，加快站点搬迁速度；另一部分成员负责培训分包商，缓和协调分包商、业主及客户间的紧张关系；剩余成员保证接网计划的顺利实施，并保证与搬迁项目的时间和进度实现无缝对接。

找到新的工作路径后，几个小组同时开展工作，项目经理和子任务组长严格督导项目进展，项目逐步推进，终于在一个月后完成了接网计划和搬迁项目的40%，2014年2月完成了90%，3月份项目团队如期交付成果，接网计划和搬迁项目同步进行，顺利完成。项目经理和成员们在总结会议上一致认为，找到执行任务的最佳方法和路径对于提高流程运作效率至关重要，根据最佳路径在项目进展中对每个环节严格督导，不断优化改进作业流程，困难被一个个解决，项目团队赢得了丹麦客户久违的信任和赞许。

由此可见，通过将流程固化到制度层面，保障了流程的执行效率。一方面确定了流程必须在执行过程中要遵守的规则，另一方面建立相应的激励考核机制，通过这种路径推动流程执行显然已经成为最佳方法之一。图6-5阐述了流程制度化管理为流程执行带来的好处。

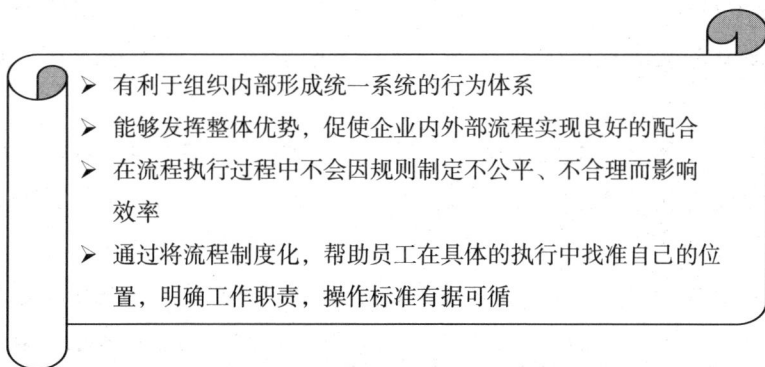

> ➢ 有利于组织内部形成统一系统的行为体系
> ➢ 能够发挥整体优势，促使企业内外部流程实现良好的配合
> ➢ 在流程执行过程中不会因规则制定不公平、不合理而影响效率
> ➢ 通过将流程制度化，帮助员工在具体的执行中找准自己的位置，明确工作职责，操作标准有据可循

图6-5 流程制度化管理为流程执行带来的好处

踏踏实实按照已有的
计划把事情做到位

　　2014年，巴西代表处法务经理Marcelo Pan荣获公司金牌个人奖。Marcelo Pan是巴西本地人，进入华为巴西代表处8年来，为公司节约不必要的项目成本累计1亿美元。在帮助华为找回"冤枉钱"方面，Marcelo Pan的贡献已经成为华为海外历史上的奇迹。

　　Marcelo Pan的父亲是中国人，母亲是巴西人，因此他有着亚洲的面孔，能够进行流利的中文交流，同时也具有巴西人热情积极的性格特点。在多元文化交融的背景下，Marcelo Pan在工作中既拥有踏实负责的态度，同时对待客户和同事又灵活热情，他的这些特征在工作中逐渐转化为优势。诸如税务筹划、与本地员工交流等工作都能体现Marcelo Pan的优势和专业能力，Marcelo Pan利用自身的专业能力多次参与华为巴西的退税项目，帮助公司找回多缴纳的税款和费用。

　　2012年，Marcelo Pan的项目团队接手了INSS项目，Marcelo Pan参与的以INSS为代表的众多退税项目为华为找回了多交的"冤枉钱"。回顾这次退税项目的经历，他依然记忆犹新。INSS是为保障巴西主要的劳工权益而缴纳的社保税，按照当地的规定，在项目交易过程中，提供服务的一方应该缴纳这部分税款，由服务接受方即客户对其进行代扣，代扣后形成服务提供方的INSS Credit。而在过去多年内，华为巴西代表处忽略了使用自己的INSS Credit来抵扣应缴纳的INSS，而是另行缴纳了税款，相当于多交了大量的INSS税款。

　　Marcelo Pan率先发现了这个问题，但是要让税务局退回已缴纳的税金，其难度可想而知。于是Marcelo Pan和律师一起在办公室找出了150多份能够证明税款多缴纳的证据，这些也成为华为巴西代表处申请退税的关键证据。从2007年到2012年，在Marcelo Pan参与的退税项目中，华为获得现金退款近3000万美元，这些税款回流改善了子公司的现金流。Marcelo Pan自2005年以来，发现许多可以进行税务筹划的机会点，如特别关税筹划项目、进口环节

ICMS计税基数调整项目。他主要参与的重点税务筹划项目是服务子公司搬迁项目，这些项目基本都在落实中，为华为巴西代表处贡献了新力量。

华为提倡员工将工作不仅仅看作一份程式化的操作，而是将其当作热爱的事业并为之献身，这既是一种机遇，也是一种挑战。华为员工已经形成了在流程运作过程中，踏踏实实按照流程计划执行的习惯。

任正非也曾经强调，要专注于自己的本职工作，干一行爱一行，并逐渐培养自己在工作岗位上的专业能力。华为的新员工入职时，也会被要求不要幻想在短时间内获得明显的工作效果，要学习德国人对待工作的踏实和一丝不苟的敬业精神。如果想要在某一项工作或技术上精通，就要踏踏实实做好每个流程环节的工作，保证流程的高效运行。

2003年杨波加入华为，他拥有多年财务会计的工作经验，成为财务五级专家。杨波曾在海内外账务共享中心等部门任职，参与过多个公司大型财务变革的项目。杨波回顾自己刚加入华为工作时，对于公司的业务、财务领域的工作方法等方面的认知相对都比较浅显。他认为会计的工作内容没有太多的挑战性，多为日常的基础性事务，技术含量较低。因此，刚开始杨波对自己的工作并不重视，工作态度也不积极，绩效考核也处于垫底状态。

主管看出了杨波心里的想法，主动跟他沟通，说明了如果基础性事务都不重视，不能踏踏实实完成基础性工作，上级领导又怎么会放心将更具挑战性的工作交由他来完成。这次沟通之后，杨波开始意识到自己之前对工作的懈怠，开始调整自己的心态，认真完成每一项日常工作，踏踏实实按照计划将本职工作做好，并对每天的工作进行总结和梳理。渐渐地，杨波开始对这些工作产生兴趣，每天能够保证工作质量，这也让他体会到了满满的充实感。

2004年年底，华为启动了AR变革，由于杨波之前扎实的工作经验，主管对他格外信任，将东欧地区的AR变革大项目交给了他。这对工作一年多的杨波而言无疑是一次具有挑战性的任务。受到代表处和上级领导的信任，杨波全身心投入到项目中，工作更加卖力踏实。一个AR大型项目下来，杨波在能力和经验上都进步神速。也由于他的责任心和努力，上级领导对他给予了更多信任。从主管的视角全面梳理东欧地区的AR推行工作之后，杨波逐渐意识到，越是努力工作，主动思考的环节就越多，自己之所以能够获得上级领导的重视，得益于之前在基础岗位上踏踏实实的工作态度，自己和部门逐渐在项目运营中取得更好的成绩，对于自己而言更具挑战性的任务才会分派下来。

流程执行者要踏踏实实按照已有流程计划将事情做到位一定离不开整个流程团队的执行力，在众多企业的流程管理中并不缺少提想法、做策划、制订计划的人，但真正能够关注团队执行，并通过执行力提高流程运作效率的人少之又少。如果没有高效执行力的支撑，再完善的流程计划和制度也会付诸东流。可见，要踏踏实实将工作落实到位就意味着具体的流程操作者要有高效的执行力，充分发挥流程管理体系的价值。

当整个流程团队具备了良好的执行力时，还需要流程参与者理解业务流程的本质和目的，不仅要理解业务流程的每个环节，还要理解流程设计的规则和方法。同时，要求流程设计者和执行者对流程本质的理解是一致的，一旦流程执行者不能深刻理解流程设计的本质，当流程执行过程中出现突发状况时，整个流程推进工作就会陷入僵局。因此，流程执行者只有充分理解流程设计背后的原理，知晓流程计划的目的，才会踏踏实实地将流程计划落实到位。

华为的核心网工程师Vishal Deep是项目团队公认的"劳模"，在同事的眼中，无论多么繁重的流程工作，Vishal都会主动承担，并且工作认真负责，十分踏实，例如在加载每一条数据时，Vishal都会检查几遍才放心。

在工作中，6个BSC都由Vishal负责配置数据，Vishal还要与B侧网络优化工程师一起配置整改全部位置的数据。在与B侧对接的相关流程执行中，执行过程复杂，耗时耗力，加之Vishal过去并没有相关的配置经验，所以他只能通过看指导书自己学习钻研。

经过一段时间的学习，Vishal很快掌握了分配链路保证负载均衡的配置方法。在项目冲刺阶段的最后两周时间里，Vishal白天要远程登录Mangalore站点调试UMG 8900，晚上还要完成自己在站点流程上的工作内容，到其他站点负责漫游配置、测试等工作。

那段时间Vishal每天的工作时间从上午10点到次日凌晨2点，Vishal每每都是最晚下班。以至于有同事都觉得Vishal太辛苦了，劝他早点下班回家休息，但Vishal已经将机房里的一切设备当作了朋友，总是踏踏实实将流程上的工作落实到位。终于，项目临近收尾，而Vishal的任务完成得几乎可以用

"完美"形容。

　　要提高流程参与者对业务流程设计和运作本质的理解，进行必要的流程培训和宣贯是一个有效的方法。一方面对新入职的员工进行培训，使其理解流程计划和制度；另一方面对在职员工进行关于流程变更处理的培训，提高员工在流程执行过程中的应变能力和解决实际问题的能力。图6-6简要阐述了流程培训和宣贯的内容。

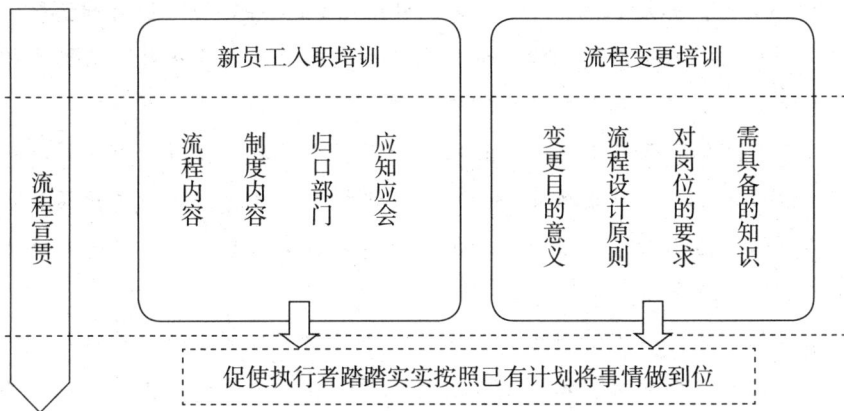

图 6-6　流程培训和宣贯的内容

　　由图6-6可知，首先，在新员工培训方面，新员工入职期间是流程制度培训的黄金时期，新员工刚加入公司，对公司内部的文化、制度、人员都不了解，此时提供流程培训相当于为新员工提供了了解全公司的一个平台。同时，在此阶段进行流程制度的培训，有利于将正确高效的流程计划和制度尽早地固化在新员工的行为中，降低新员工入职后犯流程性错误的可能性。

　　其次，关于流程变更方面的培训，要注意培训成本的控制，对于关键重要环节的变更处理机制和方法进行培训，因为流程工作繁多，并不是每个环节的变更都需要花费大量成本，才能让执行者踏踏实实将工作做到位。需要注意的是，流程培训和宣贯的最终目的是促进执行者踏踏实实按照已有计划将事情做到位。

工作中快速调整和适配，
保障项目进度

华为的商务经理杨娅飞在企业业务刚开始BG化运作的时候有许多疑问，当时业务处于摸索状态，且由于业务运作模式差别较大，杨娅飞所负责的商务评审领域基本上不能用大平台的核算系统，只能靠手工来核算评审。为了保证输出的结构百分之百正确，往往一个人评审之后还要另一个人进行人工复核，这样重复的人工审核使整个工作的进展都十分缓慢。随着产品种类、业务单量的日益增多，部门现有人力已捉襟见肘，商务核算不可避免地成了合同评审流程的瓶颈。

2011年年底，公司的销售业务处于顶峰时期，各项目组一茬接一茬地投标，商务核算任务井喷。杨娅飞以及她的团队每天工作到深夜，面对业务的窘境，路途的奔波，她不禁开始想是否能改进现有的工作流程，但是改进点在哪里？

杨娅飞思考良久，在一次例会上提到："现在问题集中在手工操作上，如果能实现IT化，再大的单量也打不垮我们。"团队成员闻言纷纷表示赞同，但又很快陷入沉默。大家都知道IT工具的重要，但团队里没有人做过开发，而且实现IT化势必需要大量资源的投入，这个方法是否可行还有待商榷。

杨娅飞在紧张的工作之余寻找解决办法，她发现现有较低版本的商务数据库虽然不能高效支撑现在的业务，但是业务流程还是基本一致的，如果能将现有的商务数据库升级投入使用，不失为一个好方法。

杨娅飞立即联系了一位IT工具开发方面的"专家"——中国区投标办陈赋田，并坚持劝说陈赋田，最终陈赋田被她打动，答应与她合作。经过近半年的努力，在多次攻坚、不断优化后，商务核算IT工具和商务存储数据库终于顺利交付。新工具使得商务核算效率提高了50%，商务数据的存储效率提高了80%，并且能确保商务数据的机密性。

工具开发出来后很快投入使用，也得到了同事的一致认可，一线业务人员也对商务同事的快速核算支持发出感谢，表示这个工具有效支撑了项目的短、平、快决策，助力业务精准出击。

在流程运作的过程中，要根据流程执行中出现的问题及时调整和改进，尤其是各层级流程负责人需要根据业务流程的执行情况进行全面的监控，对不合理的流程要及时采取措施改进工作，对发生延迟的分支流程要积极推动，以确保流程运行时效。如果每个业务流程都能够及时迅速地进行调整和适配，保障流程进度，组织内部的流程管理体系也会逐渐成熟。因此，有必要在组织内部设置相应的流程管理者助手岗位，协助各层级流程管理者监控流程进度。图6-7简要阐述了流程管理者助手的作用。

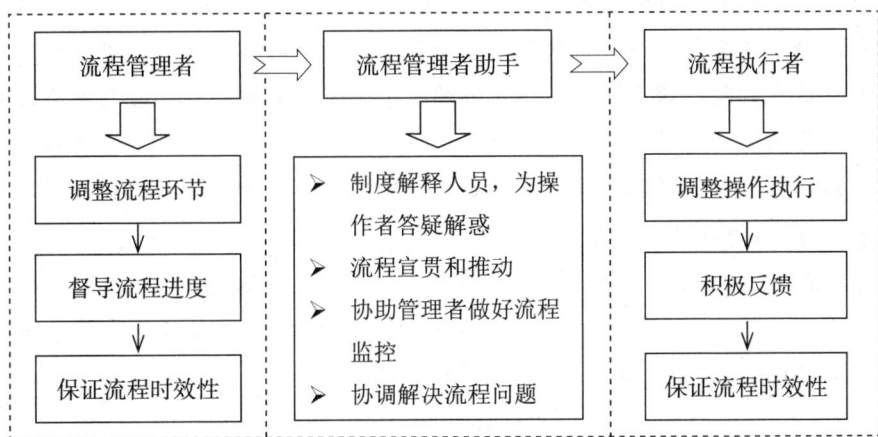

图6-7　流程管理者助手的作用

由图6-7可知，要实现业务流程工作的快速调整和适配，需要各层级流程管理者及时识别流程环节的问题并积极快速调整。流程管理者助手能够为具体的操作执行者提供制度解释，承担答疑解惑的责任，同时协调流程管理者监控流程运作，做好流程工作的宣贯工作，协调解决流程问题。流程执行者根据调整后的流程制度进行操作执行，并积极反馈流程运作中的问题，最终目的是保证流程的时效性，加快流程进度。

许日海加入华为10年之久，刚加入华为时，他还是一名通信业务的新员工，在主导参与了多个大型项目的开发和设计后，他逐渐成长为经验丰富的项目经理。回顾他和项目团队一起交付的项目，一起在失败后总结的经验，他感慨颇深，无论遇到多么复杂的变动，他总能及时调整工作和计划，协调各项资源和适配，保障流程顺畅运行。

2010年，许日海开始了东南亚地区的项目交付之旅，他担任东南亚地区的项目管理部长，主要负责处理日常业务和平台上的工作。他开始奔走于多个国家之间，参与各个区域不同类型的项目，曾经完成多个国家的项目投标，同时还参与了许多重大项目的资源分配，积累了不同类别、不同等级的项目经验。这段多项目管理的工作经历，开阔了他的管理视野，尤其提高了他安排项目时间和进度方面的能力，这些能力在日后的实际交付中都得到了验证。

2012年底，泰国开始发布3G牌照，泰国业务量井喷式增长，具有丰富项目经验的许日海被派往泰国AIS系统部担任3G项目的产品经理。在项目进展到关键时刻时，3G牌照突然宣布要延期拍卖，这一消息打乱了整个项目团队的计划。团队成员开始陷入低落、迷茫的情绪中，许日海带领团队走出低迷情绪，调整了工作内容，快速带领整个团队进入新的工作状态，组织团队成员利用这段时间，排查每个关键环节的技术细节，并对端到端的业务流程进行了模拟演练。经过一段时间的排查，提高了各个业务流程的工作效率，贯通了端到端之间的货品供应，分包资源的流通速率也明显提高，整个项目全流程能够顺畅高效地运作。

3G牌照发布之后，许日海又带领团队安排项目后期的计划进度，最终如期完成交付任务。2015年7月28日，在GTS ISDP全球发布会上，汇集了专家智慧的泰国AIS项目实践系统面世。

在流程具体执行过程中，受资源有限等因素的影响会存在各种风险，因此要迅速识别问题并及时调整流程环节，还需要做好风险识别和控制工作。通过有效识别防范风险，及时做出应对，避免突发情况影响整个业务流程的进度。图6-8阐述了流程执行过程中可能遭遇的风险。

> 目标侵蚀：原有流程目标被侵蚀，自然张力减少，企业提升的动力也随之减小
> 执行者对流程采取被动依赖的消极心理
> 相关人员规避流程预定的目标
> 怀疑流程变革和调整的有效性

图6-8 流程执行过程中可能遭遇的风险

由图6-8可知，在流程工作中，可能会受到执行者和推行者消极态度的影响而产生一定的风险，如果对风险没有预先识别和防范，很可能在流程工作推进过程中产生较大的阻力。此时需要各层级流程管理者对流程潜在的问题和风险做好心理准备，积极采取措施化解。

唐振宇2006年加入华为，长期从事项目交付和管理工作，还曾参与并主导V运营商的网络项目交付。V运营商是B国三大运营商之一，与华为保持了长期的合作。截至2011年，华为不仅为其交付了2张新网，在此期间还为其提供了11次的网络扩容建设服务，累计建成了几千个站点。在项目交付中，唐振宇带领团队成员共同克服各种困难，及时迅速地适应新环境，对突发棘手状况也会及时调整和适配，保障了项目的顺利执行。回顾这段海外交付经历，唐振宇感慨颇深。

唐振宇到B国项目团队任职的第一天，前任项目经理和客户总监就提醒他，V运营商南部工程总监是一个十分挑剔的人。果然，在第一次与客户开会时，他就深切地体会到了。这位工程总监在会议上拍着桌子投诉。唐振宇每周都能接到来自他的10个抱怨电话。从项目流程上的发货、网络指标，到报表格式等，都能引起他的投诉，这让唐振宇和团队成员倍感压力。项目交付任务已经非常繁重，还要处理好客户工程总监的种种投诉，整个团队陷入疲于应对的状态，项目推进陷入僵局。

唐振宇知道一旦项目交付陷入僵局，就必须要回到原点重新梳理项目流程，找到问题的关键所在。于是，唐振宇与客户深入沟通，询问客户投诉的原因，发现原因主要是项目进度问题，找到了问题的关键，唐振宇向客户承诺，一个月内完成项目交付。

于是，唐振宇首先解决了及时供货的问题，争取到了短期发货的倾斜政策，接下来最关键的就是人的问题。分包队伍没办法在短期内增量，唐振宇和团队成员决定集中100%资源，聚焦80%的重点城市。

他们再一次来到客户面前，将项目进展真实状况、目前遇到的瓶颈、希望采取的策略等全部对客户做了详细的说明，提出80%的站点在现有资源和技术条件下能够做网优，将人口最多的城市作为切入点，加快重点城市的交付进度，在短期内实现项目销售量的提高，扭转客户内部综合的KPI值。

客户工程总监看到了希望，召集下属一起修改了实施战略，第一次达成一致目标，共同调整适配，统一了工程语言，流程推进效率明显提高。唐振宇带领的团队创造了100套BTS运往南部的纪录，与此同时也创下了区域单周安装170站的纪录。

南部三州的交付进度大幅度提升，在每周的项目会议上，情况由之前团队受到客户质疑逐渐转变为整个团队自信汇报项目进展。

由此可见，在流程执行过程中，要保证在工作中快速调整，一方面可以在各层级设置流程管理者助手，协助管理者监控流程执行进度，便于流程管理者根据问题环节做出调整；另一方面要加强对风险的识别和防范，采取积极的态度应对和化解，从而保障业务流程进度。

同时为加快流程进度，有必要删除冗余环节，根据业务进展情况，适时缩短流程环节，但对于关键环节，要在不影响流程质量的前提下压缩工期，从而提高流程整体运作效率。

以事事闭环的态度
投入到流程循环中

华为香港代表处的员工的职业化精神长期为人称道，从香港秘书的工作状态和职业态度就能了解到，无论工作多么复杂和繁重，香港秘书总能按照严格的业务流程规则，将各种工作安排得井井有条，保证业务处理的每个环节都做得非常细致，形成闭环。

例如，香港秘书在对待文件签到会的工作流程上，对于需要不同主管签署的文件，秘书会使用不同颜色的标签作为牵引，每个部门主管对应一个颜色，通过这种方式将厚重的文件中几十处需要签字的地方分类，为主管们提供了诸多便利。各部门主管只要通过索引，就能找到需要签字的地方，节省了时间。

同时文件还附带了跟踪表，清晰地注明每个业务流程目前的状态和跟踪的秘书名字，最后一位主管签完字后，对应秘书会将跟踪表传真到第一位跟踪人那里，也方便主管知晓对应的工作流程负责的秘书是谁，出现问题能够及时高效地联系到责任人来处理。

华为十分重视对每项工作做到有始有终，华为人在工作中也形成了无论工作任务简单还是复杂，都会认真对待收尾环节，使各项工作任务实现闭环的习惯。在华为，完成任务闭环更强调的是一种工作态度，严谨的工作态度是流程执行和运作过程向前推进的关键要素。

华为的各层级流程参与者都会对每个工作进行确认，根据实际成果是否达到既定目标来确定流程的调整和完善，通过流程执行过程的闭环，一方面能够提高业务流程整体的工作效率，另一方面能够确保流程各环节工作按时完成。

华为签订的牙买加TK项目是一个具有战略意义的大型项目，它也从侧面检验了华为的综合实力。华为的项目团队信心满满，然而在项目启动初期，就遭遇了种种困难。首先是牙买加的地形多山多岛，这使网络规划路径极为困难，加之当地的土地实行私有化，审批站点的流程少则3个月，多则半年时间。其次，整个项目中80%以上的站点都需要修小路，当时正值飓风多发季节。面对种种困难，要如期完成站点的交付任务，每个成员都必须保证自己的任务按时按点、保质保量完成，不能有拖拉的现象。

项目经理李行负责其中的16个站点的交付和管理，他带领的团队交付站点覆盖牙买加一万平方米的地方。为了加快站点建设速度，李行的团队实行了任务分组的责任承包办法，规定每个小组成员单人的工作量是在一周内完成4个站点的获取，同时规定了任务汇总的期限。从现场的维护、地形排水情况的勘察到的土地局审批进程的跟进、图纸的绘制等一系列工作，李行组建了由30多个员工组成的站点获取团队。团队中每个成员的工作分配以及每天的工作任务、完成期限都十分明确，规定在第二天上班前必须完成交付任务。整个团队形成了作业任务当天清结的习惯，团队成员对自己要求严格，不完成当天的工作任务不会休息。

于是，在将近一个月的站点获取过程中，每个员工都是在当天晚上12点前完成任务，为了确保按时完成工作任务，没有人在12点前下班。终于，经过10个多月的激战，TK项目团队在交付期限内顺利完成了500多个站点的建设、400多个站点设备安装，其中200个站点用于商业领域。如此大型复杂的TK项目顺利完成交付，让客户看到了华为的综合实力，项目团队也获得了华为全球技术服务部的高层奖励。

由此可见，华为团队在项目交付流程中事事闭环的工作态度不仅提高了项目团队的站点交付效率，同时也赢得了客户的信任。通过在流程执行中实现事事闭环，从而扩展到业务流程整体的闭环，提高组织流程管理体系运作效率。因此，流程执行中的闭环管理要遵循图6-9的原则。

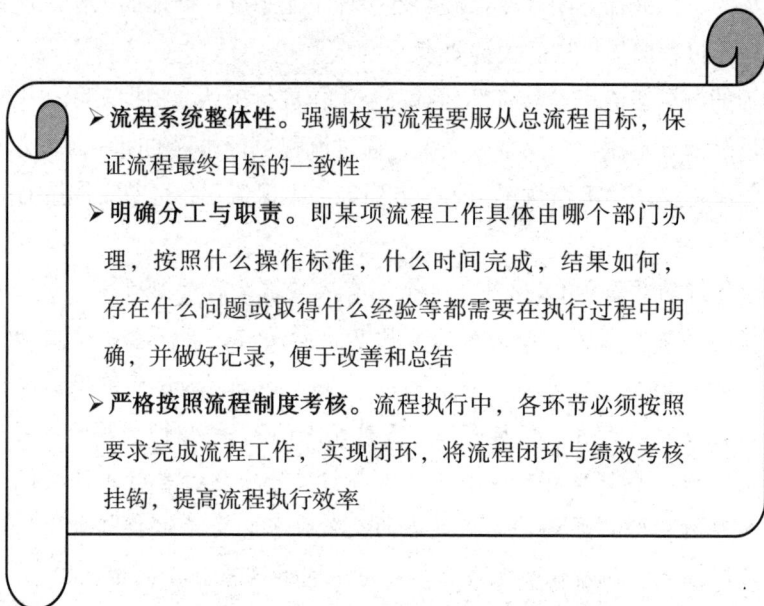

➢ **流程系统整体性**。强调枝节流程要服从总流程目标，保证流程最终目标的一致性

➢ **明确分工与职责**。即某项流程工作具体由哪个部门办理，按照什么操作标准，什么时间完成，结果如何，存在什么问题或取得什么经验等都需要在执行过程中明确，并做好记录，便于改善和总结

➢ **严格按照流程制度考核**。流程执行中，各环节必须按照要求完成流程工作，实现闭环，将流程闭环与绩效考核挂钩，提高流程执行效率

图 6-9　流程闭环管理要遵循的原则

2013年，华为接手泰国的3G站点建设项目，项目团队被要求在一个月内完成1000个站点建设。而这之前泰国每个月交付400个站点建设已经是极限，面对艰巨的项目交付任务，项目团队必须在业务流程设计时就明确事事闭环的工作节奏，并制定相应的风险预防备案。

于是在项目的前期准备中，整个团队多次组织封闭式研讨会，为本次项目重新调整了组织架构，形成了一套交付解决方案。项目团队形成了四个独立部门，分别是MMO、RMO、TMO和PMO。独立的MMO部门能够完全实现端到端物料及时供应，减少了之前后端仓库供货对接不连贯产生的供应链不顺畅问题。RMO部门多是由本地化团队组建而成的，与客户的项目进展沟通和要求基本实现了无缝对接，沟通及时高效，信息准确，规避了以往由于地域差异和语言障碍带来的沟通不畅的风险。TMO部门主要负责商用网络的后期保障和维护工作，针对一些主要问题成立子项目团队，该部门常常要与客户组织研讨会，商讨保障方案，针对各种潜在的风险制定应急预案，并检测演练应急预案。在推进全业务流程中，PMO部门贯通业务售前售后的各个环节，快速识别客户的短板和瓶颈，实现商业成功。

这四个部门的组建相当于提前铺好了一条加快项目进度的高速公路，提高了交付效率，形成了项目良好的交付生态圈，验收周期缩短50%，团队最终如期完成交付任务。

由此可见，华为团队在泰国项目上成功交付并缩短周期50%的关键因素在于，每个独立部门的内部运作事事闭环，项目整体流程中的各个环节也都形成了闭环链条，在流程执行链条上精准高效地完成每个阶段的工作任务。因此，良好的流程执行闭环，不仅是每个业务流程顺利结束的标志，也意味着新的业务流程的开始，通过流程闭环，实现业务流程工作的可持续管理。

第7章 | 华为的流程检查

加强内控监管不应妨碍业务的快速运作，主要是建立流程责任制，前端的流程责任要由业务主管承担起来，占到整个监管工作的 90% 以上，财务和监管部门承担起来的责任是点对点建立冷威慑。

任正非

适时委派流程督查小组
深入业务单元检查

汪远航加入华为多年，2015年8月，刚刚结束人力资源战略培训的他被派往尼日尔，担任公司B级项目和大型管理服务的HRBP。工作之前，汪远航曾经请教过一位人力资源前辈，得知进入项目组大概需要2~3个月的时间，从那时起他就做好了心理准备，但流程推进过程中的困难还是超过了他的预期。

作为一个小国办事处，尼日尔办事处没有国家维度的HR管理平台，人力资源管理也只是挂靠在代表处。汪远航到岗时，也只有一位当地的应届生作为助理。人力缺口很大，当地电信人才奇缺，加之两个项目同时推进，新上线的流程还需要尽快贯通发薪流程，众多困难，让作为社招新员工又对华为内部流程不熟悉的汪远航感到压力巨大。

汪远航意识到，要在短时间内完成全部章程的落地适配，需要立刻投入行动，亲自动手，投入到全业务流程的工作中，而全流程落地适配意味着，汪远航需要把所有流程逐个走一遍。他在马德里工作的期间，常常与导师沟通如何贯通流程，梳理招聘、入离职、考勤、加班、请假、发薪、差旅、备用金等方方面面的流程体系，白天推进流程检查，晚上进行电话沟通和汇报，在电话中解决问题，总结经验。

同时，汪远航在招聘本地员工的时候学习当地劳动法规，在大量的面试中理解当地的税法，并将其应用于流程检查的项目推进中。汪远航不断试错，调整流程，在导师的耐心指导下，终于在一个月的时候完成了人力资源流程体系的搭建，通过流程检查实现了全业务流程的落地适配。

更重要的是，平台的搭建和流程检查的完善使得管理有章可循、有流程可依，加强了人力资源管理规范性，使得人力供给、绩效管理、日常管理都得到有力保障，适应了业务的井喷式需求。

完成这重要一步后，汪远航便把他贯通的流程和流程检查的工作过程，全部教给了HR助理和后来招聘到位的HR专员，以便他自己能够专注于项目遇到的问题，成为一名商业伙伴。

由此可见，在具体的流程工作中，要确保业务流程的深入实施，有必要引入流程检查工作小组。通过对流程进行考核与审计来检查流程的运作状况，一方面针对业务流程测评结果设置奖惩机制；另一方面通过流程审计梳理出流程关键节点，从而加强对关键节点的控制和优化，实现从目标设定、监控指导到再优化的闭环管理。

对业务流程进行审计是在充分理解流程本质和价值核心的基础上，利用相关的审计准则对流程管理体系进行客观、合理、有效的评估，通过审计和检查发现流程问题，并形成反映流程执行实际情况和问题的文件。因此，流程审计的关键在于发现的问题和结果，而不仅仅是过程，通过流程审计发现的问题和瑕疵应该是有价值的，与业务本质相关的。

尽管流程审计小组在深入业务单元检查时的主要目的是识别问题，但审计更重要的是提示结果，以提供合适的解决方案，寻求流程问题的改进和优化。然而，系统的、高质量的流程审计过程并不是随意开展的，而是按照流程审计计划，组建专门的流程审计工作小组而启动的。因此，流程审计团队的工作质量和审计过程的效率是流程审计的关键。表7-1简要阐述了流程审计团队的工作准备。

表 7-1 流程审计团队的工作准备

具体步骤	准备要求和注意点
步骤一： 成立审计小组	由流程管理部门和分管流程管理的高管，选定流程审计组长，审计组长应具备审计员条件，至少参与过公司流程审计作业两次以上
步骤二： 选定审计成员	审计组长按照审计目的、项目、范围或部门，选择具备条件的审计小组成员，通常为3~5人。审计员应受过专业机构培训，具备审计准备、现场审计、将审计结果形成文件的具体工作能力
步骤三： 召开审计前会议	在流程审计前，组织审计员召开审计前准备工作会议，讨论流程审计行程的安排，确定审计目标、范围与标准，明确各环节审计责任
步骤四： 拟定审计日程表	审计组长根据职能分配表及相应标准的要求编制审计日程表
步骤五： 与被审计流程环节协调审计行程	审计日程表编制完成后，向被审计部门知会日程安排，双方确认以后交管理者代表审批；获得批准后，由文控中心分发归档
步骤六： 编制审计检查表	流程审计员编制审计检查表

由表7-1可知，流程审计团队要在流程审计开展前，做好充分的准备，首先，要成立审计工作小组，选定审计小组成员，无论是组长还是团队成员都必须对业务流程本质有足够的理解，并具备审计准备、现场审计、将审计结果形成文件的工作能力。其次，要召开审计工作准备会议，拟定审计日程表，安排具体的工作计划，明确各环节审计责任。最后，需要与被审计流程环节协调审计日程安排，编制审计检查表，进入具体的流程审计实施阶段。

张泽波加入华为多年，长期在GTS员工培训平台部硬装工程营从事相关工作，他曾经担任硬装培训教师5年。一个周末，基地迎来了一批新的面孔，张泽波从他们的神情中便能看到这些学员对硬装工作和相关流程检查工作的期待和喜悦。

张泽波在培训中常常强调，对于硬装工程营的相关工作，要深刻理解流程检查工作，就必须亲自上过战场、打过枪，参与甚至主导过流程检查项目的推进，这样才能培养出硬装工程营的品格、体格、意志和流程管理的视野，从而深入一线了解站点的交付流程。张泽波的职责就是在各个区域搭建硬装培训基地，带领学员到站点进行华为设备安装及理论传授。

由于站点选址需要符合一系列条件，张泽波的硬装工程营长时间工作在高山、森林中，有时甚至需要深入到阴暗潮湿的地下室。整个团队在深入业务单元进行流程检查时，感受过夏天30多摄氏度的烈日高温，也熬过在雪天喝着白酒安装设备的冬日，推进站点流程搭建和检查。张泽波常常在凌晨接到培训学员的电话，需要他帮忙检查端子质量，因为第二天要进行出营考核。作为设备安装施工队的一员，张泽波经常土一身、泥一脚，被形象地称为"泥腿"教官。

张泽波2012年开始担任硬装培训教师，在这5年的培训工作中，他带领一批又一批的硬装工程学员为了梳理站点流程，推进流程检查工作，爬过许多山头，上过许多大楼。学员来了又走，他已不记得培训了多少人，学员的姓名和模样也都记不清了。但张泽波能记住的是自己重复过无数遍的产品知识和安装流程。张泽波提到在这份常年深入业务流程、推进流程检查的工作中，他常常感到累并快乐着。

硬件安装流程工作看似简单，却是工程交付项目的短板，尤其是海外交付项目的最大困难。张泽波感慨于公司及部门能提供这种训战结合的培训平台，每次开新学员的开工会时，他都会对新学员们强调，珍惜公司提供的到一线实践的培训机会，只有真正动手干过，才能更好地了解公司产品及一线交付流程。

张泽波还记得，在2015年教师节，学员们在出营时送给了自己一份礼物，学员们希望张泽波能够在硬装流程推进中继续快乐地工作着，为华为培养出一批又一批有经验、有能力的硬装工程工作者。平时，他还会收到已奔赴世界各地工作的学员发过来的问候，听他们说在岗位上已步入正轨，硬装培训期间所学的知识在工作上有所帮助时，张泽波心里就有满满的成就感。

流程审计的具体实施过程包括四个环节，分别是召开首次会议、现场审计、召开审计小组检讨会议、召开审计末次会议。首次会议的内容相当于确定审计工作准备过程的相关事宜，确定流程审计目的、范围，确认审计日程，并初步敲定末次会议的时间和与会人员，明确参与者职责。

进入流程现场审计阶段后，由被审计流程环节配合审计工作小组提供所需的各项资源，以确保审计工作顺利进行。审计小组应通过面谈、文件审查、观察相关区域的活动，收集客观证据来开展审计活动。图7-1阐述了流程审计的具体实施过程。

由图7-1可知，在进行审计时，应注意从业务流程入手开展审计工作，在工作现场的各环节流程链中查找问题，这样可以更快切入问题根源，提高流程审计的效率，并且从根本上强化企业的内部控制。

华为在流程审计过程中，已经形成了一套成熟的审计实施流程，当流程审计工作结束后，由审计组长召集审计组成员开会，一方面整合分析审计检查表的内容，分析不合格、问题流程环节，提出改进计划与改进建议；另一方面通过末次会议审视流程审计工作是否实现了这一阶段的目标，并对审计过程中的投入和产出进行分析，以提高未来流程审计工作的效率。实施流程审计，可以揭示出业务流程运作中存在的问题和风险，通过对其进行督促整改，减少无效的或不增值的活动，促进业务流程目标的实现。

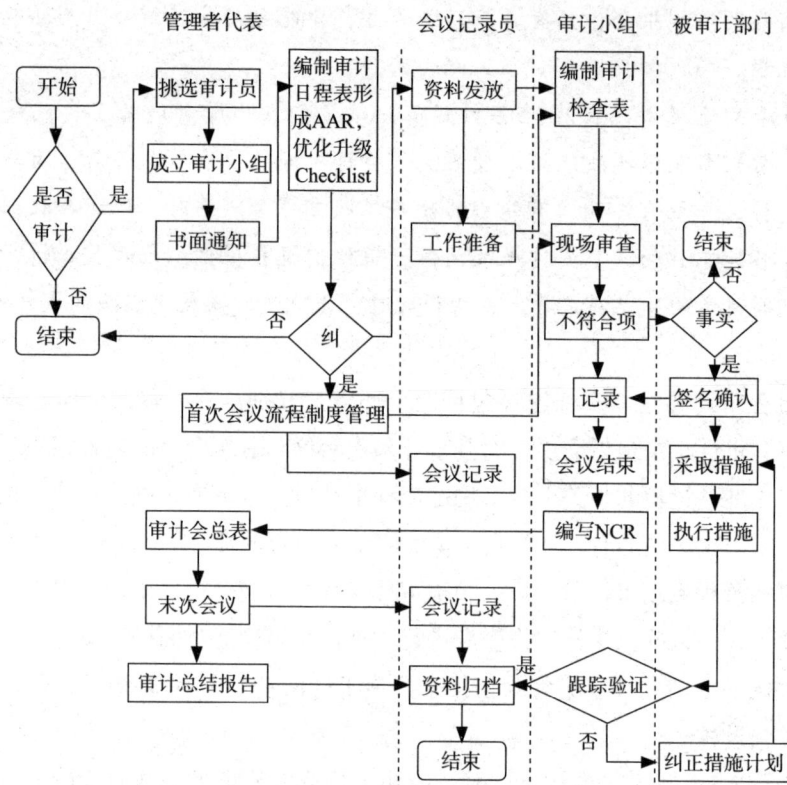

注: NCR即Non-Conformance Report, 不符合项报告。

图 7-1　流程审计的具体实施过程

业务主管是流程管理的第一责任人

　　项目组长在团队内部除了要拥有强大的技术背景和实力, 还要承担起管理好技术团队的角色。华为的一位项目组长吴楠在技术团队的管理和任务委派方面具有丰富的经验。在他的团队中, 成员之间业务背景差异大, 年龄也分布不均, 有通过社会招聘进入团队的, 还有从其他部门调任过来的, 团队成员的异质程度比较高。

　　几个月之前, 一个新的业务模块被合并到吴楠的项目团队中, 合并之前该业务已经超过了交付期限，项目的执行过程中问题频发。吴楠开始思考，如果一个问题项目还继续按照原来的进度开展，肯定会产生更严重的延期，并且还不能保证在之后的执行过程中顺利解决技术问题。吴楠将项目的实际情况跟团队成员们交代清楚，大家一起讨论后，了解了技术问题的来龙去脉，最终决定按照成员的业务和技术专长进行任务委派，这样的分工能够提高解决问题的效率。

随后，吴楠召集团队成员进行任务委派和关键问题的责任人落实，梳理项目流程和问题后，他将善于交流的90后分派到对外接口工作，将技术背景强且拥有多年经验的老员工分派去处理疑难技术问题。团队成员发挥各自的专业所长，共同推进项目。

吴楠和他的团队明确项目要达成的目标，但如果只有目标，没有明确的任务分工和责任人的确定，目标的可行性就会减弱。显然，吴楠在进行任务委派时，明确了项目成员是否有能力完成要执行的任务，充分考虑到员工能力与任务、目标的匹配性，发挥出团队成员每个人的执行能力。

组织中业务流程体系的建立离不开横向流程管理参与者和纵向职能部门的共同努力和构建，尤其是业务主管和熟悉业务的相关人员，他们是推动流程运作并在流程检查环节发挥重要作用的人力资本。

在流程规划、执行和检查的过程中，业务主管是流程管理的第一责任人，因为流程运作框架是根据组织业务搭建而成的，业务主管对企业业务网有着深刻的理解，长期从事业务工作的一线人员对完善的流程体系带来的价值也会有深刻的理解。

基于责权利对等的原则，对业务了解的主管在承担了相应责任的同时也意味着拥有相应的流程管理权力。因此，在流程管理过程中，业务主管要承担起最主要的责任，尤其在流程检查上要积极带领流程管理团队识别问题流程环节，为后期的流程优化和改善奠定基础。

王端军在华为拥有丰富的项目交付经验，2008年11月，他参与并主导的Turnkey大型项目的一期项目顺利交付。经过一期项目的磨合和历练，王端军不仅自身对项目管理有了更深层次的理解，他带领的团队也在各种技术瓶颈的磨砺中走向成熟，成为一支精湛的项目交付团队。于是，上级领导决定继续信任王端军，将更为复杂的二期项目也交给了他的团队。

作为业务流程管理和项目交付团队的主要责任人，王端军带着种种压力马上召集团队中的精兵强将开始了二期项目启动前的分析。他们针对一期项目中管理上的问题，在吸收一期经典方案的基础上，制定了适用于二期项目的项目计划。随后在二期项目的逐步运行中，各个环节的质量和交付进度都领先于友商，赢得了客户的满意。如此骄人的交付成果背后却隐藏着许多艰辛。

在项目的站点建设中，为了确保站点的安装质量万无一失，王端军亲自带着技术骨干和分包商爬上几十座铁塔进行核查工作。有一次，王端军爬上铁塔后不久，大风就将王端军的眼镜刮飞了，在没有眼镜的情况下，王端军摸索着爬上了铁塔，下来后还主动自嘲，化解了客户同行人员的担心。于是，客户被王端军所感动，与他成为业务之外的好朋友，他们之间的每一次晚餐都成了技术澄清的研讨会。2010年，王端军获得了华为"金牌项目经理"的称号。

2011年，受利比亚国内紧张局势影响，华为在埃塞俄比亚的代表处撤离。远在埃及地区的王端军被临时派往埃塞俄比亚，担任项目经理，主导当地电信项目投标的流程推进，项目高达十几亿美元。与此同时，王端军还要兼任另外三个项目的交付经理，当时的项目团队中，中国员工和本地员工加起来只有10人，仅有的这些团队成员也共同负责几个项目。

王端军担任多个项目负责人，在每个项目流程推进过程中，他都是主要负责人，他只能马不停蹄地向前跑。这一段时间的多项目交付、多业务流程推进的经历，历练了他对于大型项目的投标经验和业务流程的贯通协调能力，同时也磨炼了他在人力资源严重匮乏的情况下对团队的管理能力，为今后的各种复杂项目进一步奠定了扎实的基础。

2013年，华为与摩洛哥签订了4000多个站点的大型项目，王端军被派往摩洛哥担任项目经理。结合以往的项目经验和团队管理经验，王端军带领的团队如期完成了这个大型复杂的项目，把团队建设成为一支精兵战队，赢得了客户方的高度认可。

业务流程管理者作为第一责任人，要确保流程从执行到检查的各个环节高效顺畅运行，不仅需要业务主管对业务网络十分熟悉，同时要在推进流程管理的过程中遵循相应的原则，保证流程推进效果明显。图7-2简要阐述了业务主管遵循的流程管理原则。

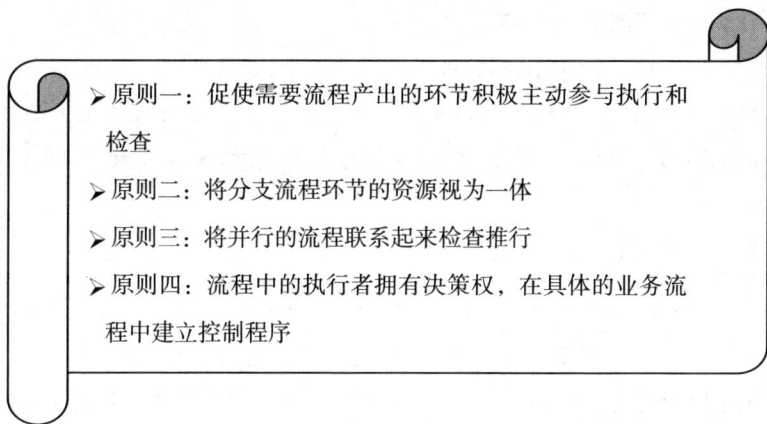

> 原则一：促使需要流程产出的环节积极主动参与执行和检查
> 原则二：将分支流程环节的资源视为一体
> 原则三：将并行的流程联系起来检查推行
> 原则四：流程中的执行者拥有决策权，在具体的业务流程中建立控制程序

图 7-2　业务主管遵循的流程管理原则

由图7-2可知，业务主管在推进流程管理工作时，首先要逐步通过流程执行和检查促使流程参与者积极主动推进流程工作，引入信息系统，减少工作界面的人力摩擦，降低管理费用。其次要将流程上各环节的资源视为一体，逐步解决集权和分权管理的矛盾，业务主管需要在必要的时候将分散的资源汇集为一体，将并行的流程联系起来推行，降低流程运作成本。同时需要赋予流程执行者相应的决策权，在突发情况出现时能够及时做出决断，并根据流程检查的具体情况建立程序。

众多企业在推行绩效责任机制过程中，普遍存在的问题是绩效管理者很容易出现"以包代管"的错误，即由于业务需要或行政监督检查职能的需要，企业通过合同的形式将部分环节的权力和责任分包给合作方，但发包企业不再对业务质量、安全等重要环节进行管理。

这样做会导致发包企业将任务分配给下级后成为甩手掌柜，不去考虑承包任务的部门或个人有没有能力完成任务，在业务流程进展过程中出现问题时，不能提供很好的解决方案，未形成流程应急处理机制。在业务或项目的验收环节坐等分钱，最后导致了企业整体上的目标无法实现。

华为在创业初期也是采用"以包代管"的方式，通过层层施压，将任务和相应的责任分摊给下级，然后向下级要利益，但出现问题时，上级也会将责任推得一干二净。显然这种制度没有推行多久，就被任正非果断否定了。因为他意识到，企业的目的是价值贡献最大化，业务流程各个层级参与者自发承担责任，管理者当然应该承担更重要的责任，才能使流程高效运行，从而通过流程价值实现企业价值。

如果企业一味地分包，各层级业务流程管理者的责任没有被很好地承担起来，在流程执行过程中会存在个人的欺上瞒下、弄虚作假现象，从而降低流程运作的效率。因此，无论是绩效管理还是业务流程管理，都不能采用"以包代管"的制度。

业务主管作为业务流程的第一责任人，在推进流程检查之前就要清醒地认识到流程检查本身带来的冗余环节和活动，即流程检查可能成为不增值的活动。业务流程管理者必须清楚，流程管理的本质是减少浪费，降低成本，删除冗余环节和非增值活动，提高企业经营效率。因此，业务主管在流程检查环节要确保增值，不能迷失在流程检查任务本身。

业务主管要意识到流程检查只是一种方式，其最终目的是通过检查改善流程环节，为企业带来价值。要产生价值就要让流程检查的价值超过流程检查的投入。因此，业务主管要准确识别在具体的流程检查工作中如何设置检查点，使之与流程检查带来的产出相匹配。图7-3阐述了流程检查分析图。

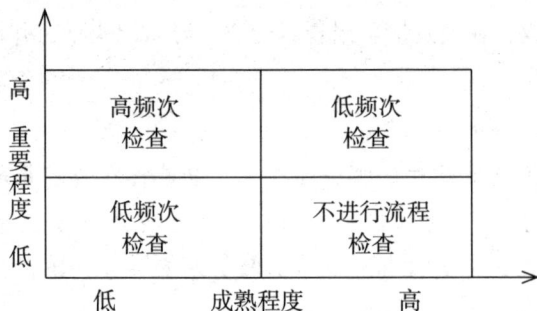

图 7-3　流程检查分析图

资料来源：《跟我们做流程管理》图5-1。

由图7-3可知，业务主管要根据各环节分支流程的成熟程度和重要程度来设置流程检查点并决定检查的频率。当分支流程属于关键的控制节点，同时流程运作的成熟度并不高时，这种环节容易出问题，因此要在这样的环节多设置检查点，进行高频次检查。

相应地，重要程度高但流程运作已经走向稳定运营状态的环节发生风险的可能性很小，可以设置相对较少的检查点，低频次检查。流程重要程度和成熟度都较低的环节，不会带来较大的绩效波动，因此可以采用低频次检查。

建立流程响应机制，以及时预警和介入

华为账务共享中心于2015年5月推出了一批验收文档，要求进行修正和反冲，原因是合同当中并没有按照之前的原则进行核算，然而项目团队却对财务共享中心的退回意见不认可，双方为此陷入争议之中。

面对如此僵局，项目负责人黄加庆多次组织项目团队和财务共享中心进行沟通，经过多次协商和沟通，双方终于达成一致意见，确认是属于需要定义新的核算规则的新业务场景。意见统一后，黄加庆立刻组织项目团队按照新的核算规则补充了验收文档，最终财务共享中心在检查后认可了这批合同的收入。

但不久，黄加庆发现财报内控问题金额每个月都很大，每月都在×万美元，这属于项目财务流程中的异常情况，同时合同PO延迟下发，这一系列阻碍项目流程推进的异常点需要立刻建立响应机制进行解决。

黄加庆立即组织项目组对此进行了分析，经确认他发现合同PO延迟下发，在共享中心这个层面来说，是根据收入确认时点和合同PO下发时点进行简单匹配来判断的。于是，他与SSC进行了流程的梳理和澄清，确认其中占比最大的"COR（合作变更）场景"是合理的业务诉求，并不是真正导致合同PO延迟下发的原因。

随后，黄加庆组织团队提交了月度COR PO清单，并将该清单交由SSC备案，在季度末进行验收后，形成了COR PO，进行合作成本预提。财务共享中心审核了相关清单和预案后，同意了从财务内控问题中剔除场景数据。

黄加庆做好了项目"账房先生"的同时，又做好了项目经理的参谋、业务人员的问计对象。同时作为财务监控和内控管理责任人，保证了财务规则的有效执行以及内控风险的管理，确保项目经营能够可靠、稳定地支撑公司整体经营。由此可见，黄加庆作为项目组的负责人，在项目合同推进流程出现问题和异常时，积极组建团队响应并解决问题，联系相关部门，及时预警并介入，调整不合理流程，控制潜在风险。

在流程检查过程中，随着业务流程的执行和流程审计工作的深入推进，会识别出某些环节的流程问题和潜在的风险。而有些临时性流程问题和即将爆发的风险需要迅速解决，因此，有必要建立起高效的流程响应机制，准确识别流程环节上的风险点，及时介入并采取措施。

在流程管理中，无论是小异常还是大风险，一旦出现都会影响全业务流程的运作效率，尤其流程的关键控制节点发生异常，将会为流程管理工作带来更大的成本。因此，要及时识别流程中的异常、风险和问题，需要在流程检查过程中识别异常发生的可能原因。图7-4简要阐述了识别流程异常原因需要思考的问题。

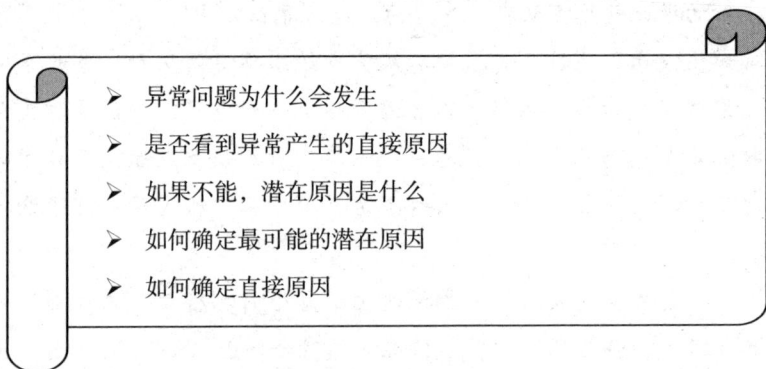

> 异常问题为什么会发生
> 是否看到异常产生的直接原因
> 如果不能，潜在原因是什么
> 如何确定最可能的潜在原因
> 如何确定直接原因

图 7-4　识别流程异常原因需要思考的问题

由图7-4可知，通过对原因的深入全面分析，找到最根本的原因并进行改善，才能从根本上排除流程环节的异常、风险和问题，从而避免预测出的不良结果最终成为现实。如果原因是可见的，则对其予以验证；如果原因是不可见的，则考虑潜在原因并核实最可能的原因。

2009年年初，华为公司开始了IFS变革项目，为了配合项目推进，各代表处结合自身实际情况抽调出精兵强将，组建了合同管理及履行支持组织（CSO）。4月份，这十几名来自不同代表处的CSO团队成员被安排在一间大办公室，准备开始工作。张遂受命主持CSO工作，如何将这支团队成员各具特点的队伍聚合起来并发挥作用，他心里表示担忧。

不久之后，他的担忧成为现实。尽管大家在一起办公，但却在彼此之间筑起了一道部门墙，业务流程无法顺利推进，遇到流程异常或问题，每个人不是想着如何及时处理并解决，而是相互推诿，都没有考虑自己的问题在哪里，甚至有的团队成员不再按时上班。张遂知道，面对这支松散的队伍，要想高效推进业务流程，首先自己要做到站在团队最前面主动解决问题。

一次，代表处完成某项目的交付后，项目经理没有按时提供流程相关的文档文件，多次沟通都没有改善。于是，张遂直接在代表处的会议上通报了这位项目经理，很快问题得到及时处理和解决。他强调，即使私下是很好的朋友，他内心也不希望在流程上发生异常情况，影响全业务流程的推进，因此在工作上要建立起流程的响应机制，如果团队内部没有建立，那就应该由项目经理承担责任，由项目经理积极推动流程运作，才能在组织中形成及时响应的氛围。

张遂晚上召集全体CSO成员进行研讨，通过研讨，团队成员发现大家的工作总是忙闲不定。在具体的工作中，从文档获取、清单配置到开票回款等流程环节一环扣一环，当流程推进到某个环节时，上下游的工作人员没有过多的工作任务，导致无事可做。加之，来自不同部门的员工本来就不熟悉，要将大家真正融合在一起，就必须要有更完善的制度和流程来保证。经过仔细分析，张遂和CSO团队最终确定了用贯通的理念来运作，具体可以通过三个步骤来贯通。

第一，需要在团队中，将业务与客户贯通，建立例会制度，保证在每次例会上客户的信息能够在第一时间传递到CSO。

第二，要将CSO内部各流程环节贯通，每个环节的人要对本职工作负责，同时必须明确上下游流程的具体责任。

第三，要在团队内部形成流程运作的"铁三角"，保障流程文件的准确性和及时性。

通过上述措施，在CSO团队逐渐形成了流程响应机制，遇到小问题可以及时预警和介入，各小组主管也承担起各自的职责和团队的责任。整个团队的流程推进氛围很快变得积极主动，遇到问题相互推诿的现象逐渐消失，而首先想到的是如何积极响应、迅速解决问题。

2009年5月，沙特代表处CSO团队的一小股人马走出办公室，轻声说笑着。在寂静的夜中，他们还显得有些兴奋。过去一个月，他们开出了一亿美元可以支持回款的发票，开票效率提高了数倍。

在流程检查阶段界定某个环节或某个流程节点异常情况发生的原因时，有时并不能直接精准地识别到具体原因。此时，需要深入全业务流程梳理各个流程环节的人员、设备、材料、作业标准等要素，并借助鱼骨图整合流程信息，分析异常、风险和问题发生的原因，并预测问题流程环节可能产生的后果。图7-5简要阐述了利用鱼骨图对业务流程异常的因果分析过程。

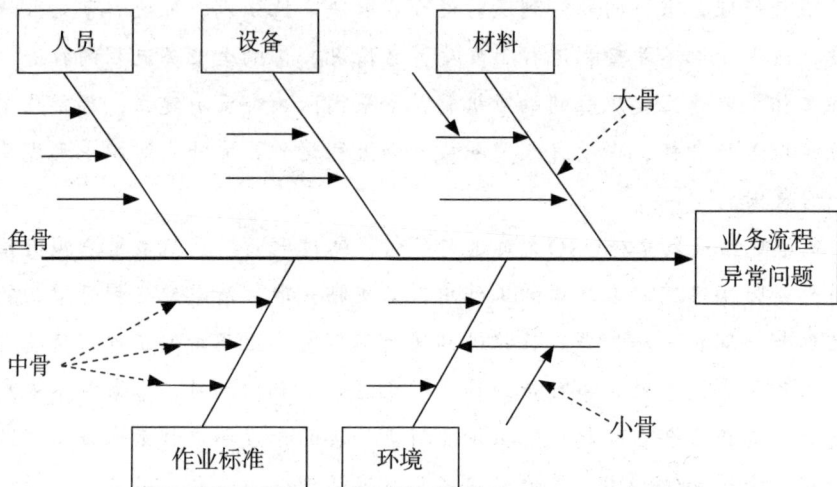

图 7-5　业务流程异常的因果分析过程——鱼骨图

由图7-5可知，通过对潜在的问题和异常情况进行因果分析，能够深入了解流程运作的实际情况，了解问题产生的原因及其对整个业务流程带来的后果，及时采取措施，并根据预测到的后果决定流程改进的优先级顺序。通过鱼骨图的因果分析，能够精准知道问题产生的根本原因到底是在哪个环节或哪些要素中，以便于及时介入。

不能仅仅针对表面可见的流程问题进行改善，急功近利的解决办法治标不治本，有可能导致异常的重复出现。因此，只有找出问题产生的根源，才能彻底根除流程运作的异常情况，提高流程检查有效性。

2011年11月，华为乌鲁木齐办事处一名客户经理范东（化名）正式开始了他在新疆的工作。没过多久，他发现一些责任心强的客户经理，接手工作之后会踏踏实实"清淤"，一步步地清理遗留问题。虽然这样有效改善了公司指标，但却牺牲了自己一年甚至两年的PBC绩效，因为"清淤"既耗费精力又不容易出成绩。

当时范东手里的每个销售人员都背负着高目标，而业务人员心里对于PBC打A和打B之间的收入差距是最清楚不过了。于是好多人抱着这样的想法："订货越多，指标越好，管它能不能按时回款，先把客户搞定，没资金也可以先签合同。指标冲上去了，奖金就上去了，两年后交接出去就没我什么事情了。"公司的销售人员流动性大，这种想法十分普遍，俗称"前人挖坑后人填"。甚至有老销售调侃："不填坑怎么能成长！"很多人为了冲订货目标，宁愿选择"挖了新坑填旧坑，新坑再由后人填！"但这种不按流程办事的行为就会造成"积淤难清"的现象，范东发现如果不及时清除出现的问题，积累的问题越来越多，办事处就需要花费几倍精力去解决！

直到范东了解了华为的"一点两面三三制"原则，即流程体系，构建责任体系之后，他才找到解决方案：按华为已有的流程以及流程下及时的问责制度去处理现有的问题，及时"清淤"。于是范东在发现问题的第一时间就有针对性地惩罚并全员警示，时间长了那些销售果然开始重视这个事情，并形成自我约束意识。

在半年的流程优化、内控管理的学习以及贯彻落实之后，这位客户经理带领销售团队的成员养成了按流程办事的良好习惯，违规操作和界面外业务行为受到很好的管理，工作效率也随之提升。

无论是流程审计的原因分析，还是全面系统的流程检查，最终的目的一定不是呈现过程，而是解决问题，排除流程环节上的异常点。对于严重的问题需要启动专门的流程优化项目，但对有些临时性的、需要及时处理的流程问题，有必要建立起能够迅速达成效果的流程异常排除机制。图7-6简要阐述了排除异常流程环节的具体步骤。

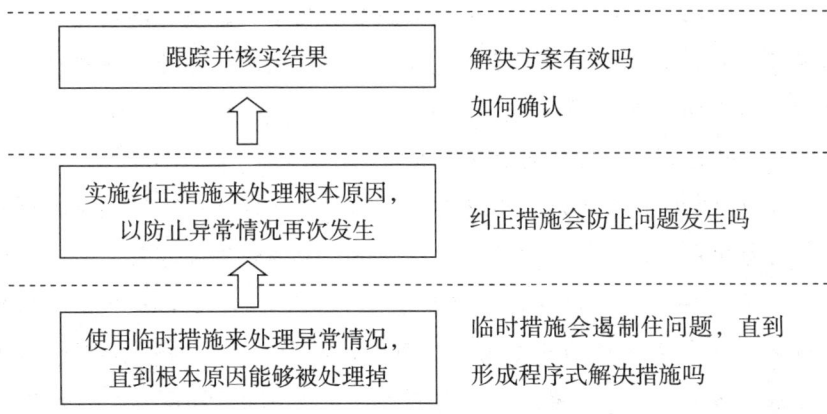

图 7-6　排除异常流程环节的具体步骤

由图7-6可知，在排除流程上的异常环节时，临时性解决措施通过长期的改进和应用能够逐渐形成程序式的解决措施，可以应用到日常问题的处理过程中。在临时性解决措施介入后，如果不能产生良好的解决效果，还需要进一步实施纠正措施，更深层次地处理流程问题，以防止异常情况再次发生。当一系列排除异常的措施实施后，还需要跟踪并核实结果，保证排除异常的有效性。

对违反既定流程的
相关方要及时追责

李峥加入华为后不久便被派往津巴布韦参与并主导当地的光缆项目，常年的海外交付经历让他意识到项目经理最重要的职业素养是真诚。当出现问题时，不是试图掩盖而是向客户坦诚项目中出现的错误和瑕疵，并提出有效的解决方案。坦诚面对问题可以让客户看到你真诚地为客户着想，有解决问题的决心和能力。

李峥曾经参与的光缆项目中，客户方的CEO向总部进行了投诉。经过了解，李铮发现项目的主要问题是工期延迟，但考虑到津巴布韦的环境，合理的工期延长是能够接受的。然而，CEO如此愤怒的投诉态度，让他推断在项目操作中应该还存在一些自己并不了解的问题，为了找到问题的真正所在，李峥和客户对站点进行了考察。他们穿越整个国家，检查光缆项目的交付。最后暴露的问题触目惊心：大量光缆暴露，没有回填。李峥发现交付质量才是最严重的问题，他非常明白，此刻再牢固的客户关系，再优秀的客户经理，都无法让客户对这样的问题视而不见。

意识到问题的严重性后，李峥真诚地向客户道歉，并承诺华为的项目团队会及时解决所有问题。同时，在团队内部，他积极调配人员，加速推动项目整改进程，整个团队连夜讨论整改方案。随后，针对回填质量、人井间距，每一样都制定出详细的方案。项目整改花费了半年时间，投入近20万美元，最终客户在验收阶段肯定了整改结果，取消了200万美元的罚单。之后，客户更是不计前嫌，给了华为2.5亿美元的大订单。

随着业务流程的执行和推进，需要在重点环节设置流程监控点，进行流程检查，核实流程制度是否得到了执行，执行是否到位，在流程执行过程中是否符合流程制度的要求。通过流程检查梳理总结问题环节，对不按照流程制度操作、违反既定流程的相关方要及时追责，并将流程责任的落实与绩效考核相关联，对违反流程的工作人员在流程绩效考核中要有所体现。及时问责有利于对流程管理的问题环节进行调整和校正，推动业务流程按照正确的方向高效运行。

违反既定流程的短期利益不足以弥补流程改进的成本

不按照流程操作可能会在短期内带来明显的业绩成果，暂时的胜利往往也会让流程工作者忽略对未来流程改进成本的评估和预判。因此，各个层级流程管理者需要明确违反流程带来的短期利益不能够成为业务流程持续发展的核心竞争力。

从华为成功的项目交付案例中能够看到华为一直恪守着标准化作业和规范化的操作习惯。然而，在过去华为公司也存在一些因不按标准作业导致严重后果的情况。1999年春节期间，正当万家灯火时，华为的D产品项目团队却无法沉浸在新年的喜悦中，因为他们建设的样板工程中的基站问题频发，影响了东北地区客户的使用，客户投诉不断。产品经理任明紧急召集几名技术骨干赶赴现场，解决问题。经过技术团队的排查和分析，终于找到了问题的根源。

原来项目团队当时为了加快进度安排，在交付阶段没有严格按照操作手册上提供的技术操作标准进行，而是选择使用一个相对简便的测试软件完成了技术测评环节的工作。当时测试完并没有显示交换机有任何问题，但到了实际环节，问题就暴露无遗。

D产品项目组回顾了当时的技术路径，进行了总结和反思，发现就是由于当时没有严格按照操作手册进行标准化操作，选择了一种取巧的技术测试方案，导致了这次基站的瘫痪。项目经理、产品经理都进行了自我批评，并组织团队成员对相关标准进行了强化学习，在后面的工作中保证新项目的各个环节都按标准操作。

2001年以前，诸如此类的案例在华为频繁出现，许多项目团队在交付任务之后能够总结和反思项目中的失败和经验教训，但没有将这些经验固化为详细的标准细则。2001年之后，项目部门逐渐意识到标准的重要性，任正非也开始重点进行公司全方位的标准化建设，并在组织内部推进了标准作业指导书管理，对员工的行为进行指导。有了标准作业指导书这样的文件后，取巧的事件很少再发生。

由此可见，项目团队如果不按照标准流程操作，可能会获得短期的效率与收益。但从长远来看，违反既定流程的操作潜藏着巨大的隐患和风险，一旦某些环节的问题暴露，调整和修复流程的巨额成本是违反流程操作带来的短期收益不能弥补的。因此，明确违反流程操作的相关责任人，从而在组织内部形成遵守流程制度的良好氛围，通过流程检查提前发现问题，及时调整。

明确问题流程，界定违反流程的责任人

在流程检查过程中，具体可以通过流程稽查来判断各项流程制度的执行程度，稽查方通常是流程归口部门或各层级的流程管理者。流程归口部门和流程管理者对正在运作的业务流程会有更深刻的理解，清楚流程的目标及管理原则，在进行稽查时会更迅速准确地识别问题，能够清晰地设置稽查路线。

任正非曾经专门就标准执行做了讲话，他强调可能用户体会不到流程标准的重要性，但华为内部IT热线中心的工作人员却认为流程的制定和推行是十分必要的。

当前，信息技术迅猛发展，产品换代日益加快，诸如华为这样的大公司如果跟不上信息技术发展的步伐，计算环境无法标准化，各部门的软硬件平台都只根据自己的需要进行选择配置，势必导致各个部门的流程运作只能满足小范围运作，整合起来难以发挥大价值。

一旦遇到故障，很难通过全能的技术专家来应对和解决。任正非提出，如果不按照流程标准设计制定流程平台，即使整个IT热线中心倾城出动，也未必能够应付这些千奇百怪、毫无规律的软、硬件故障，更谈不上经验积累。

由此可见，负责流程工作的管理者其工作与业务流程运作关系紧密，让他们负责开展流程稽查往往能够用较低的成本实现更好的效果，通过稽查明确问

题环节，界定相关责任方，推动流程改进。可见，流程稽查为责任的界定和流程改进提供了基础，因此有必要对流程稽查的具体操作过程明确责任，便于在过程中识别不按照流程操作的问题环节。图7-7简要阐述了流程稽查的过程和步骤。

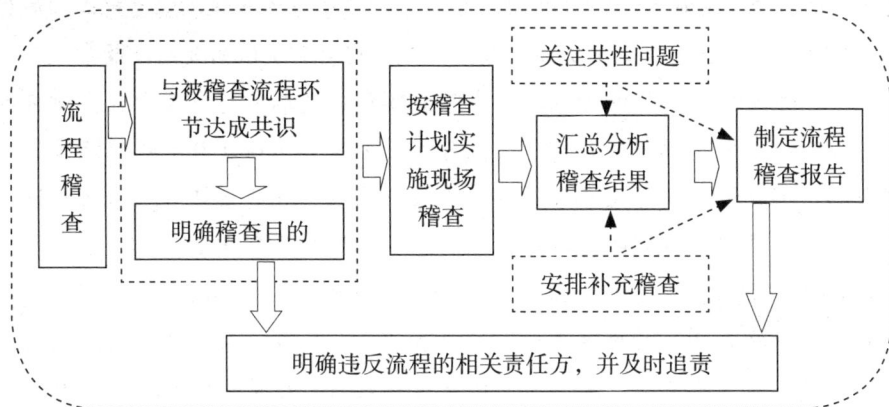

图 7-7　流程稽查的过程和步骤

由图7-7可知，通过流程稽查明确违反流程责任方并及时追责时，首先，要与被稽查的流程环节就业务流程本质和稽查的目的达成共识；其次，根据共识制定稽查计划，具体实施流程稽查；再次，稽查结果汇总分析阶段是界定责任方、识别违反流程环节的最佳时间段，在分析时要从流程整体的视角关注流程存在的共性问题，当信息不足时，要安排补充稽查；最后，要注意根据分析结果制定流程稽查报告，以确定最终违反流程的责任方，并及时追责。

建立流程责任机制，结合流程稽查，保证流程权威性

通过开展业务流程稽查，明确了各个环节的流程执行情况，对严格遵守流程操作的员工要进行激励并体现在绩效考核中，对于违反既定流程的相关方要及时追责，规范流程参与者的操作行为，从而保证流程运作效果。

华为IP开发部北京研究所的全体开发人员迎来了新的挑战，他们参与了设计周期最长、设计团队最大的新操作系统VRP V8代码的编程工作。代码量达到了1000万行，可见系统的复杂性。系统架构设计进行了一年，团队人数最多时达到100多人。2008年7月，设计实名制启动，整个团队的20多名设计师的设计作品上都会有他们的名字和历史记录。每位设计师在项目一开始就接到了刻着"为系统质量终身负责"的水晶框，尽管他们并不知道系统最终是否成功，但流程责任和质量责任有必要在一开始就明确下来。

为了将VRP V8系统做成行业内领先的支持系统，使其能够支持公司未来近20年的发展，设计团队在项目的设计阶段就考虑到运营商可能提出的各种诉求。设计团队共同努力，制定了系统组件化的方案，即通过系统组件化，根据客户的需求变更硬件和对应的驱动程序，而整个操作系统不需要改动。同样地，新的业务出现时，也只需要增加组件而不用对系统做出大的修改。

为了明确流程运作中的各环节质量责任和分支环节的流程责任，项目主管将每个环境的工作落实到具体的人负责，并规定了违反既定流程操作的惩罚条例。项目被分解为几个子模块，在每一次的设计方案评审中，架构设计师都需要从早到晚不间断地讨论其中的各种问题和流程质量责任。项目主管强调V8系统的开发依靠整个团队，因此需要每个设计师都思考怎么完成这个大的目标，然后自己对应这个大目标应该做哪些工作。架构设计团队包括北京、深圳、南京各地的成员，为了保证设计效果，设计团队有几个月奔赴深圳集中开发，此后半年在北京进行集中开发。整个团队都在为系统的开发贡献着自己的力量，项目中途有团队成员出现了思想波动，还有团队成员由于不适应当地天气，频繁生病。

为了保证整个系统高质量的交付，任何一个细微环节都不能出现问题，负责子模块设计的成员如果发生较大的变更，系统的质量就难以保证，整个业务流程的推进也会受到影响。因此，项目主管专门组织沟通会，帮助成员解决问题和困难，统一思想，最终没有一个团队成员中途离开。整个团队在项目开展的过程中，对每个环节的操作都按照流程制度严格执行，最终如期完成交付任务。

需要注意的是，通过流程稽查能够明确问题环节以及对违反流程的责任方的界定，但具体如何追责，还需要形成相应的流程责任机制，根据稽查和对应环节的责任分析，保证流程各环节责任落实到位。实际上，在流程运作中，每个环节的参与者都是稽查者，同时每个环节又是需要被稽查的流程环节，通过流程稽查在流程中形成一个相互制约的庞大的稽查网。

前端流程运作如果在某些环节出现不按流程制度执行、违反流程标准的行为和操作，其在下一道流程工序中就会被发现，如果能积极反馈，就会有利于问题的及时改善。可见，要在流程稽查过程中结合流程责任机制，让全业务流程参与者成为稽查者，保证流程权威性。

控制住节点，
就能控制好工作流程

华为技术网络规划专家——洪兵，进入华为工作已有十余年之久。在华为任职期间，他经历了2001年全球经济危机导致的华为无线网络业务的负增长，也伴随无线共同抵抗了2008年金融危机，实现业务增长量的突破。在无线网络优化项目领域拥有多年交付经验的他，对过程的监控无比熟悉。

2012年，华为与澳大利亚V运营商签订合同，项目内容是完成澳大利亚V运营商的网络搬迁项目，这一项目的难度被公司评定为A级，可见其复杂程度和困难程度。洪兵被公司委派参与并主导此次项目，他担任项目RFT3主管。然而，项目启动后的4个月就遭遇客户主动叫停的情况，客户反馈搬迁项目开始后用户投诉数量大幅度上升，项目开展了4个月，每个月的投诉数量都高于之前。而如果此时停止，就意味着之前的人力和物料投入都会成为沉没成本。

洪兵作为网优模块主要负责人，立即组织技术团队进行排查，对每段网络的问题进行公关。他带领团队排查技术路径上的共性问题，然后又委派多个技术小组，单独排查站点的技术问题，最终在一个月内降低了用户的投诉数量，同时也保证了项目的整体进度和搬迁质量。

改进效果明显，客户同意项目继续开展。排查工作之后，洪兵建立了项目的全过程监督机制，时时跟踪监控项目过程。洪兵根据搬迁项目的具体内容和实际情况，对交付各单位分配了工作任务，设置了监控的标准，将一些环节重新合并调整，在搬迁项目流程中增加了每天审查这个环节。在严格的过程监督中，项目交付过程没有出现重大故障和问题，用户投诉数量直到项目完成也没有明显增加。

终于，洪兵带领的项目团队和客户在几个月的奋战之后顺利完成网络搬迁项目。经过这次项目交付，洪兵对项目过程的监控环节有了更深刻的认识，通过监控及时识别问题环节和高风险环节，灵活调整项目进度计划。

流程稽查的目的是实现流程的改进和优化，对问题流程进行调整，明确各环节流程责任人。但流程稽查中如果没有严谨的计划和路线，没有抓住重点环节，企业就不愿意在流程稽查活动中投入太多成本。同时，对流程规划、执行等而言，其效果的好坏也是由少数几个关键环节或重要因素决定的，同样在流程稽查环节中也要准确识别关键控制节点，对关键环节进行稽查，形成关键稽查点，从而提升流程稽查效益。图7-8简要阐述了确定分析关键控制节点的过程。

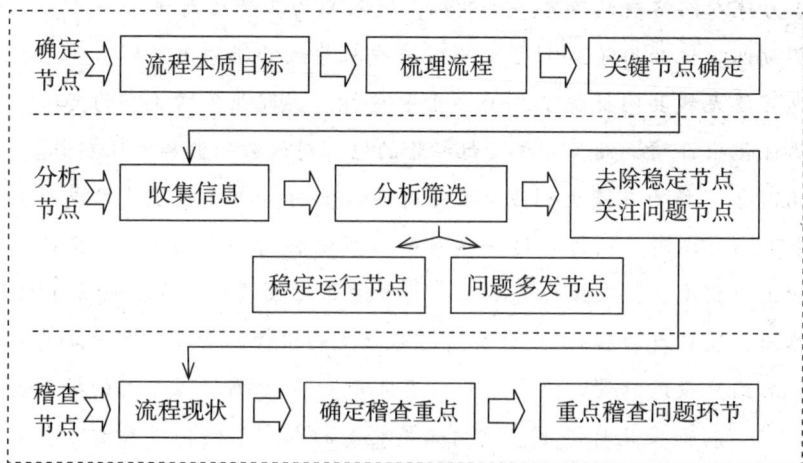

图7-8 确定分析关键控制节点的过程

资料来源：《跟我们做流程管理》。

由图7-8可知，首先，要确定流程关键节点，流程关键节点的确定要从业务流程的本质出发，流程关键节点一定是对业务流程运作起到关键作用的点，而流程稽查不可能对全业务流程中的每一个稽查点投入同等的成本和精力。

其次，要对确定的关键节点进行分析，通过收集大量流程运作的资料，识别出容易出问题的关键节点和稳定关键节点。有些关键节点是问题多发环节，需要在流程稽查方面投入更多的精力和成本；而有些关键节点即使很重要但操作流程已经逐渐成熟和规范，处于稳定运行的状态，这类关键节点就不需要浪费成本进行稽查。

在梳理流程关键控制节点，开展流程稽查活动之前，要广泛收集流程运作的数据和信息，汇总分析出问题环节，针对性地提出解决方案或流程改进方案，以提高控制节点的流程稽查活动效率。

华为青岛代表处的通信保障团队曾经参与并维护了青岛通信网络。运营商要求华为在短时间内使青岛的通信保障级别与奥运会的通信保障级别相一致。如此高级别的保障项目，时间紧，交付任务难度大。接到保障任务后的两天，各国海军就要到达青岛，平时需要一周时间才能完成的保障任务，要在短短两天内做好一系列准备工作，即使项目团队经历了奥运保障等大型项目，也对此次任务感到前所未有的压力。保障项目的各个环节要做好关键节点的分析，结合项目团队和客户仓库的设备对各环节进行设备分配，同时要跟踪保证各设备的落实地点。

项目团队争分夺秒，计划细致到每个作业步骤，每项工作如果已经指派责任人，责任人就必须立刻投入到任务的执行，同时还要对问题环节提出纠正方案，并及时解决。通信保障的一个关键节点是有足够的备板，项目团队和技术团队经过技术排查后，与客户、兄弟部门利用一下午时间解决了备板问题。经过项目团队的全力奋战，保障项目的站点建设如期完成。

接下来就是海上阅军领域基站的维护和监控，负责该站点的监控维护工作的是工程师周明科。由于该基站在崂山顶峰，受地形影响，保障维护工作比较困难，在保障期间，周明科必须加快步伐，每次对设备进行维护保障都需要快步疾驰，赶到山顶开始监控。通过对设备运行进行日常监控，对数据进行跟踪分析，确保设备顺畅运行，将每天监控的数据进行汇总，对问题路径及时修复。

整个项目就是在一个个基站的运行监控过程中顺利完成，通过对各个站点运维过程的监控，严格控制各关键节点的技术路径，确保项目过程平稳顺利运行，不出现重大故障。

通过流程稽查控制关键节点高效运行，从而保证全业务流程运作质量。显然，对关键节点的控制还需要在流程运作的过程督导中开展。控制流程中的关键节点就意味着控制流程活动质量，当各环节流程质量保持稳定状态时，流程整体的运行状态才是高效的、有价值的。

同时，质量问题是全业务流程需要面临的重要问题，流程活动的质量好坏直接影响流程效果。因此，有必要识别出流程作业的质量控制节点，将重要的质量节点作为流程中关键的稽查节点。图7-9简要阐述了流程作业的质量控制节点。

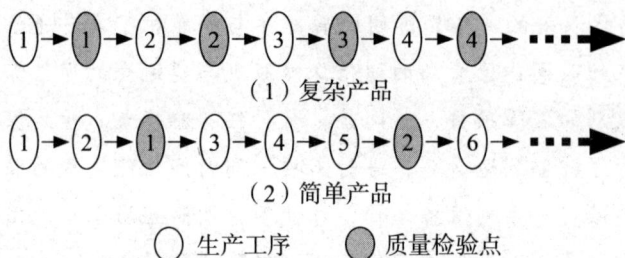

（1）复杂产品

（2）简单产品

○ 生产工序　　● 质量检验点

图 7-9　流程作业的质量控制节点

由图7-9可知，质量控制节点就是流程的关键节点，图（1）中的生产工序是复杂产品的工序，每道工序后都需要进行质量检查，由于产品复杂程度较高，属于高风险流程，也是问题多发环节，因此质量控制节点设置得较密集。图（2）是简单产品的生产工序，生产流程的成熟度相对于复杂产品更高，稳定性也较强，因此，不需要每道工序后面都设置相应的质量控制节点，只对重要工序设置质量检验点，就能控制好整个流程质量。可见，在流程质量控制方面也需要对流程进行梳理和分析，筛选确定出关键控制节点，并对重点环节、风险高发环节多频次排查。

华为2010年9月与S客户达成合作，合作项目是一个50万线固网建设，该项目从2010年10月开始执行，执行过程中通过客户的反馈发现有两方面的问题。首先是交货延迟问题，其次是在首次检测阶段就问题频发，多次出错，这让客户开始怀疑华为是否能保证质量地如期完成任务。面对客户的质疑和项目中的问题，华为项目部决定通过项目改善来缓和与客户的关系，让客户重新建立对华为的信任。这一想法明确后，相关工作人员马上制定了里程碑计划，为2010年11月邀请客户方到华为参观提供了基础。华为希望借助这次参观工作，消除客户的疑虑，让客户信任华为。于是，接待部和项目部门共同制定预算和里程碑计划，通过里程碑计划，明确参观事宜的时间和各阶段工作内容，如图7-10所示。

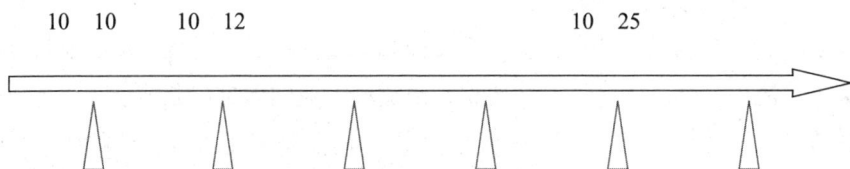

图 7-10　里程碑计划

根据里程碑计划，项目部员工对此次参观活动进行了可行性分析，明确如下工作安排：首先要确定公司接待资源，其次要确保客户考察行程在月底完成，最后要考虑将客户安排在距离公司半小时车程以内的酒店，并由高层进行接待。最终，按照里程碑计划，客户高层的参观活动圆满完成，客户对华为的技术能力充分肯定和认可，打消了之前的疑虑。

由此可见，在项目管理中的流程关键节点，可以通过里程碑计划来明确。通过梳理项目里程碑计划，确定关键环节或关键控制节点，将资源和成本更多地投入到重点环节中，确保关键流程的高效运行，就能控制好整个项目流程的质量。而制定项目里程碑计划大致分为四个步骤：

第一，梳理项目流程，缜密思考项目的执行过程，使里程碑计划的可操作性更强，避免因不清楚具体的项目流程环节导致反复修改、浪费资源等问题。

第二，确定项目流程的关键环节，在项目执行过程中从上一阶段分析出的所有项目步骤中，提取关键环节和步骤。

第三，分配执行时间，明确每个步骤和环节的起始时间和持续时间，确保各分支流程的任务及总目标能够按计划完成。

第四，绘制里程碑计划，根据前面几个步骤确定项目的关键环节和时间后，选取符合项目特征的模板，绘制里程碑计划。

因事、因时妥善处理，
防止问题再发生

胡朝华加入华为已经有18年之久，他在华为负责产品数据的工作也已经16年。1998年，在BOM（物料清单）中心的研讨会议上，任正非强调了物料清单的重要性，他认为这是整个项目流程成本控制的源头所在。一旦通过数据分析发现某个环节的数据出现错误，那往往就是问题所在，可见BOM承担着发现错误和问题的职责。

一旦BOM发生一点偏差，就会导致产品批量的错误以及直接的成本损失。胡朝华和几位同事成立专项调查小组，调研各环节的物料清单数据信息。当时单板出货数据有错误，于是，专项小组从研发到生产的各个重要环节都进行了详细的排查，终于在生产环节发现了问题，胡朝华将其写成案例分析发表到华为内部的报刊上，并及时妥善地解决BOM的流程问题。这一行为引起了生产某车间主任的愤怒，他提出案例分析的情况与实际不符，如果不删掉，他就要向高层投诉。由于各个环节的错误和问题被揭露，一段时间内，BOM中心经常有来自研发或生产的员工上门要求对数据进行重新排查，胡朝华和同事们的压力倍增，但整个团队冷静应对，他们深知如果整个组织不能正视问题，不及时妥善提供解决方案，问题还会在新的业务流程中持续爆发。

针对各部门的频繁理论，BOM中心主管召集全体成员开会，对调查到的数据重新分析和商讨，发现案例中揭示的问题确实存在，并且属于普遍现象。将错误揭露出来的目的是为了反思和改进，各环节负责人可以宽容错误，但之后要找到解决对策，避免同类错误再次发生。道理讲通了，加之高层领导的支持，各部门逐渐愿意配合BOM的数据分析工作，对于问题不再逃避，而是积极处理，防止问题再次发生。

2000年，胡朝华参与并主导了BOM准确率提升的项目，每个月都要进行问题和错误的反馈分析，并找到错误发生的原因，提出改进对策。在这种积极妥善处理流程问题的环境下，三年后BOM准确率由原来的70%上升到了99%，各部门逐渐形成了有问题及时解决，防止同类问题再次发生的习惯。

由此可见，华为团队通过BOM的流程检查工作，不断改进优化BOM工作流程，及时妥善地处理了BOM工作流程上的问题，最终实现华为BOM准确率的提升。显然，流程检查的最终目标并不是提供多么精美完善的流程检查报告，而是通过流程报告的分析将流程检查中的问题及时解决，妥善处理，防止同类流程问题再次发生。

因此，要将流程检查结果或分析报告应用于流程优化、流程绩效考核、过程控制、处理问题流程等方面，才能发挥流程检查结果的最大价值。

杨进漳于2005年加入华为，在华为已经贡献了十几年的青春和热情。2006年，刚刚加入华为的杨进漳被派往巴西，参与巴西VIVO GSM项目，此项目在当时是拉美最大的无线项目。技术专家们的支援截止到2007年，2007年专家们离开巴西，留下以杨进漳为首的交付"新兵"在这片沃土上。受当地环境的影响，无线存在跨区域之间的多重覆盖，网络质量堪忧，掉线率持续上升。

整个项目团队能够预想到客户的抱怨和用户的投诉，很快客户方CTO的责问如期而至，客户方不仅对项目团队的能力表示怀疑，甚至开始怀疑华为在无线项目交付方面的经验。杨进漳所在的项目团队忘不了客户方面对项目全周期产生的各种质疑和项目团队的解释。

每次的冲突都增加了杨进漳和团队成员的压力，也是在这种压力之下，项目团队不断改善每个环节暴露的问题，在压力、煎熬中一步步成长，终于巴西的VIVO GSM项目顺利交付。然而，还没有从客户不断的投诉、冲突阴影下走出来，VIVO UMTS/GSM 1900大单接踵而来，交付量相比之前翻了一倍，交付的范围更广，难度也更大。项目团队只能顶着巨大的压力，在每一次与客户的沟通研讨会议后不断完善和进步，主动思考业务差距，推进项目交付流程。

项目进行中，杨进漳的团队引入一批网优工程师，带动整个团队改善了KPI考核方式，建立了项目团队与客户方员工的交流平台，减少了双方在项目具体操作执行中的冲突。这种逐步改善的方式，加强了双方信息传递的有效性，缓解了局部的网络问题带来的全网络的恐慌，提升了客户服务质量。

经过一系列的改善工作，客户方面质疑的声音明显减少，冲突得到有效的缓解，客户的投诉信也开始转为感谢信，团队通过良好的沟通交流赢得了客户的信任。于是，项目团队乘胜追击，与客户进行了十几次的谈判，将客户为期三年的存量网络优化大型项目也顺利拿下。在每一次的冲突之后，团队成员能够从中找到改善项目的方案和团队建设的良方，一年内项目团队获得GTS总裁奖五次，整个团队在不断的改善进步中成长为一支优秀精湛的战队。

流程检查为及时妥善处理流程问题提供了依据，根据流程检查制定相应的解决方案，同时要防止流程问题再次发生，需要在流程稽查环节就跟进问题总结整改。这个环节是最重要也是最容易被企业所忽视的环节，如果组织在流程稽查后不解决流程问题，不进行问题的总结，就匆匆投入到新的业务流程执行中，那么同样的问题可能会再次发生在新业务流程中。

因此，有必要重点关注流程稽查后的问题整改环节。根据流程稽查反映的问题严重程度和问题产生的原因，合理配置资源，调整工作优先级顺序。图7-11阐述了流程稽查后跟进问题整改的具体操作步骤。

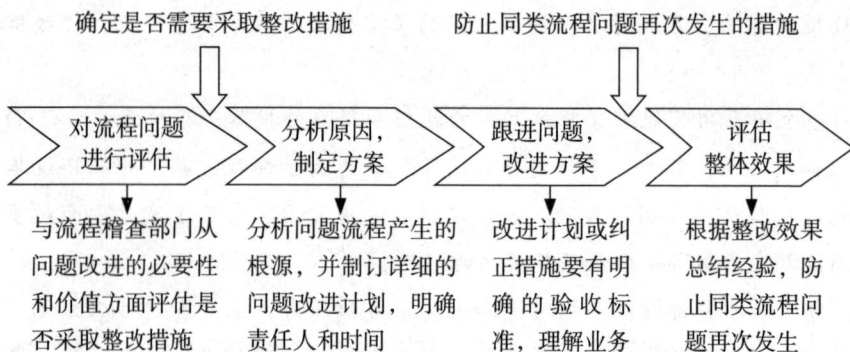

确定是否需要采取整改措施　　　防止同类流程问题再次发生的措施

对流程问题进行评估	分析原因，制定方案	跟进问题，改进方案	评估整体效果
与流程稽查部门从问题改进的必要性和价值方面评估是否采取整改措施	分析问题流程产生的根源，并制订详细的问题改进计划，明确责任人和时间	改进计划或纠正措施要有明确的验收标准，理解业务	根据整改效果总结经验，防止同类流程问题再次发生

图 7-11　流程稽查后跟进问题整改的具体操作步骤

由图7-11可知，首先要与流程稽查部门共同评估问题环节的严重程度，考虑其必要性和改进价值，确定是否采取整改措施。一旦决定要整改，就要清楚地知道问题产生的根源，并制定详细的整改方案，具体到整改流程的责任人和完成时间。随着改进方案的实施，要及时跟进方案的执行，指导执行完成。根据改进结果，评估整改效果，总结经验，防止同类流程问题再次发生。

华为在南京代表处的网关团队接到任务，要在春节期间保障南研软件SDPSDU的信息运行和计费等工作。该产品已经迈入成熟阶段，但春节是网络用户流量的高峰时段，可能会出现很多意想不到的故障。因此，负责维护保障工作的团队成员需要保持警惕，即便是离开南京回家过年的团队成员也需要在突发情况出现时，随时上线维护。

果然在春节期间，网络出了故障，值班的工作人员曾凡文发现问题后立刻联系周边成员，并赶赴客户机房处理问题。技术维护和保障团队成员迅速到位，有负责编写话单脚本的，还有负责检查程序代码的，还有部分成员负责验证解决方案的可行性和正确性。

在外地的工作人员上线提供技术支撑，电话接入保持畅通。整个团队经过对问题的定位和原因分析，发现故障的发生并非是由华为设备引起的，但由于这次故障使客户使用的华为的网关版本受到了影响，整个团队为了恢复网关业务，减少客户的损失，紧急处理好了问题。

项目团队将这次故障的紧急处理整理成案例，补充了各种现网突发状况处理的案例集，供日后工作学习和参考。尽管案例集收录了众多实战的突发处理机制，但现网情况千变万化，必须要保障团队的维护，才能为客户提供更踏实的保障服务。客户也因此对华为的产品逐渐信任，对华为的技术维护保障团队深感敬佩。

在流程稽查后的问题整改环节中，需要注意的是要对流程问题进行细致的评估和准确的识别。由于从全业务流程运作的过程来看，可能会存在很多问题，但并非所有的问题都需要即刻解决，因此要通过科学规范的评估框架，分清哪些是需要立即采取措施解决处理的问题，哪些是短时间内难以解决的系统性问题。表7-2阐述了问题流程整改的评估记录表。

表7-2　问题流程整改的评估记录表

构成要件	具体内容
一、流程运作	业务内容、编号、主要参与者
二、流程问题描述	1. 不符合既定流程的行为事实陈述 2. 对全业务流程的危害
三、问题严重程度评估	考虑时间、价值、成本和必要性

四、流程问题原因	明确流程问题的根源
五、详细改进措施	详细改进计划、责任人、完成时间
六、流程问题改进完成情况	跟踪问题改进情况

同时还要根据问题对流程带来的成本消耗和改进的成本消耗进行对比，在各项评估分析之后，一旦决定整改就必须将问题妥善处理，对整改过程及时跟进，在组织上下形成一种重视问题改进的氛围，必要时还要针对某项问题再次稽查和整改，最终实现整改过的问题不再次发生的目标。

归集检查信息，为流程评估和决策提供依据

2009年，华为的业务部门制定了目标，提出到年底要实现项目当期的盈

利。财务系统和产品线经理都思考，要实现盈利就必须根据去年的数据进行对比分析，去年的哪些产品发生了亏损，今年完成交付任务是否就能实现盈利目标。这一系列的问题，财务系统都需要给业务部门一个清晰的分析和解答。

财务系统的杨羽通过分析往年数据发现，要满足业务部门的需求，就要通过核算将数据体现在损益表中。通过数据，她发现2009年业务部门的固网核心项目要实现×亿元的目标，前四个月完成的目标不到总体目标的一半。这个数据与往年相比实属异常，杨羽发现数据的异常表现后，汇总分析了往年同类项目的数据，对比分析了预测的目标数据，发现要实现当期盈利的目标风险很大。随后，杨羽立刻向固网核心项目的主管反映了这一问题，提出对潜在风险的分析和应对举措。在此之前，项目主管也意识到了这一问题，但当时缺乏一个清晰量化的数据评估，在听了杨羽的数据分析后，项目主管对项目过程有了更准确的把握。

项目主管十分赞赏杨羽的做法，他强调财务系统要对项目团队和业务部门没有关注到的环节提前关注，及时发现问题和风险，识别到风险后也要提前预警。财务系统的同事通过专业化的财务工具对风险进行定量分析，将前端风险通过数据反映出来，这样项目团队才能提出有效的解决方案。

此后的几年内，杨羽在财务系统部门成长迅速，对业务部和核心项目的风险识别能力越来越强，在风险识别的关键端口，她总能提供翔实的数据和分析，为项目团队和业务部门做了很多贡献。

随着流程稽查的结束和流程问题的妥善处理，流程检查工作似乎已经告一段落，但完整的流程检查还需要进行信息归集和总结，从而为流程评估和决策提供依据，通过流程检查的信息归集，将解决方案和流程绩效评估例行化。

从流程绩效评估来看，流程执行和检查效果是绩效评估的重点，好的流程效果一方面要最大限度地满足客户需求和期望；另一方面从内部客户角度考虑，流程运作要满足企业的经营运作目标和管理需求。因此，在信息归集时，不仅需要收集质量、时效、成本等来自外部客户的信息，还需要考虑企业内部的流程目标和管理需求信息。图7-12简要阐述了流程检查后的信息归集来源。

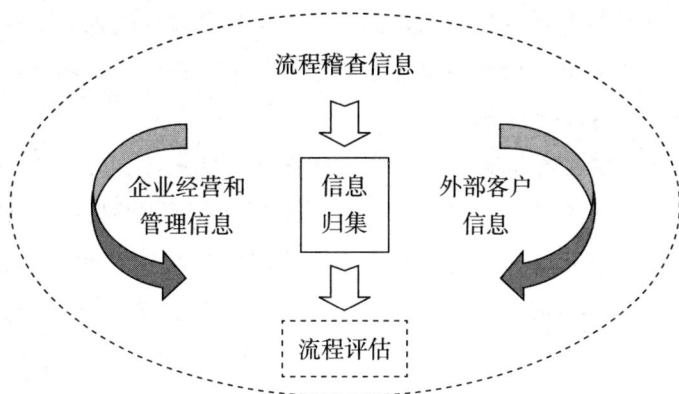

图 7-12　流程检查后的信息归集来源

由图7-12可知，流程信息归集主要来源于三个方面。首先，要收集流程稽查过程中发现的问题、改进方案以及跟踪问题整改的相关信息，为新的业务流程稽查计划和路线提供参考。其次，在流程运作的各阶段，要注意收集客户需求及客户满意度的相关信息。最后，在企业经营层面，要注意收集流程周期、投入产出比、问题流程处理时间等信息，从而为流程绩效评估和新业务流程决策提供依据。

Marcelo于2005年加入华为，从事法务工作，当时华为的地区法务部刚刚成立，在合同及重要法律文件的保存和管理上还属于一片空白。如果已经签署的合同没有妥善保管，很可能在未来的诉讼中对公司的利益造成损害，尤其关键法律文件的缺失会直接导致华为败诉。

为了解决这些潜在的隐患，Marcelo与同事们开始编制代码并运用Excel表格系统整理了以往留存下来的法律文件，同时引入相关技术小工具，不断完善和更新管理系统，从此之后，地区法务部有了自己的文档管理系统，对关键文档保存完好，能够在公司需要的时候提供详尽的资料。而事实证明，当年的这个小工具的使用，让华为的法务工作进行得有条不紊，保存下来的文件在多起诉讼之中成为华为胜诉的关键。

合同管理还只是文档管理的一小部分，要对公司各领域关键文件都做好管理，尤其是重大项目文件，需要形成标准档案，以便追溯。华为在巴西的税案拉锯战进行了10年之久，更是说明了文档管理的重要性。同时良好有序的文档管理能够起到识别供应商商业道德的作用。

Marcelo在与外部供应商打交道的几年中，发现总有一些供应商私下贿赂他，而这些供应商都被他记录在案，形成了一份黑名单。他还将与供应商所有的往来文件分享留存到整个团队的学习平台中，帮助团队成员识别值得信任并能够长期合作的供应商。

他强调对于供应商的黑名单一定要保存好，因为这些通过贿赂才能达成目标的供应商势必会对公司业务的长远发展带来损害。如果不提前将其信息进行备案留存，其他同事可能会在黑名单供应商身上浪费时间和精力，造成对自己的伤害。同样地，对于那些业务能力和商业道德都十分出色的供应商的信息也要保存下来，以供其他同事维持长期合作关系使用。

具体来说，外部客户的需求和满意度信息是制定流程绩效考核指标体系、进行流程评估的关键依据，因此，有必要在客户满意度方面归集更详尽的信息，从而构建起以业务为导向、以客户为中心的流程评估体系。图7-13简要阐述了客户满意度信息的来源。

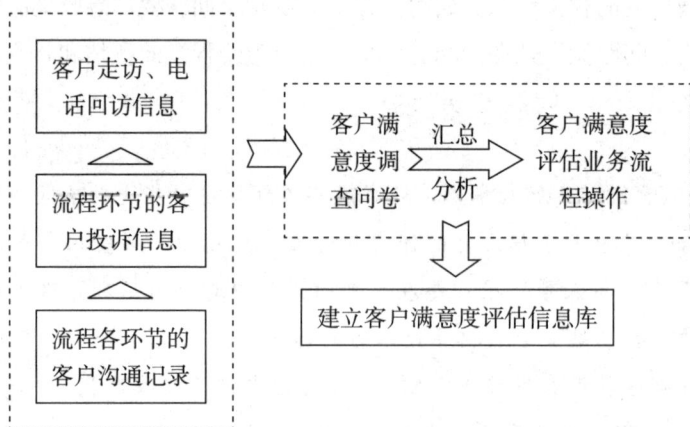

图 7-13　客户满意度信息的来源

由图7-13可知，客户日常沟通信息贯穿于业务流程运作的全过程，如果企业有与客户沟通的网络平台，能够在一定程度上降低信息获取成本。随着业务流程逐渐展开，客户可能会出现投诉和抱怨的情况，这类信息的收集十分重要，将客户投诉及时处理好，才能保证业务流程的高绩效。对客户的走访、回访是获取客户满意度信息的重要渠道，同时为了获取更全面直接的信息，需要定期发放客户满意度调查问卷，为流程绩效评估提供依据。

2000年11月，华为的维护事业部接到任务，要向中试工艺试验中心提供曾经处理过的失效产品的数据。维护事业部的工作内容之一就是处理分析失效产品的参数，并通过检验测试和分析恢复产品使用价值。他们接触到的失效产品常常是由于环境因素，例如湿热、霉菌等导致的产品失效，但由于维护事业部平时忙于失效产品的处理和恢复工作，并没有对失效产品的部件占比等数据进行详细的统计，导致无法满足中试工艺试验中心的数据需求，这些本应该收集的数据就这样流失了。然而，经验等数据的流失和浪费还存在于其他部门。

任正非曾经提出，在华为最大的浪费是经验的浪费，很多部门和管理者正在浪费每份工作的宝贵经验。他认为无论是管理者还是员工，都是流程运作中的一分子，在工作中势必会受到一些因素的影响而遇到各种困难和问题。对于过往的项目经验、资料和数据等有价值的信息，如果没有保存下来，当再次遇到问题时还是会一筹莫展。如果公司内部各部门能够好好收集并利用这些有用信息，建立起良好的反馈机制、问题的解决机制和监控机制，那么公司的突发事件就会越来越少，流程运作也会提升到一个新的台阶，整个公司的运营效率也会明显提高。

从企业经营目标和管理需求层面来看，流程信息归集需要考虑流程运作全过程的投入产出比、质量成本核算、流程周期等信息。通过对这些信息的归集，逐渐建立起相应的信息管理机制，不仅为流程评估提供依据，还为流程规划和流程检查的路线设计提供庞大的信息库，同时为流程管理工作提供隐性的知识库。因此，企业在流程稽查完成后，有必要对各环节的信息要求进行整理和总结，在流程检查环节形成闭环。

第8章 | 华为的流程优化

我们要重新思考一线组织建设的有效性，一线要流程清晰，作战能力要强。每个国家代表处要建立业绩基线，然后自己与自己比较，持续改进。人力资源部更重要的是管住规则，回溯调整。

任正非

不产粮食、不增加肥力
的流程都要砍掉

尽管众多企业采用的质量管理方法不同，但全球工业企业追求的共同目标都是降低产品成本、提升产品价值、实现企业价值增值。例如，摩托罗拉首创的六西格玛在全球风行，现阶段华为公司也在大力推广，除此之外，价值工程方法（Value Engineering，以下简称VE）在美国通用电气首创后，也在日本丰田、韩国三星等公司得到了应用实践并取得明显成效。

杨树长2006年加入华为，长期负责华为的成本管理，对他而言，价值工程方法并不陌生，2009年的PSST成本体系就开始关注这个方法了，2010年华为引入试点，2012年开始大规模推行VE试点。华为2011年的接入网产品线，在2012年赢利压力最大，而华为从最困难的地方开展试点工作。

2012年3月到5月之间，接入网先后开展了OLT产品和MxU产品的VE试点，在接入网管理团队的大力推进和支持下，VE团队全体上下共同努力，通过细致的信息搜集、全面的功能分析和九大点子构思法的普遍应用，实现了降成本的目标，其中MxU产品挖掘出400多个成本机会点，成本降幅超过30%。

成本顺利降下来，这一结果让业务部门信心大增，之后VE试点团队将这一结果汇报给上级，得到明确指示，网络产品线下半年所有产品和版本都要引入VE降低成本。杨树长作为VE推广、流程梳理的负责人，在之后的VE推行工作中，得到运营商BG质量运营部长、网络研发部长和CTO等领导的支持，使得VE能够在更大范围内推广。

2013年，在VE推行过程中有一支开发团队在某存储版本的降成本工作中始终不能达标，整个团队长期的努力似乎并没有显著的成效。于是，团队找到杨树长，希望他给予VE指导。杨树长带领整个团队梳理原有流程，结果却令人大吃一惊。在梳理过程中，他发现了300多个成本机会点，整体业务流程存在很多不能产生价值的环节。整个VE团队随后对这些成本机会点进行多次评估决策，去除冗余需求，将降成本措施分解到系统设计中，最终实现功能规格翻番，产品生命周期预计节约过亿元。

由此可见，删除不产生价值的冗余流程环节，有利于提高业务流程整体运作效率，在流程优化和改进过程中，删除不产生价值的环节是流程优化的重要任务。任正非强调，不产粮食的流程就是多余流程，多余流程创造出来的复杂性，需要逐步简化。

他提出要回顾过去五年华为的发展和变革情况，总结分析这五年哪些流程的使用频率高，哪些流程环节的使用频率低或者基本没有投入使用。要删除那些不产生价值、没有投入使用的流程环节，去除业务流程上的断点，贯通产生重要作用的流程。组织上下希望取得进步、在职业成长上有所追求的员工和管理者都应该集中精力去除流程断点，不断优化流程，提高流程运作效率。

2009年，任正非提出华为要让奔走在流程一线团队的工作人员拥有直接的决策权。过去华为的管理者总将各层级管理权紧紧握在自己手中，导致业务流程的一线团队缺少了工作热情。一线团队能够及时敏锐地识别到市场的变化，但苦于没有决策权，等按照流程层层汇报后，重要的机会早已消失殆尽。企业内部如果设置过多不产生价值的无效流程环节，就会导致流程管理的低效运作，同时冗余的环节阻碍了上传下达的流畅性，降低了员工工作效率。

已成为华为中层管理者的刘宁（化名）说："我现在最大的爱好之一，就是分析工作流程的网络图，每一次能删除一个多余的环节，就少了一个工作延误的可能，就意味着大量时间的节省。这两年来，我删除的各种冗余工作环节达70个，粗略评估了一下，这里省下的时间高达3000多个小时，也就是120多天啊！"

任正非曾经就组织变革发表讲话，不是所有流程和项目都需要变革，流程变革和IT变革要聚焦，每增加一段流程，要减少两段流程，每增加一个评审点，要减少两个评审点，避免出现不产生价值、浪费成本的流程。同时在任正非看来，流程工作要面向一线，做好跨功能、跨部门的流程集成。

华为一贯提倡删除流程中的冗余无效环节，删除冗余环节是优化工作程序、提高工作效率的第一步。在流程优化过程中，首先要主动识别并删除无效流程环节，其次要删除剩余流程中产生同样功能和作用的重复环节，最后要改进问题流程，优化业务流程。

识别并删除无价值流程

流程的本质不仅仅是顺利运行，保证业务运行效率，更重要的是通过流程管理实现企业经营目标，创造卓越的经营绩效和价值。因此，流程运作的各个环节都应该创造出相应的价值，不能产生价值的流程是对资源的浪费，也会降低业务全流程的运营效率。此时，应该识别并删除那些不能创造价值的无效流程环节，才能将有限的资源投入到其他流程中去，在总体上缩短流程周期。

删除流程中的重复、冗余环节

充分、良好的内部控制才能保证流程输出结果的质量。不过，需要注意的是，最理想的状态并非控制越多越好，而是将流程中的重复、冗余环节尽快予以删除。针对重复、冗余环节的简化，可利用流程进行内部控制分析——确定一个控制目标后，根据内部控制目标来确定关键的内部控制程序，再分析这些关键的控制程序，确定是否存在重复之处，是否存在优化的可能。对流程进行内部控制分析时，流程设计者必须注意这两点：

一是充分考虑企业的内部控制环境。不同企业的内部控制环境存在着明显的差异，因而对内部控制程序的要求也不同。对于好的内部控制环境，其控制风险相对小，适当减少控制程序也不会影响控制目标的实现。

二是测试流程的实际执行情况。例如，对于"职责分离"这样的控制程序，只有通过实地观察才能确定该程序是否得到贯彻。

改进问题流程环节

一些过分复杂的问题环节可能是进一步简化的机会。但是，困难和危险的工作环节不会同简单和安全的环节一样被最高效地完成。例如，华为曾由内部员工来专门开展环境清洁工作，但管理者发现外聘专业保洁人员来操作这项工作比员工亲自操作更节约成本，节约员工的有效工作时间。一般来说，如果员工们不愿意操作某些工作任务，管理者应认真分析其原因，改变冗余环节的问题状态。

由此可见，流程优化工作是一项系统化的工作，要准确识别无效流程并将其删除，需要在梳理流程、深刻理解流程的基础上，推动流程的改进和优化。当然这一系列的工作需要强有力的流程优化团队介入，发挥各自的专业优势，推动流程变革工作。

具体的流程优化组织架构尚未形成定论，众多企业由于业务情况的差异，其流程优化组织的形态也有所不同。因此，在推进流程优化工作时，有必要设立虚拟的流程优化组织，为流程变革和改进提供支撑。图8-1简要阐述了虚拟流程优化组织的架构。

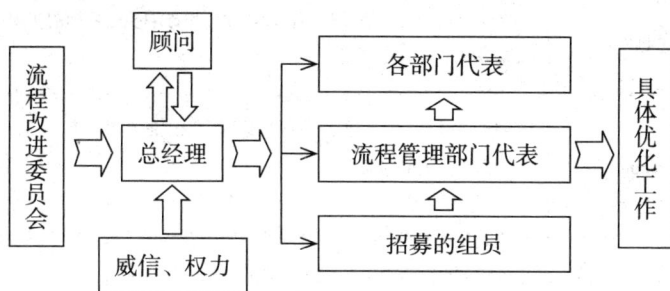

图 8-1　虚拟流程优化组织的架构

资料来源：《跟我们做流程管理》图6-1。

由图8-1可知，这个虚拟的流程优化组织并非一定是独立存在的，可以整合到具体的流程变革项目中，组织形式也可以根据具体的任务进行变更。流程优化工作往往涉及众多职能部门，需要多方共同推进，因此虚拟流程优化组织需要一个强有力的领导。这个领导可以是专门分管流程管理工作的高管或总经理，关键是能够充分运用其威信和权力来支持流程优化工作。在流程管理方面具有丰富的流程再造和变革经验的管理者可以担任顾问，参与指导实际的流程优化工作。

流程管理部门代表具体负责流程优化工作的规划、监控、汇报和评估等工作，参与识别无效流程环节、删除冗余流程的工作。同时，根据流程优化的实际情况，会在各部门抽取流程工作人员共同参与推动流程优化工作。

利用 ECRS 分析法简化工作流程，提高工作效率

ECRS分析法，即取消（Eliminate）、合并（Combine）、重排（Rearrange）、简化（Simplify）。表8-1阐述了ECRS分析法应用于流程优化

工作的具体步骤。

表 8-1　ECRS 分析法应用于流程优化工作的具体步骤

ECRS具体步骤	具体要求和注意点
步骤一： 取消（Eliminate）	取消流程中的冗余环节，是优化工作程序第一步。对于有良好内部控制环境的，可考虑取消某些不合理程序，不影响控制目标的实现；反之，取消冗余环节
步骤二： 合并（Combine）	将企业流程化零为整，将两个或两个以上的环节合在一起。合并流程能叠加优势、消除劣势
步骤三： 重排（Rearrange）	指将所有任务环节按照合理的逻辑重新排序，或改变其他要素顺序后，将各环节重新组合，从而达到提高工作效率的目的
步骤四： 简化（Simplify）	借助现代管理工具，例如IT，简化比较复杂的流程环节

著名管理学家唐纳德·伯纳姆提出提高效率的三个原则，即当处理流程工作时必须要自问能否取消冗余环节，能否将同类工作进行合并，能否使用更便利的方式完成工作。而ECRS分析法就是简化流程、提高工作效率的常用方法，通过取消、合并、重排及简化四个步骤梳理流程优化工作。

崔西定律也提出任何工作的困难程度与执行步骤的数目平方成正比，即完成工作的步骤越多、越复杂，整个工作的难度就越大。在这个定律中，假如完成一项工作有4个执行步骤，则此工作的困难度是16；假如完成一项工作有5个执行步骤，则此工作的困难度是25。可见简化工作流程的必要性。

因此，要提高工作效率，越复杂的事情就越要尽可能用简单的方法完成。将简化的工作方法应用于流程管理，让流程中的各个环节由复杂变为简单，任务完成所需要的时间也会大大减少。

将ECRS分析法应用于流程管理，相当于为流程优化提供了一套清晰的系统改进思路。

首先通过梳理业务流程，识别筛选重复、冗余环节；其次将短小的、同类的但在整体业务流程中不可或缺的流程进行合并，合并流程能够发挥叠加优势；随后根据业务运营实际情况将剩余流程环节重新排序，更新工作的优先级次序，并结合IT系统等简化复杂的流程环节，从而提高流程运作效率。

2015年12月，华为终端制造部生产准备部五车间的唐玉桃，以80%的超高得票率当选"成长之星"。她是包装预配岗位一名普通的女员工，当然也是全厂少有的女性"全技员"（一个工段会所有技能的员工）之一。

唐玉桃之所以当选"成长之星"，得益于平时工作中的不断改进和思考。她在提升个人业务水平和技术能力的同时，常常提出很多质量和工艺改进的建议，引发大家的头脑风暴。2014年，唐玉桃在工段规范化、质量改进等方面提供了20多条合理化建议，而建议的采纳率也高达80%；2015年，她提供了30多条建议，采纳率高达90%。

2015年12月，华为某产品原本生产顺利，但受到产品来料掉色影响，大量附件脏污。所有产线全面停止，管理部门提出的解决方案是拆出全部预配成品物料，补料后重新预配，这就意味着彩盒与瑕疵附件盒一起全部报废。唐玉桃按照方案开始组织返工，但过程中发现物料供应不及时，补料周期长，大量时间成本和人工成本被浪费，工作效率还不高。

于是唐玉桃大胆提出设想，如果只更换问题附件，浪费会明显减少，时间成本和人工成本上也会节省不少。但这种做法的最大难点在于，如何协调物料发货流程，确保物料只补发有瑕疵的空缺附件。随后，唐玉桃马上组织工艺生产、质量改善的团队共同研讨新的方案，团队经过努力和协商，明确了供应商能够满足单独提供数据线配件盒的要求，节省了原有方案中的全部更换成本。

唐玉桃的新方案被采纳后，工艺流程立刻拟定了返工指导书，质量工程师跟踪物料到位。采用新方案后的流程由原来的17个节点降低为5个，原来的计划是返工一周，而物料到位后返工只进行了2天就顺利完成了任务。

由此可见，华为已经潜移默化地将ECRS分析法应用于流程管理的工作中，通过简化流程层级，实现了节省成本、提高工作效率的目的。

根据ECRS分析法的具体操作步骤，首先要取消冗余环节，然而当企业并不存在重复、冗余的流程环节，每项工作都不能取消时，可以直接进入第二步。以华为为例，每项流程工作都能为业务流程的总体目标贡献价值，那么管理者为了简化流程，会考虑将各个环节适当加以合并，合并工作具体可以从合并工序、合并上下环节、合并相似任务开展。

任正非强调华为的员工要能够参与管理，积极发挥自己的专业所长，为流程优化工作提供建议和意见，逐步变革一切不合理的流程。如何改进才能调整不合理的环节，保证流程的合理，从而实现化繁为简的目的呢？

在华为，通过衡量流程上各个环节的任务工作安排是否合理，根据流程工作顺序的梳理总结情况进行改进和优化。通过引入ECRS分析法，华为在衡量各环节安排合理度时，通过"何人、何处、何时"三个问题具体决定。如果发现流程中有不合理的地方，立即推倒重来，确定各环节安排的最佳顺序，保证工作环节的有序性。

何人。具体流程环节的执行者、责任人是谁？执行所需要的技能是否娴熟？本流程环节是否是该员工最擅长的？是否存在岗位与员工能力不匹配的现象？

何处。相邻两流程环节的执行地之间距离远近如何？工作交接是否容易？调整流程顺序后，是否会减少交接时间？调整设备仪器的位置后，是否有利于执行者更方便操作，减少时间成本？

何时。从流程的起始环节到结束环节，各个环节之间的移动、加工时间，以及由于设备和部件故障导致的延迟时间分别是多久？两个环节之间的预设时间是否安排得过于紧凑，使员工紧张、疲劳或过于宽松，难以在交付前期完成任务？

由此可见，ECRS分析法应用于流程优化过程已经进入相对成熟的阶段，华为运用该方法重新梳理流程，逐渐降低流程管理成本，简化工作程序，提高工作效率。而在ECRS分析法中，对流程环节重新排序的方法，具体有两种形式来识别流程环节或逻辑顺序设置的合理程度，如图8-2所示。

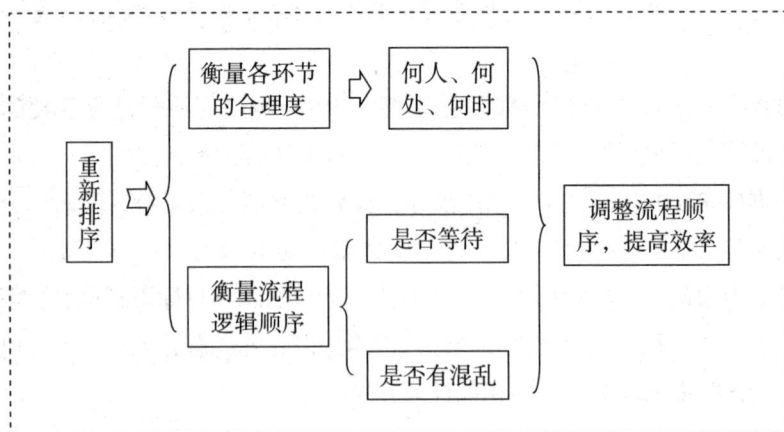

图 8-2　ECRS 分析法重新排序的步骤

由图8-2可知，首先可以通过流程环节的执行者、负责人，具体操作的工作任务，流程任务的地点三个方面来衡量流程环节设置的合理程度，当发现不合理时，再进行调整。

其次，可以通过梳理流程逻辑顺序，具体来说从两个方面判断环节安排是否符合逻辑。一是判断流程环节是否需要等待，如果需要等待，要提前处理被等待的环节，保证各环节无缝对接；二是识别流程顺序是否混乱，了解各环节之间的联系，分清各环节的前后顺序，确保上一环节流程工作一结束，下一环节就能马上开始。

IT 应用及文档文件
要有"日落法"

任正非提到，通过美国总统竞选，他得到一些启发，尤其是特朗普提到的"通过一个新法律，必须关掉两个旧法律"的政府改革思路，与任正非在流程简化管理工作上的想法有异曲同工之妙。

2016年10月26日，任正非在"质量与流程IT管理部员工座谈会"上明确强调，华为的流程管理必须要简化，IT应用及文档文件要有"日落法"，具体来说是每增加一个流程环节，就要减少两个流程环节；每增加一个评审点，就要减少两个评审点。

华为为了简化管理，在2016年11月30日的会议上讨论通过了"1130日落法"：

第一，随着华为流程管理的逐渐成熟，要将简化管理渗透到所有业务流程能够覆盖的领域。在IPD、SUP、MFIN、LTC、DSTE、SD等的成熟流程领域中，每增加一个流程节点，要减少两个流程节点；每增加一个评审点，要减少两个评审点。

第二，行政和流程文件的发布一定要有明确的发布有效期，所有流程文件的使用期限不超过5年。流程管理中相应的责任组织要对文件的有效期进行管理，如果文件在有效期后继续被执行，需要对流程优化以后重新发布。

第三，IT应用要根据具体使用情况，对需求提出部门建立问责制度。对于生产方面的IT平台，业务部门要承担决策责任；对于办公领域的IT应用，质量与流程IT管理部要承担决策责任。流程管理要基于使用量进行"日落法"的管理。

第四，质量与流程IT管理部做支撑机构，要对"日落法"在各流程领域、责任组织、业务部门的执行落地提供工作和方法支撑。

华为的业务遍布全球，如果某个流程节点存在问题，很可能会影响整个业务流程的运作效率，对企业整体的流程价值网络而言，肯定也会带来较大的负面影响。因此，要贯通全流程就意味着无论是IT系统应用还是流程文件的归类，都要达到简化清晰。

任正非曾经强调，金融危机即将到来，华为需要在流程管理上引入"日落法"，降低长时期库存带来的巨额成本。他提到，过去华为常常出现货款记录不清晰的情况，其原因就是相应的流程文件没有梳理好，在一项流程结束后，流程文件并没有同步跟进，导致分支流程环节的整体效率不高。华为的流程不断改进优化后，诸如货款记录等基本实现了无须盘点，进步很大。

2000年，华为资料部成立以来，资料部流程管理体系逐步成熟，相关文档和文件逐步从全到简，全业务流程的文档的梳理工作实现了从简到精的螺旋式发展，工作效率得到有效提升。

资料开发部成立初期，文档资料不齐全，只有一个便携机包。来自欧洲的同行业友商能够提供包括技术、安装、操作、维护、运行和验收等方面的全面的流程资料文档。通过努力，2005年，华为制定出《华为售后文档体系V6.0》，资料文档逐步丰富起来，从最初的6本增加到13本，暂时满足了国内客户需求。但随着华为向海外市场逐渐拓展，新的问题又出现了，客户提出相关资料不完整。

随后在2009年，资料开发部与服务部、市场部共同拟定了《产品包资料清单V2.0》，文档由原来的34本增加到113本。经过8年共两次的资料清单升级，文档数量和质量逐步完善，然而对客户满意度的调查显示，客户对资料文档方面的服务并不是十分满意，还存在诸多问题。

有大客户提出操作指南的陈述过于专业，内容繁重，不便于全面完整地阅读。服务工程师也对资料的规模及资料内容方面提出了一些意见。资料开发部发现，客户希望用资料提高工作效率，服务工程师希望使用资料后能够降低成本，产品开发人员希望用最少的资料减少人力投入，资料部人员则希望从繁重的写作中解放出来，做更有价值的工作。

综合客户、项目经理和服务工程师等多方面的意见和需求，资料开发部逐步简化文件，保留重点内容，删除冗余内容。一是确定了以结果为导向的工作方法，转变视角，为客户写资料而非为产品写资料；二是关注客户体验，在考虑满足客户需求的基础上，为客户提供更好的信息体验；三是走进客户，抓住一切机会去贴近客户，了解客户需要什么样的资料，然后再写资料。

引入流程管理工作的"日落法"强调增加新的流程节点的同时需要减少旧的评审点或流程环节，因此在流程优化过程中，有必要充分重视新旧流程的切换。需要切换的流程负责人要编写好流程相关制度文件，总体的原则是流程执行者要参与编写，随着新流程的上线逐步改进瑕疵问题。

鉴于此，此时的流程文件或制度无须立刻发布，当达到新流程上线要求时再发布文件，从而逐步关闭旧流程，实现全业务流程简化清晰的目标。新流程上线通常是以项目制具体开展工作，首先需要开展新流程上线启动会，对相关工作展开部署。表8-2简要阐述了在流程优化过程中，新流程启动的过程。

表 8-2　新流程启动的过程

构成要件	具体内容
一、流程背景	新流程内容、编号、主要参与者
二、流程重要变更点	简略提炼重要优化点
三、新流程上线相关事宜	上线时间、上线范围或策略、新流程文件、操作手册
四、新流程问题改善与跟进	问题描述、问题性质、处理状态和方法
五、新旧流程切换	问题接口处理，合理关闭旧流程

由表8-2可知，流程优化过程中，新流程的上线项目启动需要对流程背景、问题及详细的变更点进行梳理，并不是新流程项目启动就意味着流程优化的完成。无论是新流程问题改进方案还是IT解决方案，都是基于业务设计的，而业务流程的具体运作过程往往充满了不确定性，对问题的改进和优化是持续的过程。同时流程的运作还要根据具体的岗位需求进行改进和优化，因此新流程的上线并不意味着流程优化工作就顺利完成了。

任正非提出简化流程工作是提高工作效率的关键所在，他提出要学习特朗普的"日落法"，首先要通过对全业务流程进行梳理，删除不能产生价值增值的流程环节，从而降低业务流程的复杂性。其次要集中精力去除流程断点，贯通信息流。管理学家迈克尔·哈默曾经提出，流程质量即使再好，也需要逐步改进和优化，通过改进，删繁就简，让流程顺畅无阻。

华为将流程改进写进了《华为公司基本法》中，强调将流程管理逐步自动化和信息集成化，以适应市场变化和拓展的要求。对原有业务流程体系进行简化和完善，是华为坚持的长期任务。受市场环境的影响，华为人在流程工作中积极改进不合理流程，删除无效、冗余流程，从而实现利用更低的时间成本做更重要的事。

华为的一位中层管理者强调他工作中最大的乐趣就是分析工作流程图，通过分析梳理逐步删除多余环节，降低工作延期的可能性，逐步降低流程管理成本，这也意味着他可以节省大量的时间来做更多项目。

这位管理者提到，两年间他参与优化的业务流程共删除了70多个冗余环节，而这些环节花费的时间是3000多个小时，相当于120多个工作日。由此可见，流程的简化能够节省大量的时间成本。在华为，像这位管理者一样对流程管理勤于思考的人有很多，华为人已经形成了不断改进优化流程的工作习惯。

曾经有记者采访任正非时提出，华为公司规模大，业务量繁多，流程管理是否存在僵化的现象和问题。任正非回答道，如果企业中的流程管理工作都不能保证质量，很难想象落实到具体的业务该如何保证质量和服务体验，流程是质量之本。

然而，业务流程往往会随着业务变更和时间产生一定的变化，因此需要在流程运作过程中不断优化。持续的改进和优化才不会让组织的流程工作陷入僵化的局面。任正非提到，组织的流程管理工作如同水渠，需要不断贯通、理顺、修葺，才能不出现瓶颈，水就可以匀速、自然流动。

在新流程不断改进优化逐步上线的过程中，流程各节点的负责人分布在各个岗位，有时问题得不到及时的处理和解决。因此，有必要将"日落法"应用到流程优化中，与IT管理部门共同提供支撑，对流程中的节点设置问题接口负责人。

整个流程优化的责任人需要对问题进行了解和反馈，对每个问题实现端到端的解决和改进，从而逐步关闭旧流程，实现新流程增加但整体业务流程运作通道不阻塞的目标，简化流程环节，提高工作效率。

主动寻求作业行为
和工作方法的改进

华为的项目主管黄杰在主导参与项目管理时发现，与项目团队的员工保持紧密联系，主动寻求团队作业行为的改进和优化，做好团队内部的信息传递和流通管理，是推动项目进程的关键。通过不断寻求作业行为和工作方法的改进及优化，能够提高整个团队的工作效率。

黄杰担任项目经理不久后就发现，团队成员的工作状态和整体的工作流程有些变化，有两名员工积极主动，工作效率也高，但最近一段时间工作积极性明显减弱，工作效率开始下降。黄杰通过PL了解到，准备下季度启动的新项目突然停止，团队成员知道后，感觉很失望，毕竟大家在新项目的筹备上都花费了较大的时间和精力。找到员工们工作状态受干扰的原因后，黄杰梳理团队工作流程，主动寻求团队工作状态的改进。

于是，黄杰马上召集项目团队全体成员开会，在会议上，他向大家说明了原计划暂时停止的原因，由于市场需求的变化，公司战略也随着市场风向进行了调整和变更，公司高层结合市场环境和客户的情况综合考虑后决定将新项目暂时停止。在项目暂时停止的这段时间，黄杰带领团队成员明确了现阶段整个团队的首要任务是将重点聚焦在对后端的建设优化上，逐步改善端到端流程贯通问题，解决后端生产发货的问题，缩短发货周期。

随后，黄杰安排项目组成员进入后端进行学习，分配给他们新的工作。团队成员被分配到新的重点环节，逐渐适应了新的工作环境。由于需要学习更多与后端相关的新知识，员工们进入充实的忙碌状态，整个团队的工作方法得到不断提高和改进，在流程优化方面逐渐形成一种习惯。

许多企业引入流程管理体系、进行流程规划设计并不意味着组织原本是没有流程的，其实流程一直都存在着，只是流程参与者并没有意识到自己的工作属于流程管理工作。对流程的规划、梳理和检查是由于现有的流程管理体系不能适应企业发展的业务需求和管理需求，在流程运作过程中逐渐暴露出诸多问题，因此，需要在流程运作过程中，主动改进流程问题，寻求作业行为的改进和优化。

在具体的问题改进和流程优化工作中，可以通过成立专项流程优化工作小组，将需要改进优化的环节以项目的形式进行全面的梳理分析，在梳理过程中识别问题，将改进效果与参与流程优化的工作人员的绩效挂钩，从而实现流程优化目标。图8-3简要阐述了项目制的流程优化步骤。

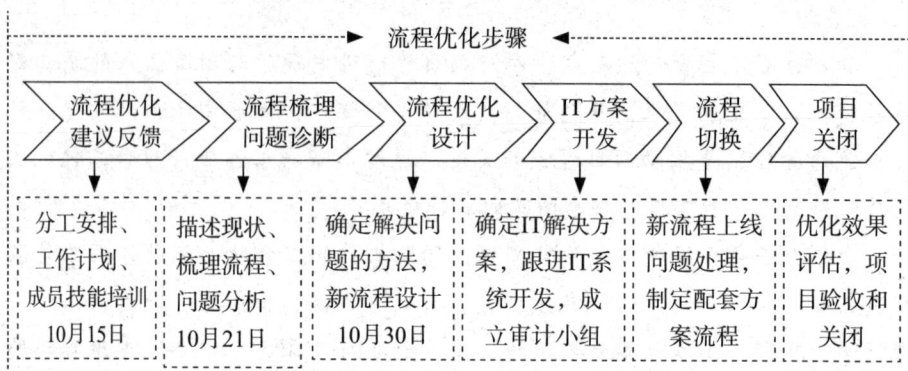

图 8-3 项目制的流程优化步骤

资料来源：《跟我们做流程管理》。

由图8-3可知，通过改进某个环节或某几个流程节点的作业行为和工作方法，打好改进基础，逐步再扩展到流程的全面梳理，此时无论是改进时机还是困难，都会得到比较好的解决。因此，在寻求流程作业行为和工作方法的改进时，可以将流程优化与项目管理相结合，整合两种管理方法论，形成一套简易的流程优化方法。

一位来自华为无线产品领域的项目经理在一次会议上分享了自己团队的项目经验。这位员工强调项目团队遭遇的瓶颈期，往往也是项目的关键环节，同时是团队做出变革、寻求流程优化的最佳时机。如果通过改进和优化能够顺利度过瓶颈期，团队整体解决问题的能力也会得到明显的提高和改进，而迎来改进的关键在于项目经理能够带领团队共同主动寻求对作业行为和工作方法的改进。

2008年，无线产品领域的一套产品线转战西安，这也意味着与产品线配套的项目团队暂时没有任务，相应的工作要交由西安的技术研发团队继续推进。没有任务的团队成员心里一定不舒服，满腔的工作热情无处释放，团队成员多少有些失落。但项目经理认为此时便是调整、修复工作流程，储存战斗力的最佳时机，一旦团队能够形成主动改进工作方法的习惯，将流程改进和优化渗透到工作中的每个环节和时期，那么留下来的将是一批精兵强将，他们会在以后的业务流程工作中崭露头角。

如果项目经理能够正视工作中的问题和流程上的瑕疵，主动采取行为梳理团队工作流程，优化各环节工作方法，那么整个团队也会逐渐形成一种不惧怕问题、积极改进问题的习惯。经过几个月的流程调整和优化学习，该项目团队终于研发出新版本的MUSA平台，这个平台中涉及的几十万行代码基本实现零偏差，在众多卓越的五星级项目中成了标杆工程。

可见，在流程管理工作中，整个项目团队需要形成一种主动寻求作业行为和工作方法改进的组织氛围，在这种氛围的带动下，团队成员单独工作时也会积极应对问题改进和流程优化，从而提高项目运作效率。

由此可见，如果项目经理能够主动积极地应对流程问题，寻求流程问题的改进优化，那么这种积极的态度会对整个团队产生十分重要的影响，从而在整个团队中形成重视流程工作的氛围和习惯。

在具体项目制的作业改进和流程优化中，在启动优化改进项目时首先需要确定流程优化项目组的成员角色，通常为保证流程优化项目的顺利开展，会涉及项目主管、项目经理、流程决策支撑、IT开发人员、流程上下端客户、HR等角色。

在启动优化项目时，要明确各个角色的分工和职责，研讨流程优化工作计划，借助流程管理部门提升项目团队的流程改进和优化能力。在流程梳理和问题诊断过程中，要明确需要改进的问题和操作行为，并对已有的流程进行价值增值分析，制定相应的流程现状分析表。表8-3简要阐述了流程现状及问题分析表。

表 8-3　流程现状及问题分析表

构成要件	具体内容				
一、业务流程描述	客户、流程目的、目标、负责人				
二、流程各环节梳理	业务流程各环节的岗位职责				
三、流程上下端现状					
需要优化的流程其上下环节的运作现状（具体如下）					
流程顺序	活动名称	具体工作描述/质量要求	存在的问题		相关制度文件、手册
			具体表现	原因分析	严重程度	
1						
2						
3						
4						
5						
备注：按工作先后顺序填写，对流程的现状分析应该细化到具体岗位					

　　2006年，李林（化名）接手华为的配置器开发项目，在他接手前该项目的归属已经在各部门变更了若干次。显然，这个配置器项目并不受欢迎，李林在主导这个项目之前就意识到了流程不顺畅的问题。

　　很快，李林负责配置器开发项目没多久就遭到市场部和众多机关部门的投诉。整个配置器开发团队综合各部门需求，开发了一个又一个新版本，每个版本运行不久后，又会出现新的问题。市场部对于配置器的不满几近爆发，各部门对于新版本出现的问题指责不断。

　　而李林带领的项目团队每天在旧版本、新版本的技术切换和问题改进中循环往复，没有哪个版本能够完全符合所有部门的使用需求。李林作为项目经理，每次有部门来"讨伐"配置器的问题时，他都以谦虚的态度应对，不会以负面情绪应对，而是寻求更妥善的流程优化方式，不断改进自己的工作方法和团队的作业行为。

　　然而，新旧版本流程优化过程中的压力只有李林自己知道。他的情绪和主动解决问题的态度感染了项目团队的其他成员，大家逐渐不再抱怨，开始意识到抱怨并不能解决问题，相反主动寻求流程作业和工作方法的改进，努力研发出平衡各部门需求的新版本，才是解决问题的关键。

　　漫长、持续的优化配置开发流程的过程充满了枯燥和技术瓶颈，有些坚持在岗位上十余年的员工因无法忍受这种无数次的版本变迁和无止境的流程变更而离开这里。还有些团队成员跟随项目经理李林，在长期、持续的问题改进和流程工作优化中，一起走了过来，并见证了配置器最后的成功。

终于在2009年，李林的团队成功研制出最新版本的配置器，能够满足各部门的使用需求。当配置器成功上线后，整个团队成员喜极而泣，一直跟随李林见证这一过程的成员更是百感交集，最终李林和他的团队获取了配置器的最佳PDT奖。

通过对业务流程的梳理和现状分析，制定相应的流程优化方案并开发配套的IT解决方案，将优化方案落实到位，才能确保流程作业行为和工作方法得到有效改进和优化。

需要注意的是，流程优化方案中的所有需求要体现在IT解决方案中，对各环节流程优化需求做出反馈，在IT解决方案中得到正确的解读，逐步优化方案，促使流程优化获得明显效果。

随着优化项目的推进实施，作业行为和流程环节上的工作方法会逐步得到改善，在改进中也会形成新流程，删除旧有的不合理流程，随着改进优化目标的达成顺利完成优化项目关闭。

▎小改进，大奖励；
▎大改进，不奖励

涂望成2000年加入华为，长期从事单板元器件SMT的相关工作，在具体的工作实践和思考改进中逐步在表面贴装技术方面取得进步。他带领团队不断改进流程，他的项目组开发的智能穿料系统还曾经获得国家专利，2014年涂望成被破格提拔为飞达（贴片机供料器）设备领域高级技师。回忆起自己在技术层面一路的成长和进步，涂望成提到自己通过在日常工作中一点点的小改进实现了大目标。

在单板制造过程中，其关键核心环节是SMT高精度贴片技术，而飞达供料的质量直接决定了物料的取料精度和贴片精度。然而，型号为8MM飞达的后卷带轮常常会卡料，后轮紧固位置的螺孔滑丝无法保证高精度供料，甚至无法使用。如果整体更换，巨额成本会给业务流程带来巨大的成本压力。

涂望成和设备工程师们面对这一困难提出相应的解决方案，从钻孔固定、电焊加固到更换螺杆，每个方案具体实施后都会出现新的问题，40多次试验后依然没有找到合适的方案，整个团队陷入思考的困境。

周末，涂望成在家洗衣服的时候发现，在试验过程中，他不小心将衣服烧出了一个小洞，但用扣子就能将小洞巧妙地遮住，于是一个新的想法跃然心上，涂望成想到在飞达设备原螺孔的位置打出一个更大的孔，把不锈钢压铆螺母压进钻孔部位，压平后将其打磨得跟飞达表面一样平整，精度也就得到了保障。

一个不锈钢压铆螺母的价格只要一块钱，而更换备件则需要5000元，显然涂望成的方法节省了大量的成本，但实现了同样的效果，而且延长了使用寿命，减少了飞达设备的修复成本和维修频次。涂望成受到生活中的启发，一点点的小改进就成功地解决了问题。

在SMT高精度贴片技术层面，涂望成团队还曾经依靠一个小发明获得了国家专利。SMT高精度贴片无法识别封装相似的物料，因此，往飞达里上料的动作需要手工来完成，对于物料的搜寻需要人工肉眼识别高达8位数的编码，人工识别编码的工作量巨大。因此，即使员工做到六西格玛的行业水平（即100万备料次数3.5次缺陷），每年也会产生25批报废单板。

涂望成意识到问题，但一时间不知道如何解决。有一天，闪烁的激光灯给了涂望成优化流程的灵感，他思考是否能够使用激光灯来指引物料上料的物理站位，员工按信号指引上料操作，不仅大大提升作业效率，还可以降低人为操作失误。

于是涂望成联合IT工程师和设备供应商，成立问题优化小组，共同研究利用激光灯指引站点的具体方案。终于，在项目团队的共同努力下，第一代飞达智能穿料指示系统诞生了。通过扫描物料条码，系统就会自动触发LED激光灯，指示物料具体应该安放的位置，操作员只要按照指示操作就可以了，完全实现了可视化操作。项目团队通过小的改进实现了整体业务流程效率的提高，并且这个小的改进获得了国家级专利。

任正非提出华为人要在具体的流程管理工作中，持续进行小改进，不断归纳，梳理分析流程问题，通过某个环节或某个节点的小改进，逐步形成与公司总体经营目标相符合的流程管理体系。在业务流程具体运作的过程中，不忽视小改进的价值，通过对流程上小节点、小范围的改进，逐步简化、优化从而固化流程管理体系。

在流程管理过程中，要提高流程优化的质量和效果，不仅要关注专门成立的流程优化项目，更要重视日常工作中的常规性流程工作的问题改进。相对于专门成立的流程优化项目，流程各环节常规性的小改进在投入和产出方面都会带来更明显的改善效果。图8-4简要阐述了小改进在流程优化工作中的长远意义。

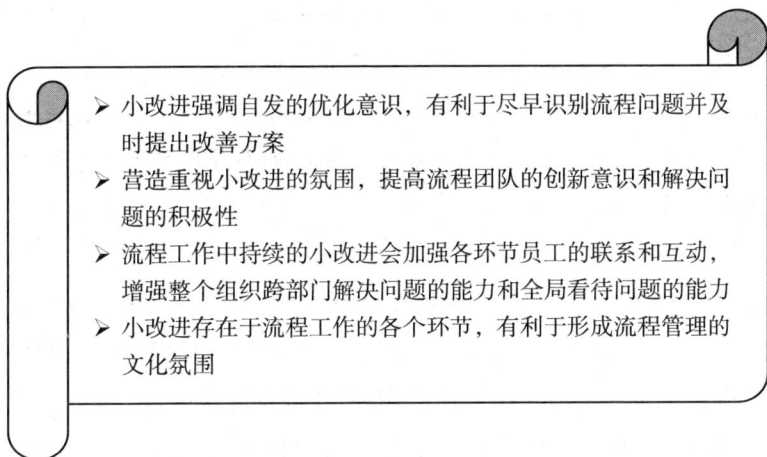

> 小改进强调自发的优化意识，有利于尽早识别流程问题并及时提出改善方案
> 营造重视小改进的氛围，提高流程团队的创新意识和解决问题的积极性
> 流程工作中持续的小改进会加强各环节员工的联系和互动，增强整个组织跨部门解决问题的能力和全局看待问题的能力
> 小改进存在于流程工作的各个环节，有利于形成流程管理的文化氛围

图 8-4　小改进在流程优化工作中的长远意义

对于流程管理部门而言，越专业的流程优化，越重视常规性的小改进，这是由于流程管理工作中的小改进强调，流程参与者形成了一种能够积极主动改进问题的优化意识，自主完成流程优化工作。可见，小改进对长期的流程优化工作十分重要，而一旦要进行流程工作的大改进时，也意味着流程运作过程中产生了严重的问题，因此为防止大问题的出现，要在日常工作中做好流程的小改进。

2007年，申琼瑾加入华为，自此一直在固定网络软件测试的岗位上工作，承接过诸多固网测试的复杂项目。回顾刚开始工作的状态，申琼瑾就是通过在工作中不断寻求小改进，成长为今天的样子的。

申琼瑾刚进入华为工作时发现，由于版本更新节奏快，每天负责测试的同事上班的第一件事是先花半小时为设备安装最新版本，而后进行客户需求的验证。长此以往，势必造成大量时间成本的流失和浪费。于是，申琼瑾开始思考是不是能够对这种重复性工作进行改进，通过自动化程序解决这一问题。

有了这些思考后，申琼瑾立刻投入了行动。他分析了不同种类设备的加载差异和版本的更新流程，准备开发一款工具，实现自动从服务器上编译最新版本，并自动识别设备类型，完成版本安装工作。由于测试版本的工作紧张，申琼瑾只能在晚上10点后加班开发这一工具，团队成员也经常对他提供帮助和支持，加快了工具的开发进程。

仅仅用了一周时间，工具就开发成功并通过测试。测试当晚，申琼瑾谨慎地将工具安装到每台设备上，等到第二天到来，他发现所有的设备在安装工具后自动加载了最新版本。这小小的改进令申琼瑾无比激动，得到研发测试部长的肯定。部长认为这种积极思考，主动寻求工作上的小改进的意识值得其他测试人员学习。随后申琼瑾的小工具在各个部门得到了推广使用，他也因此获得优秀研发部长奖。

流程优化工作中的小改进，强调在组织内部形成一种自发的、主动寻求改进的意识。同时，有必要建立流程改进优化建议的申报和激励机制。一方面鼓励流程相关人员主动识别流程问题，积极提供改进建议；另一方面在流程管理团队中并非每个人的改进建议都具有可行性，通过申报机制来评估改进建议的质量和价值，从而提高整个团队在寻求小改进上的质量。图8-5简要阐述了流程改进建议的分析过程。

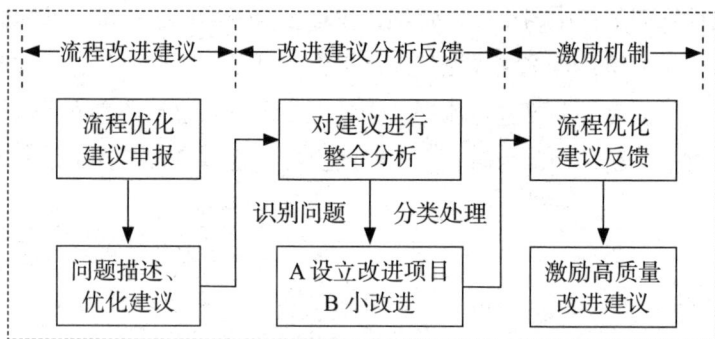

图 8-5　流程改进建议的分析过程

由图8-5可知，通过流程改进建议的申报，对流程问题进行描述，经过分析整合对流程问题进行评估和分类，关键环节的、严重的流程问题需要设立专门的优化项目，技术难度较小的问题通过日常流程环节工作的小改进逐步实现。通过流程优化建议的分析反馈，鼓励高质量、小改进的流程，持续的小改进能够避免大范围流程问题的发生。

华为在美国的研究所研制成功的光电集成器件成功上市，但在研发期间由于PID芯片的工艺十分复杂，在组装上遭遇了重重困难。整个研发团队既要保证芯片质量的零缺陷，又要努力寻求便捷组装的方案。

PID芯片对稳定性要求极高，直接安装在单板上不能满足其稳定性的标准，只能通过人工焊接引脚的方式进行组装。密集的引脚依靠人工的焊接难度极大，犹如在米粒上刻字，如果焊接技术出现一点瑕疵，整个焊接将无法顺利完成。生产线的焊接组组长李辉（化名）在第一次焊接测试后发现，芯片功能无法正常启动，经过多次焊接测试后的计算，发现一次焊接的成功率只有70%。而此时前方市场部已经打开了英国市场，新产品必须如期交付。

引入这种小改进之后，整个团队开始练习焊接，很快成功率提高到85%，但对于追求卓越品质的研发团队而言，85%距离100%零缺陷的标准依然存在较大的差距。随后经过团队内部的多次讨论，一个新观点的迸发打开了一条思路。

李辉和研发团队成员受到高倍放大镜的启发，决定自行研制一台高倍放大镜，在焊接时能够清晰地对接每个引脚，同时能够精确观测到焊接的质量，经过反复试验，模拟滑动仪器，固定芯片，最终成功地将引脚对位。

借助高倍放大镜和滑动操作的方式，他们实现了产品一次通过率达到100%的质量标准。可见，李辉和研发团队成员提出的一个个小的改进方案和建议，经过多次完善和优化后实现了流程的改进和优化。

任正非曾经强调，华为公司流程管理能够取得较大的成效，主要得益于公司大部分员工拥有持续改进的意识。员工坚持小改进，使之成为一种习惯，就会对自己的工作不断进行改进和优化，促使工作流程更加规范合理。

因此，从更长远的视角来看，华为提倡的"小改进、大奖励"政策有利于提升公司的核心竞争力。同样地，流程优化过程中的小改进强调对每个流程环节进行持续优化就不会出现严重的、大范围的流程问题，从而减少大规模流程优化带来的时间成本。

遵循 PDCA 原则，
形成阶梯式上升的持续改进

2011年吕广锋加入华为，入职后一直从事定位版本问题方面的工作，并不断寻求改进和优化。当时，R11版本平台相比R9新增配套产品近8个，新增配套产品后，平台的代码量达到了1200多万。整个版本的编译长达3小时，仅平台编译就需要90分钟。如果版本不能正常运行，就需要定位问题、修改问题，重新生成版本，持续改进优化问题，但这一套定位过程需要7小时。

2013年，在发布某个版本的夜晚，软件生成后出现严重问题，导致不能正常运行，预计改进优化后要到凌晨2点。但为了让版本能够迅速恢复，吕广锋希望挑战一下自己定位问题、恢复版本的极限，提高平台编译的效率，压缩时间。

想法一出，吕广锋立刻投入到构建软件的机器上，发现16核的CPU的利用率只有50%，但构建软件时明明已经给编译工具加了并行参数。由此可见，构建工具并没有自动利用这些资源，从而导致空闲资源浪费，编译时间长，找到问题根源后，吕广锋开始从最基础的方法修正问题点，不断进行设备调试并监测对比，仿照软件开发的多线程技术，把所有的构建工程分成8组，同时构建，再结合构建失败后的动态识别，最终将构建时间从90分钟下降到了50分钟。

吕广锋压缩了大量的时间后，并没有立刻陶醉在成功的喜悦中，而是提出了更高的要求，他决定继续改进优化，寻求最大限度的时间压缩。于是，他开始找疑点，先修改，再验证，最后进行数据对比，一次又一次地试，可一直都没有找到提速的方法。

这个问题没有解决，就一直留在吕广锋的心底。偶然的一次机会，他在软件发布协助某产品解决问题时发现，硬盘空间基本被平台提供的交付件占领了，他意识到这里是可以进行改进的环节。于是，他在结合各个产品接口时，发现了流程优化点，将整个流程变得更加简化。

删除废弃不用的流程环节，对产品有针对性地做好产品发布平台构建，构建时间从50分钟下降到了30分钟，而最初的时间是90分钟，相当于在吕广锋的改进下，构建时间压缩了2/3。可见，通过持续改进和优化，流程运作能够形成阶梯式的上升。

企业的流程优化工作并非是一蹴而就的，即使是专门设立的流程优化项目也并不能一次性达到最优。流程优化工作是一个持续、系统、全面的实施、改进、反馈、标准化的过程，从而逐步完善业务流程。因此，在流程优化工作中，有必要引入PDCA循环，PDCA的持续改进原则最终使流程优化工作成为企业的长效管理机制。表8-4简要阐述了PDCA循环四个步骤的内容。

表8-4　PDCA 循环四个步骤的内容

四个步骤	具体内容
P阶段 （Plan）计划	主要是分析现状查找原因，为以后的改进工作制订详细计划。这个阶段可以分四个步骤来完成，具体包括分析现状、寻找原因、找到主要原因、制订执行计划。计划阶段的这四个步骤就是一个小型的PDCA循环
D阶段 （Do）执行	主要是按照已经确定的改进方案，有条理地执行计划的过程。这是整个PDCA循环的关键，需要依靠完善的流程管理制度和比较熟练的技术手段来完成，如果这两方面做到位，达到预期目标就有保证
C阶段 （Check）检查	主要是对比执行结果与预期目标是否一致，通常情况下，该阶段就是一个评估结果的过程
A阶段 （Action）总结纠正	主要是针对检查的结果进行总结，将成功的经验制定成相应的标准文件，把没有解决的或新出现的问题转入下一个PDCA循环中，达到持续改进的目的，形成永无止境的循环改进过程

由表8-4可知，PDCA循环的四个步骤分别是P（Plan）计划、D（Do）执行、C（Check）检查、A（Action）总结纠正。PDCA循环不是运行一次就结束，而是周而复始地进行，从而使流程工作有一个递进式的改进。因此，流程优化工作需要引入PDCA循环，通过PDCA改进循环，推动业务流程阶梯式的持续改进。

同时，PDCA循环最早是由美国质量统计控制之父休哈顿提出的PDSA演化而来，后由美国质量管理专家戴明改进为PDCA模式，因此PDCA循环又被称为是"戴明环""质量环"。

质量大师戴明博士曾经提出在企业质量管理中，团队成员共同参与持续的质量改进会让质量管理更有效。"质量环"活动的本质与PDCA循环是一样的，都强调持续改进，循环进行，也因此PDCA循环被广泛应用于众多知名企业的质量管理、流程管理过程中。

同时，结合了PDCA循环的"质量环"在日本得到了全面普及和发展，最典型的是丰田公司引入了戴明博士的这种全员参与改善的管理理念。在进行持续的改进后，售后保障之所以会损失50%，主要是由120个大问题和4000个小问题所导致的，而这些问题都可以归结到流程管理范围内。于是，丰田公司利用PDCA循环和"质量环"实现持续的流程改进和质量优化。

目前，丰田公司的员工每年向公司提出大约300万条建议，平均每名员工贡献60条，其中约有85%的建议被采纳。这些不仅让丰田公司在流程管理上形成了持续的改进，同时也提高了组织运营效率，更重要的是整个组织已经形成了持续改进的良性循环，组织绩效得到明显提高。

根据众多企业流程管理的成功实践经验和相关理论依据，流程管理工作完全遵守了PDCA循环的逻辑。在上述戴明PDCA"质量环"的基础上，提炼出流程管理的PDCA循环。在P阶段，通过流程规划和梳理构建卓越的流程管理体系和流程设计能力，在D阶段，进入到具体的流程执行阶段，C阶段通过流程检查和审计及时发现问题并处理问题，进入到A阶段要持续优化业务流程，改进流程问题环节。图8-6简要阐述了流程管理的PDCA循环运作模式。

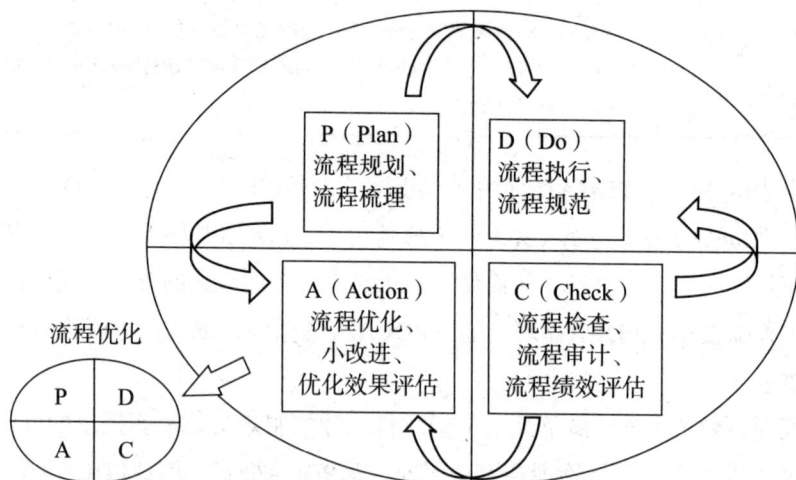

图 8-6 流程管理的 PDCA 循环动作模式

资料来源：《跟我们做流程管理》。

由图8-6可知，流程管理完全符合PDCA循环，从流程规划、执行、检查到流程优化是一系列实现了遵循PDCA循环逻辑的闭环过程。需要注意的是，流程优化阶段又是一个小型的PDCA循环。在P阶段，通过识别流程问题，制定流程优化方案，在D阶段，具体实施问题改进和流程优化，在C阶段，评估流程优化的效果并对关键环节进行优化效果的检查，进入到A阶段对问题环节进一步改进优化。

2014年，华为推出了适合构建系统的加速服务器，吕广锋十分兴奋，带着激动的心情，希望能够借助加速服务器，持续改进优化构建系统的操作流程，压缩时间，提高效率。但在具体部署应用后，吕广锋发现这个服务器对自己所在的部门作用并不大，经过一个月的摸索后，依然不能出现明显的效果。这个过程也让吕广锋拓宽了眼界，他开始从外部寻求加速的解决方案。

吕广锋随后在网上找到一款工具，结合服务器部署应用后，构建时间降低到4分钟，显然这个速度令整个团队都为之欣喜。然而，在加速多个编译工程时，流程就不再顺畅，速度也开始不稳定，构建时间分布在3.5~12分钟之间。为了解决速度问题，吕广锋翻阅国内外前沿资料，发现可以将加速器结合资源协调器一起使用，速度会明显稳定。

于是，他在国外网站上找到一个开源的资源协调器，并对该工具进行了二次开发，将其和加速器一起使用，最终解决了加速不稳定的情况。兴奋之余，吕广锋还将加速器的相关情况反馈给了版本经理，版本经理非常高兴，并将该工具向公司工具部注册登记，以便可以正式用于版本构建中。

为了提高支撑版本的效率并节省成本，吕广锋又开始了新的改进和优化尝试。支撑版本部署加速器通常的做法是添置额外的计算机，但他认为如果提高效率，就可以节省添置计算机带来的成本。于是，他开始了探索模式，偶然的一天，在对比构建时间数据时，吕广锋发现使用公司的加速器和使用开源加速器花费的时间是一样的。

同时，已经有相关工程对加速器的使用效果进行了成功实践。吕广锋研究已经实现效果的工程后，发现它所有的源码都集中在一个文件夹里面，而其他工程的源码分布在几十个不等的文件夹中。吕广锋团队的工程组织方式，是在一次构建中发起了上千次加速请求，这种做法导致加速器不能有效识别工程，同时开源加速器的加速请求与这个也没有关系。

识别到问题的根源后，吕广锋编写了2000行左右的构建处理脚本，使整个工程只发起了一次加速请求，就达到了同样的效果。这意味着吕广锋部门的工程可以使用公司提供的加速器了，不用额外部署加速服务器，且加速时间下降为4分钟，既提升了效率又降低了成本。为此他还获得了部门的"金网络"奖。

2015年，吕广锋又创造性地解决了平台构建中间过程中的难题，1.5分钟可以完成构建，该技术已经在部分版本中落地使用，2016年将全面落地。由此可见，在吕广锋的努力下，整个版本定位和加速流程节省了大量时间，整个优化过程就是一个PDCA的问题改进和流程优化的过程，通过逐步优化，推动流程工作呈现阶梯式的上升。

遵循PDCA循环开展的流程优化工作在优化过程中形成了持续改进的闭环。流程优化阶段的工作相比于流程规划、梳理及检查等阶段能够产生更为明显、实在的成效。流程优化的思路是根据企业的战略环境、业务发展逐步改进流程设计，让业务流程的执行和运作变得更加精简与高效，最终达到提升流程绩效的目的。

许多企业引入更为先进的流程管理体系或向在流程管理方面取得成功实践的企业学习，并不意味着这些企业本身没有流程。更多的企业面临的情况是，组织内已经形成了一套相对完善，但已经不适应目前的业务发展的流程管理体系。因此一般而言，众多企业会选择首先从流程优化切入，进行流程管理体系的闭环工作。通过流程优化阶段的PDCA闭环运行，形成阶梯式上升的持续改进。

[1] 黄卫伟 . 以奋斗者为本 . 北京：中信出版社，2014 .

[2] 黄卫伟 . 以客户为中心 . 北京：中信出版社，2016 .

[3] 田涛，殷志峰 . 枪林弹雨中成长 . 北京：生活·读书·新知三联书店，2016 .

[4] 田涛，殷志峰 . 厚积薄发 . 北京：生活·读书·新知三联书店，2017 .

[5] 杨少龙 . 华为靠什么 . 北京：中信出版社，2014 .

[6] 田涛，吴春波 . 下一个倒下的会不会是华为 . 北京：中信出版社，2012 .

[7] 程东升，刘丽丽 . 华为真相 . 北京：当代中国出版社，2004 .

[8] 汤圣平 . 走出华为 . 北京：中国社会科学出版社，2004 .

[9] 张利华 . 华为研发 . 北京：机械工业出版社，2009 .

[10] 吴春波 . 华为没有秘密 . 北京：中信出版社，2014 .

[11] 周留征．华为哲学．北京：机械工业出版社，2015．

[12] 李玉琢．一路直行：我的企业理想．北京：当代中国出版社，2013．

[13] 刘劲松，胡必刚．华为能，你也能．北京：北京大学出版社，2015．

[14] 陈立云，金国华．跟我们做流程管理．北京：北京大学出版社，2010．

[15] 王玉荣，葛新红．流程管理．5版．北京：北京大学出版社，2016．

[16] 陈立云，罗均丽．跟我们学建流程体系．北京：中华工商联合出版社，2014．

[17]（美）彼得·弗朗茨，马赛厄斯·柯克莫．埃森哲顾问教你做流程管理．北京：机械工业

出版社，2015．